인문의 재발견

국립중앙도서관 출판시도서목록(CIP)

인문의 재발견
지은이: 안재원
- 서울: 논형, 2014
p. ; cm. – (논형학술: 81)

ISBN 978-89-6357-156-0 94100 : ₩18000

인문 과학[人文科學]

001.3-KDC5
001.3-DDC21 CIP2014012530

인문의 재발견

안재원 지음

논형

인문의 재발견

초판 1쇄 발행 2014년 4월 19일
초판 2쇄 발행 2015년 6월 30일

지은이 안재원
펴낸곳 논형
펴낸이 소재두
등록번호 제2003-000019호
등록일자 2003년 3월 5일
주소 서울시 관악구 성현동 7-77 한립토이프라자 6층
전화 02-887-3561
팩스 02-887-6690
ISBN 978-89-6357-156-0 94100
값 18,000원

글과 책을 사랑했던 고(故) 박영환(1935~2013)을 그리워하며…

여는 말

> 밖으로 나가지 마라, 너 자신으로 돌아오라, 진리는 네 안에 있다!
> (아우구스티누스, 『참된 종교에 대해서』 29, 202).

인문학이 위기라 했다. 이미 진부해져 버린, 하지만 나름대로는 심각한 이 문제에 대해서 다시 거론하고자 한다. 진부해졌다 함은 그토록 많이 인구에 회자되고 있음에도 아직까지 뚜렷한 대안이 없다는 점에서, 심각하다 함은 인문학의 위기가 인문학 연구자 및 관련 종사자만의 것이 아닌 한국 사회 전반의 위기를 경고한다는 점에서 그렇다. 과연 인문학의 위기는 경제적 지원 부족에서 비롯된 문제인가? 아니면 인문학 관련 학과에 지원하는 학생수가 적어서 생겨난 폐과 위기에서 나온 외침인가? 답변은 양가적이다. 그렇기도 하고 그렇지 않기도 하다. 인문학 연구자의 연구 여건이 어려운 것이 현실이고, 이러한 현실은 많은 연구자로 하여금 다른 일거리를 찾아 나서도록 압박하기 때문이다. 사정이 이러함에도, 이를 해결할 수 있는 능력과 권한이 인문학자 자신에게 달린 것이 아니라는 점이 더욱 난감한 형국이다. 인문학 역시, 한국 사회 전체의 영향과 조정을 받을 수밖에 없기에 그렇다. 더 나은 직업 기회를 찾아서 법대나 의대로 전과하는 학생에게 인문학이 좋으니 공부하라고 설득할 수는 있지만 강제할 순 없는 노릇이기 때문이다. 인문학을 지켜 준 '학과'라는 제도적 강제가 제거됨과 함께 인문학의 울타리가 무너지고 있는 중이다. 이렇게 되리라는 것을 실은 예상하고 있었으나, 설마 하며 방심했던 부분도 없지 않았으리라.

그렇다면 인문학의 학문적 효용과 역할이 더 이상 필요하지 않을 정도로 우리 사회가 내적으로 성장했단 말인가? 인문학이 사망 선고를 받을 정도로 우리 사회가 내적으로 진화했단 말인가? 이는 인문학의 학적 존립 근거와 정당성에 대한 문제 제기이다. 이와 관련해서 우리 사회는 근본적으로 인문학을 필요치 않을 정도로 내적 진화 상태에 도달한 것은 아닐 것이다. 오히려 인문학이 더욱 중요한 역할을 담당해야 하는 시점이다. 우리 사회에서 벌어지고 있는 작금의 사건-사고의 현상이 인문학을 더욱 강력하게 요구하고 있기에 그렇다. 비유컨대 우리 사회의 현재 모습은 이렇다. 요즈음 자라나는 청소년들의 신체 발육 상태를 조사해보면 재미있는 현상이 관찰된다. 신체 골격은 매우 빠른 속도로 성장하는데, 내장 기관들의 성장은 매우 더디게 진행된다. 골격이 커지면 그에 맞추어서 내장 기관도 같은 속도로 성장해야 하는데, 그렇지 못하다고 한다. 이렇게 성장 균형이 깨진 청소년 대부분은 성인병을 많이 앓고 있다고 한다. 이 비유를 한국 사회의 내적 진화 과정에 대입해보면, 신체 골격에 비유되는 외형적 성장은 선진국 수준에 이미 도달했다고 볼 수 있다. 그러나 내장 기관에 대응되는 정신의 진화 속도는 매우 더디게 진행되고 있다. 이때문에 우리 사회는 실은 국가적으로 보면 어마어마한 사회 비용을 지출하고 있다. 우리 사회는, 예컨대 부동산 광풍, 사교육 열풍, 도박 태풍, 한마디로 '싹쓸이-태풍'이 지배하는 사회이다. 이 태풍의 진원지는 '인문 교양의 결핍'이다. 근본적으로 '내가' 없어서고 '우리'를 키우는 정신의 자양분인 인문 교양이 삶 안에서 제 역할을 못해서 생겨난 문제이다. 우리는 개항 이후, 식민시대, 6. 25 사변, 군사 독재, 산업화, 민주화, IMF 사태, 지금의 FTA 개방, 서브 프라임 사태로 인한 세계 경제 위기 상황에 이르기까지 숨 가쁘게 달려왔다. 이러한 격동의 역사는 우리의 삶의 방식에 대해서, 우리 자신과 나 자신에 대해서 한 걸음 물러나 반성할 수 있는 여유를 주지 않았다. 생존의 치열함과 경쟁의 냉혹함이 우리를 여기까지 이끌고 온 것이다. 한 숨을 돌리면서 자신과 삶을 돌볼 수 있는 여가(otium)를 가질 틈이 없었기 때문이다.

물론, 격동의 와중에 '민주공화국'이라는 새로운 제도가 우리 역사에 등장한 후, 그 형식적 틀은 어느 정도 우리 역사에 착생한 것으로 보인다. 수많은 양심적 시민, 민주투사, 실천적 지식인들의 노력 덕분이다. 하지만 민주공화국이라는 제도 형식을 채워야 할 내용에 대한 인문학적 덕목과 가치에 대한 후속 논의가 본격적으로 진행되었어야 했는데, 이에 대한 제대로 된 논의는 없었다. 이런 의미에서 인문학은 대한민국 사회에 아직 본격적으로 뿌리내린 학문으로 보이지는 않는다. 아니, 냉철하게 역사를 돌아보면, 대한민국은 건국 초기부터 인문학 부재의 사회였을지도 모르겠다. 단적으로, 이 땅 한반도에서 살아야 할 사람들이 앞으로 민주공화국이라는 새로운 제도 위에서 살아갈 때, 알고 있어야 할 인간에 대한 이해와 삶의 양식에 대해, 즉 인문학적 덕목과 가치에 대한 논의에 기초해서 헌법이 제정된 것도 아니었기 때문이다. 제헌 헌법의 기초자인 유진오 박사의 말을 먼저 들어보자.

> "이번 신판도 부산서 미국(하바드 대학 법학 도서관)까지 원고를 들고 다니며 참고서와 자료도 태무한 가운데 집필한 것이어서, 추고도 충분히 하지 못하였고 저자의 마음에도 미흡한 곳이 한두 개소(個所)가 아니나, 그래도 구서에 비하면 면목을 일신한 것이라고 생각하고 있다. (중략) 그 외에 저자가 특별히 유의한 점을 적기한다면, 첫째, 대한민국 헌법은 몇몇 사람의 인위적 작위의 소산이 아니라 우리 민족의 한 역사적 산물이었다는 점을 밝히기 위하여 권두에 헌법제정의 유래를 첨가한 것, 둘째, 독자의 이해를 도웁기 위하여 각 장의 첫머리에 그 장 전반에 관한 이론적 해명을 될 수 있는 대로 첨가한 것, 셋째, 헌법운영의 실제 지식을 얻게 하기 위하여 대한민국헌법 제정 이후의 정치경험과 우리나라의 신입법(新立法)을 될 수 있는 대로 넣은 것 등이다."(『신헌법해의』 서 2쪽)

흥미롭게도, 유진오 박사는 대한민국 헌법이 '우리 민족의 역사적 산물'이라고 한다. 이 주장이 물론 국가 계승의 관점에서 대한민국은 삼일독립정신과 임시정부를 계승한다는 점을 강조하기 위한 발언이라는 점은 인정한다. 하지만 진정으로 우리 대한민국 헌법의 내용이 우리 민족의 역사적 산물인지는 의심스럽다. 세 가지 점에서 그렇다. 민주공화국이라는 제도가 우리 역사의 산물인지 의심스럽고, 그 내용이 우리의 삶에 대한 고민과 반성에서 나온 것인지 의심스럽다. 역으로 우리 삶에 대한 반성과 고민이 우리 헌법에 제대로 반영되어 있는지 또한 의심스럽다. 또한 헌법을 구성하는 주요 술어 대부분이 실은 인문학적 논의에 기초한 개념들임에도, 헌법 제정과 개정 과정에서 인문학적 논의는 처음부터 관여한 적이 없었다. 헌법도 우리의 삶을 위해 제정된 것이고, 그 삶의 주체인 인간을 지켜주기 위한 것이라면, 인

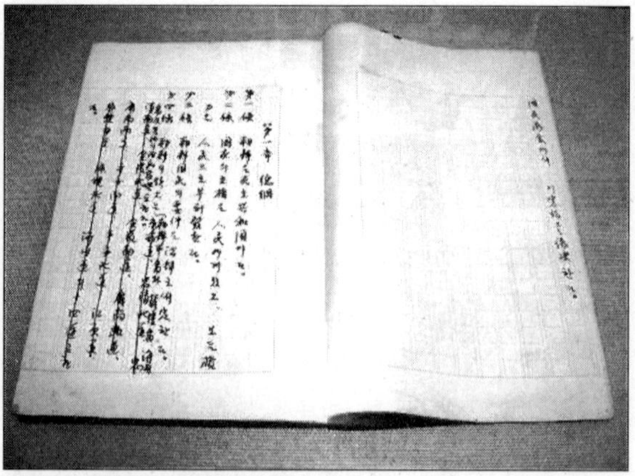

원본이 망실된 제헌헌법 초안.
1948년 헌법학자 고(故) 현민 유진오 박사가 육필로 작성한 것으로 현재 고려대 박물관에 소장돼 있다.

간과 삶에 대한 앎을 총괄하는 인문학이 헌법 논의에 본격적으로 참여해야 함은 당연한 것임에도, 그렇지 못한 것은 실로 유감이 아닐 수 없다. 인간과 인간의 삶에 대한 제도적 규정이 헌법이기 때문이다. 이런 의미에서 대한민국은 처음부터 인문학 부재의 사회였을 것이다.

그러면 좋다. 한번 보자. 해마다 수만에서 수십만의 학생들이 사법고시 준비에 매진하고 있다. 고등고시 제도가 처음 도입되었던 해가 1947년이다. 건국과 함께 고등고시는 시작되었고, 소위 이 고시 제도가 시행된 지 60년이 되었다. 이렇게 수십 년에 걸쳐, 수많은 인재들이 그토록 법률 서적에 목을 걸고 공부하고 있다면, 적어도 지금쯤은 대한민국이 '법치국가'가 되어 있어야 하지 않을까? 그런데 도대체 무엇이 결핍되어 있길래, 아직도 '싹쓸이' 공화국에서 벗어나지 못하는 것일까? 단적으로, 아우구스티누스의 말이다.

> 밖으로 나가지 마라, 너 자신으로 돌아오라, 진리는 네 안에 있다!
> (아우구스티누스, 『참된 종교에 대해서』 29, 202).

결국 나 자신으로 돌아가기 위해서는 그래도 이를 위한 한 방편인 인문학으로 다시 돌아가는 것도 괜찮지 않을까 싶다. 인간과 삶에 대한 앎과 이 앎에 대한 앎을 총체적으로 반성하는 학문이 인문학이기에 말이다. 삶의 질을 결정하는 것이 인문 교양이기 때문이다. 하지만 이 대목에서, 한국현대사회의 골간(骨幹)인 민주공화국이라는 제도가 요청하는 인문학적 가치와 덕목을 인문학과 인문학자들이 제대로 제공하고 있는지에 대한 반성의 기회를 이제는 가져야 하지 않을까? 곧, 삶의 질을 높여주는 교양과 삶에 대한 근본적인 문제의 제기가 인문학이 해야 할 소임이기에. 근본적으로 '존재'란 무엇인가? '나'란 누구인가? '너와 나, 우리'는 누구이고, 어떤 관계인가? '개인'은 어떻게 성립하는가? '공동체'는 어떻게 '개인'과 양립할 수 있는가? 등의 문제에 대해서 그리고 '무엇이 행복인가?', '어떻게 사는 것이 의미 있는가?' 등의 "인문학적 웰빙'에 대한 고민이 이제는 한국 사회의 토론광장 중심에 서야 하는 물음이 아닐까? '인간'에 대한 이해와 '삶의 방식'에 대한 기준과 척도 역할, 혹은 전범(典範) 역할을 하는 고전(古典)에 대한 논의와 특정사물과 특정사건에 대한 분과지식이 아닌, 인간과 삶에 대한 '앎과 실천' 전반을 다루는 종합학문으로서 인문학을 포괄적으로 접근해야 될 때가 지금이 아닐까 싶다.

루돌프 에리히 라스페 (1737-1794).

이 책은 경향신문에서 2006년에 "헤르메스의 빛으로" 시리즈를 연재한 글들을 모은 것이다. 당시 함께 기고했던 김헌 선생과 나의 글을 애독해

미국 독립선언문을 작성하고 있는 벤저민 프랭클린(Benjamin Franklin, 1706-1790), 토머스 제퍼슨(Thomas Jefferson, 1743-1826), 존 퀸시 애덤스(John Quincy Adams, 1767-1848), 로버트 R. 리빙스턴(Robert R. Livingston, 1746-1813), 로저 셔먼(Roger Sherman, 1721-1793) (알론조 샤펠 작).
그러나 이 독립 선언문의 배경에는 라스페라는 인문학자가 있었다.
라스페는 "삶, 자유, 행복추구" 개념에 기초해서 세워질 새로운 국가에 대한 논의를 담고 있는 라이프니츠의 수고본 『인간 지성에 대한 새로운 고찰』을 1765년에 편집 출판한 독일 학자며 공화주의자다. 이런 라스페를 만나기 위해1766년에 괴팅엔 대학으로 방문한 사람이 있었으니, 그가 바로 벤저민 프랭클린 제퍼슨이다. 이러한 만남을 배경으로 미국의 독립 정신은 구체화되었다. 이러한 만남을 통해서 우리는 미국 사회의 뿌리가 인문학이라는 점을 확인할 수 있다.

주신 독자 여러분께 진심으로 감사 드린다. 그리고 두서없는 이야기를 위해 지면을 할애해주신 경향신문사에도 진심으로 고마움을 전한다. 마지막으로 헤르메스 신의 명예에 누를 끼친 것은 아닌지 모르겠다.

차례

1

HUMANITAS

헤르메스와 필로로기아의 결혼

"말(logos)을 사랑하는(philein) 처녀, 필로로기아!"

천상과 지상이 결혼을 통해서 하나가 된 우주사적 사건이 한 번 벌어진 적이 있다. 서기 400년경에 천상을 대표해서 헤르메스(Hermes)라는 청년과 지상을 대표하는 필로로기아(Philologia)라는 처녀가 주신 제우스를 중심으로 만신들이 회합한 가운데 성대한 혼인을 통해 영원해로(永遠偕老)의 길에 들어선 것을 두고 말하는 것이다. 그런데 이 결혼이 성립하기까지는, 여느 연인들의 혼인 과정이 그러하듯이, 숱한 우여 곡절이 있었다고 카르타고 출신의 작가 마르티아누스 카펠라(Martianus Capella, 서기 400년대 활약)는 『메르쿠리우스와 필로로기아의 결혼에 대하여(*De nuptiis Philologiae et Mercurii*)』라는 저술에서 밝힌다.

어느 날 올림포스의 신궁에서 잔치가 벌어졌는데, 이 잔치는 모든 신들이 부부 동반으로 모이는 자리였다. 바다의 신 포세이돈 부부, 전쟁의 신 아레스 부부, 저 멀리 이집트의 이시스와 오시리스 부부도 초대 받았고, 짝이 없는 야누스 신도 두 얼굴을 한 채 잔치에 참여했다. 그런데 부부동반으로 모인 신들의 다정하고 즐거운 모습에 그만 헤르메스는 노총각의 외로움을 느끼고 말았다. 고민 끝에 헤르메스는 아버지 제우스에게 결혼 결심을 밝힌다. 그러나 어느 아버지가 자식의 혼인을 반대하랴 마는, 아버지도 아버지 나름의 고민과 걱정이 있었다. 저 성실한 헤르메스가 젊은 여인의 품에 안겨 나태함에 풀어져 버리면 열여섯 구역[1]으로 나누어진 저 드넓은 우주의 운행과 통치에 큰 차질을 빚을 수도 있었기 때문이었다. 행여 헤르메스가 달콤한 사랑에 취해 하루라도 늦잠을 잔다면, 전 우주의 통신 체계(?)가 뒤죽박죽이 될 것이기에 말이다.

하지만 어느 누구도 외로움을 벗어나고자 하는 헤르메스의 고집을 꺾을 수는 없었다. 할 수 없이 제우스는, 남편의 업무를 방해하지 않고 오히려 도와주는 내조의 현명함을 지닌 배우자와 혼인하는 조건으로, 아들의 결혼을 승낙한다. 헤르메스의 마음에 맨 처음 떠오른 여신은 지혜롭고 순결하며 성스러운 소피아(Sopia, 지혜)였다. 그러나 소피아는 헤르메스의 누이인 아테네 여신의 자매였고, 아테네 여신과 도무지 떨어지려 하질 않았다. 그러자 헤르메스는 프쉬케(Psyche, 영혼) 여신에게로 눈길을 돌린다. 모든 신들의 사랑과 귀여움을 독차지 하면서 자랐던 그러나 우주의 법도를 알만큼은 알고 있었던 그녀였기에, 자신의 신부로 딱이라고 헤르메스는 생각했다. 그러나 헤르메스는 뜻밖의 비보를 접하게 된다. 프쉬케가 천하의 난봉꾼인 쿠피

---

1) 천계가 열 여섯 구역으로 나뉘어 있다는 세계관은 카펠라 고유의 견해가 아니라 라틴민족보다 더 앞서서 이탈리아에 선주했던 민족인 에트루리아인들의 종교에서 기원한다. 참조, 대 플리니우스, 『자연 탐구』 2.143; Stefan Weinstock, *Martianus Capella and the Cosmic System of the Etruscans*, *The Journal of Roman Studies*, Vol. 36 (1946), 쪽수 101~129. 이 논문은 http://www.jstor.org에서 검색-이용 가능하다.

도(Cupido, 욕정)에게 눈멀어 그를 따라 가버렸다는 것이다. 장가가는 것이 참으로 어렵다는 것을 알게 된 헤르메스는 아폴론에게 조언을 청하게 된다. 아폴론은 헤르메스에게 차라리 지상 세계에서 짝을 구하라고 권한다. 마침 필로로기아라 불리는 처자가 있는데, 한번 보겠냐고 제안한다. 그녀는 비록 지상의 여인이었지만, 도망간 프쉬케에 못지 않게 절세미인인 데다 고고한 소피아에게 견줄 만한 지성과 교양을 겸비했으며, 오히려 소피아에게 없는 우아하면서도 다정하지만 정숙한 그런 여인이었다. 천상의 세계를 어지럽힐 위험이 없는 그래서 제우스도 흡족할 만한 그런 여인이었다. 이렇게 해서 노총각 헤르메스도 마침내 장가를 가게 된다.[2)]

헤르메스의 청혼을 받게 된 지상의 필로로기아! 그러나 남편과는 면식 한 번 제대로 한 적이 없었다. 아무리 천상으로 시집가는 일이 좋은 일이긴 하지만 어찌 잘 모르는 이와 하는 결혼에 대해서 그리고 낯선 천상의 생활에 대해서, 두려움을 갖지 않으랴! 그러자 수(數)에 밝은 그녀는 결혼 생활이 행복할 것인지 아닌지를 알아보기로 결심한다. 그녀는 헤르메스의 이름과 자신의 이름 필로로기아의 이름을 수(數)로 풀어본다. 먼저 그녀는, 이집트인들이 헤르메스를 토오우트(θωύθ)[3)]라 부르는 사실을 이용해, 헤르메스의 이름값을 계산한다. 토오우트라는 이름의 첫 글자이자 마지막 글자인 θ(테타)는 완전수인 9를, 그 사이에 ω(오메가)는 800을, υ(윕실론)은 400을 상징하는데, 이 글자들의 수를 모두 더하면 1218이 나오고, 이를 9로 나누면 그 나머

2) 이상은 카펠라의 『헤르메스와 필로로기아의 결혼에 대하여』 제1권을 요약 정리한 것이다.

3) 비교, 키케로, 『신들의 본성에 대하여』 제3권, 56장.

지가 3이 나오고, 따라서 헤르메스의 이름은 최종적으로 3을 상징함을 알게 된다. 이어서 그녀는 같은 방식으로 자신의 이름 Philologia를 풀이하는데, 이 과정을 통해서 얻은 전체 이름값이 724이고, 이를 다시 9로 나누어서 최종적으로 4를 얻는다. 그런데 3은 시간적으로 시작과 중간과 끝을 포함하고, 공간적으로 모든 모습을 그려낼 수 있는 선(線)으로 표상되는 천상의 수인 반면, 지상의 4는 우선 피타고라스가 말하는 가장 완전수인 10을 만들 수 있고(1+2+3+4=10), 여기에 천상과 지상의 춘하추동(春夏秋冬), 동서남북(東西南北), 지수화풍(地水火風)을 아우르는 수이다.[4] 이렇게 얻은 3과 4를 필로로기아는 다시 합한다. 합을 통해서 그녀는 가장 축복받은 만남을 상징하는 7이라는 수를 얻게 된다. 7은 이성과 지성의 완성의 상징(qui numerus rationis sapientiaeque perfectio est)[5]이기 때문이다. 7을 얻는 순간, 그녀는 자신의 결혼이 이성과 지성의 완성을 뜻한다는 것을 깨닫는다. 그 순간 필로로기아는 희열에 잠기게 된다.

그런데 헤르메스와 필로로기아의 만남이 오늘을 살고 있는 우리 지상의 인간에게는 도대체 무슨 의미가 있을까? 저들의 만남을 상징하는 7이라는 수는, 지상의 인간이 천상의 세계로 승천(昇天)[6]할 수 있는 도구와 방법들로, 나중에 중세 대학에서 학문적으로 제도

4) 카펠라의 위의 책, 제2권, 100~107장을 요약 정리한 것이다.

5) 이 문장은 카펠라의 위의 책, 제2권 108장에서 인용한 것이다.

6) 소위 기독교의 핵심 문제 중의 하나인 '구원'에 관련된 논의이다. 기독교는 믿음, 하나님의 은총 그리고 사랑의 실천이 있어야 천상의 세계에 갈 수 있다고 설파한다. 이와는 대비적으로 인류에 유익함을 제공하는 지혜들, 예를 들어 농학, 공학 그리고 일곱 자유 교양 학문들을 통해서 인간은 승천할 수 있다는, 즉 '구원'될 수 있다는 것이 카펠라의 생각이다(참조, W. Stehl, *Martianus Capella and the Seven Liberal Arts*, New York (1971), 쪽수 88~89). 그래서 카펠라를 H. Marrou는 "the religion of culture"라 칭한다(참조, *A History of Education in Antiquity*, 쪽수 100~1).

화된 학문의 수를 상징한다. 그것들은 소위 오늘날에도 3학 4과로 잘 알려진 자유 교양 학문들(artes liberales)이다. 3학에는 문(법)학(grammatica), 논리학(logica), 수사학(rhetorica)이 속하고, 4과에는 기하학(geometria), 산수학(arithmetica), 천문학(astronomia), 음악학(harmonia)이 속한다. 여기에서 3학은 원래 헤르메스가 관장하는 영역이고, 4과는 필로로기아가 주관하는 영역들이다. 천상의 의사소통을 관장하는, 곧 언어 영역(logos)을 총괄하는 신이 헤르메스이고, 자연의 실상과 운동에 대해서 알고자 하는 인간의 이성의 탐구 노력을 주관하는 이가 필로로기아인 셈이다. 양 영역의 통합적 탐구를 통해서 인간 지성은 그 완성의 경지에 도달하게 된다는 것이다.

어찌되었든 이들의 만남은, 현대 용어로 풀이하면, 인문학과 자연학[7]의 결합이라고 말할 수 있을 것이다. 그렇다면 오늘날 한국 인문학의 위기는, 어떤 사연에서인지는 모르겠지만, 헤르메스와 필로로기아가 별거 중이어서 생겨난 것은 아닐까? 이들의 별거를 끝내는 방법은 없을까? 단, 한 가지 희망은 있는 것 같다. 필로로기아 처녀의 이름이 그것이다. 이 이름은 '말(logos)을 사랑하는(philein) 처녀'를 뜻한다. 그러니까 이름 자체에서, 필로로기아(4)는 헤르메스(3)를 사랑할 수밖에 없는 그리고 그 사랑을 통해서 지성의 완성(7)으로 나아갈 수밖에 없는, 운명적인 존재라는 점을 확인할 수 있기 때문이다. 그렇다면 무릇 학문(philologein)이란 것은 운명 자체에 의해 규정된 목

7) 자연학에는 의학, 건축학, 공학 이 세 가지가 포함된다. 필로로기아의 어머니인 예지(Providentia)가 딸의 건강을 염려해서 천상의 열기를 막을 수 있도록 의학(Medicina)과 딸이 천상에서 생활하는 데 불편함이 없도록 그리고 품격 있게 거주할 수 있도록 건축(Aedificia)과 공학(Fabricia)을 하늘로 딸려 보냈기 때문이다.

적(logos)을 향해, 그러니까 지성의 완성을 위해 외적 조건과 '관계 없이' 그냥 곧바로 나아갈 수밖에 없는 것이 아닐까?

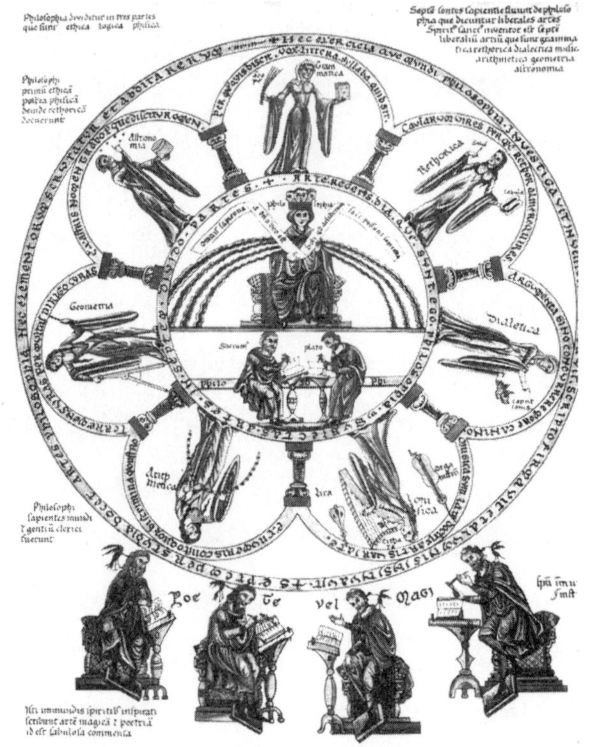

중앙에 앉아 있는 여왕이 모든 학문의 원천인 철학이고 주변에 서 있는 여인들은 자유교양 학문을 상징한다(1180년경 작품으로 추정됨). 헤라드 폰 란츠베르크(Herrad von Landsberg)의 『환희의 정원(*Hortus deliciarium*)』 중에서.

2

HUMANITAS

저 삶의 한복판에서 탄생한 인문학

인간을 인간답게 해주는 목적에 봉사하는 모든 학문들은 서로가 서로를 묶는 공통의 연결 고리를 가지고 있고 마치 혈연에 의해 연결된 것인 양 상호 결속되어 있다.(키케로, 『아르키아스 변론』 제2장)

원래 그리스와 로마의 신들은 인간들에게 별로 호의적이지 않았다. 예컨대 인간에게 가장 재앙이라 일컫는 판도라가 제우스의 선물이라는 점은 신들이 인간들에게 결코 호의적이지 않음을 보여준다. 어쩌면 인간들과 신들은 갈등과 경쟁 관계에 놓여 있었다고 보아야 할 것이다. 인간들은 틈만 나면 신의 세계에 도전하곤 했고, 수가 틀어지면 다른 이름의 신을 섬기겠다고 협박을 일삼았기 때문이다. 이는 아폴론 신이 인간에게 한 경고 "너 자신을 알라(gnothi sauton!)"에서 역설적으로 잘 드러난다. 요즘 말로 하면 "너나 잘 하세요!"일 것이다. 소크라테스가 했다고 알려져 있는 이 말은 그리스 7현인 중의 한 사람인 스파르타 출신 킬론이 델포이 신전에 봉헌한 헌사로, 사원 앞의 주랑에 새겨져 있다(파우사니아스 제10권 24장 1절). 물론 신들도 인간이 인간답게 살도록 가르치기 위해서 노력을 안 한 것은 아니었다. 처음엔 수치(aidos)를 보내고, 다음엔 정의(dike)를 파견하고, 나중엔 이도 저도 안 되자, 홍수와 지진으로 협박하기도 하고, 전쟁으로 위협도 해 보았기 때문이다. 하지만 우주 삼라만상의 존재 중 인간만한 별종은 없는지라 신들도 끝내는 손을 놓고 말았다. 신들이 떠난 지상은 온통 서로 치고 받고, 맞고 때리고, 붙고 떨어지는 인간들의 싸움질로 가득 찬 아수라장이 되어 버렸다. 그런데 이런 아수라장의 한복판에서 '이러면 안 된다', '인간답게 사는 법(humaniter vivere)'을 찾아야 한다는 반성(reflexio)이 인간 스스로에게서 자생(自生)적으로 생겨나기 시작한다. 이렇게 인간의 이성과 양심에 잉태된 반성이 제 모습을 갖추고 세상에 등장한 때는 기원전 62년, 장소는 로마의 한 법정이었다. 이 법정은 이렇게 해서 열리게 되었다.

사건의 발단은 기원전 65년으로 거슬러 올라간다. 이 해는 대중영합주의로 세력을 얻은 폼페이우스 일파가, 로마의 부랑민과 폭력배를 청산한다는 핑계로 대대적인 외국인 추방 운동을 벌이던 시기였다. 이 운동의 결과로 소위 '파피우스'법이 제정되는데, 이 법에 따라 아르키아스(기원전 119~44년)라는 그리스 계 안티오키아 출신의 한 시인이 추방될 처지에 놓이게 되자, 키케로가 나서서 그를 구해준다. 이 재판은 굳이 키케로가 나설 필요도 없는 그런 종류의 평이한 사건이었다. 신출내기 변호사라도 이길 수 있는 그런 사건이었다. 그렇다면 당시 콘술까지 지낸 키케로까지 나선 것은 무슨 이유이었을까? 여기서부터는 키케로의 이야기를 직접 들어보는 것도 좋을 듯싶다.

> [12장] 반박 주장을 해보게나. 자네가 할 수 있다면 말일세. 나의 의뢰인이 주장하는 근거와 물론 친구들이 보장하는 근거에 대해서 자네는

반박 근거를 결코 대지 못할 걸세. [검사] 그라티우스여, 자네는 우리에게 묻고자 할 걸세. 우리가 이 사람을 이토록 열정적으로 사랑하는 이유가 도대체 무엇이냐고 말일세. 왜냐하면 이 사람은 우리에게 힘을 주기 때문일세. 소란스러운 광장의 다툼들로 지친 우리의 마음에 생기를 다시 불어 넣어주기에 말일세. 그리고 말싸움에 이력이 난 우리의 귀가 휴식을 취하고자 할 때에 말일세. 아니 내가 매일 저 일상의 복잡 다양한 일을 처리하면서 수없이 말을 쏟아 내는 것이 가능하다고 자네는 여기는가? 내가 이 학문으로 마음을 닦지 않았다면 말일세. 혹은 마찬가지로 이 학문을 통해서 마음을 풀어주지 않았다면, 그토록 큰 긴장을 내가 견딜 수 있다고 자네는 보는가?

그리고 [배심원 여러분 !] 이 학문의 탐구에 헌신했음이 진짜냐고 묻는다면 나는 그렇다고 솔직히 고백합니다. 혹 어떤 사람들이 책과 글자에 갇혀서 그것들로부터 모두에게 이로울 뿐만 아니라 알기도 쉽고 명백한 어떤 결실도 꺼내올 수 없다면, 그들은 부끄러워해야 마땅할 것입니다. 그러나 내가 부끄러워해야 할 이유가 도대체 무엇이란 말입니까? 배심원 여러분, 내가 살아온 수십 년이 증인인데 말입니다. 나만의 정신적 여유를 즐기기 위해서 [나라를 위해서 싸워야 하는] 형사 소송이든 [우정을 위해 나서야 하는] 민사든 어떤 종류의 소송이든 기피한 적이 없고, 육체적인 달콤함을 좇아서 그런 적도 없고 심지어 늦잠 때문에 늦어본 적도 없습니다.[1)]

---

1) [12] Quaere argumenta, si qua potes: numquam enim his neque suo neque amicorum iudicio revincetur. Quaeres a nobis, Grati, cur tanto opere hoc homine delectemur. Quia suppeditat nobis ubi et animus ex hoc forensi strepitu reficiatur, et aures convicio defessae conquiescant. An tu existimas aut suppetere nobis posse quod cotidie dicamus in tanta varietate rerum, nisi animos nostros doctrina excolamus; aut ferre animos tantam posse contentionem, nisi eos doctrina eadem relaxemus? Ego vero fateor me his studiis esse deditum: ceteros pudeat, si qui se ita litteris abdiderunt ut nihil possint ex eis neque ad communem adferre fructum, neque in aspectum lucemque proferre: me autem quid pudeat, qui tot annos ita vivo, iudices, ut a nullius umquam me tempore aut commodo aut otium meum abstraxerit, aut voluptas avocarit, aut denique somnus retardit?

[13] 따라서 누가 나를 비난할 수 있습니까? 아니 누가 당당하게 나에게 삿대질할 수 있단 말입니까? 만약 자신의 이익만을 위해서, 놀자 판 축제만을 위해서, 여타의 오락만을 위해서, [뭔가를 잊고 즐기는 것만 추구하는] 마음과 몸의 휴식을 위해서, 다른 사람들이 그토록 많은 시간을 밤늦은 술자리에, 주사위[-노름]에, 공놀이에 허비했다면, 나는 나를 위해서 이 학문들의 광맥(鑛脈)으로 돌아와 깨고 닦고 가꾸는 데에 그 시간을 투자했기에 말입니다. 또한 여러분은 다음의 사실로 말미암아 저의 말에 더 동의하실 수밖에 없으실 것입니다. 즉, 지금하고 있는 이 연설도, 비록 미력하지만 저는 위험에 빠진 친구들을 구하는 데 실패한 적이 결코 없었던 저 능력도, 그 뿌리가 실은 이 학문들에 두고 있고 [여기에서] 성장한 것이기 때문입니다. 이를 두고 어떤 이는 별것 아닌 것으로 가볍게 여길지도 모르겠습니다만, 적어도 [내가 보기에는] 저 최고의 위력을 어떤 샘으로부터 길어 올리고 있다는 것을 나는 분명히 느끼고 있습니다.[2)]

[14] 만약 내가 무릇 한 인생을 살면서 다른 무엇보다도 칭찬과 명예를 추구하는 데 배전의 노력을 기울이고 그런데 이것들을 실천하면서 [부딪히게 되는] 신체의 고통과 죽음과 추방의 위험까지도 대수롭지 않게 여겨야 한다는 인생 좌우명을 어린 시절에 많은 사람들의 가르침과 많은 글들로부터 배우지 않았다면, 나는 결코 당신들의 안전(나라의 안전)을 위해서 저 숱한 종류의 그리고 저 대단했던 전투에 그리고 오늘 벌이는 이 재판처럼 하루도 쉬지 않고 달려드는 불량배들의 공격에 이 한 몸을 내던지지 않았을 것이기 때문입니다. 무릇 모든 책은 모범사례

2) [13] Qua re quis tandem me reprehendat, aut quis mihi iure suscenseat, si, quantum ceteris ad suas res obeundas, quantum ad festos dies ludorum celebrandos, quantum ad alias voluptates et ad ipsam requiem animi et corporis conceditur temporum, quantum alii tribuunt tempestivis conviviis, quantum denique alveolo, quantum pilae, tantum mihi egomet ad haec studia recolenda sumpsero? Atque hoc ideo mihi concedendum est magis, quod ex his studiis haec quoque crescit oratio et facultas; quae, quantacumque in me est, numquam amicorum periculis defuit. Quae si cui levior videtur, illa quidem certe, quae summa sunt, ex quo fonte hauriam sentio.

(模範事例)로, 현인들의 목소리는 규범전례(規範典例)로, 옛 역사는 전범선례(典範先例)로 가득 차 있는 것입니다. 만약 문자의 빛이 가미되지 않았다면, 이 모든 모범은 어둠 속에 묻히고 말았을 것입니다. 그리스와 로마의 작가들은 가장 용감했던 이들을, 경탄뿐만 아니라 본받음의 대상이 되도록 얼마나 많은 모범 인물을 저술해 [우리에게] 전해주고 있습니까? 내가 국가를 통치할 때, 나의 마음과 정신을 이끌어주고 지켜 준 것은 이 위대한 분들에 대한 생각 바로 그것이었습니다. 나는 이분들을 항상 마음의 첫 자리에 모셔두곤 했습니다.[3](『아르키아스 변론』 제12~14장)

키케로가 아르키아스를 구제하기 위해 나선 것은 바로 학문을 구제하기 위해서였다. 이 학문을 '별것 아닌 것'으로 볼 수도 있으나, 결코 그렇지 않다는 것이다. 이 학문은, 평상시는 아무런 쓸모가 없을지 모르지만, 언젠가 한번은 꼭 '최상의 힘'을 발휘하기 때문이라고 한다. 특히 인간답게 살고자 할 때 말이다. 그러니까 그것은 종종 인생에서 가장 어려운 시기에 뭔가 중대한 결정을 해야 할 경우에 힘이 되고, 더 나아가 국가 공동체의 운명까지도 결정해야 하는 위치에 있을 때는 더욱 더 그렇다는 것이다. 적어도 키케로 본인에게는 그랬다.

3) [14] Nam nisi multorum praeceptis multisque litteris mihi ab adulescentia suasissem, nihil esse in vita magno opere expetendum nisi laudem atque honestatem, in ea autem persequenda omnis cruciatus corporis, omnia pericula mortis atque exsili parvi esse ducenda, numquam me pro salute vestra in tot ac tantas dimicationes atque in hos profligatorum hominum cotidianos impetus obiecissem. Sed pleni omnes sunt libri, plenae sapientium voces, plena exemplorum vetustas: quae iacerent in tenebris omnia, nisi litterarum lumen accederet. Quam multas nobis imagines--non solum ad intuendum, verum etiam ad imitandum--fortissimorum virorum expressas scriptores et Graeci et Latini reliquerunt? Quas ego mihi semper in administranda re publica proponens animum et mentem meam ipsa cognitatione hominum excellentium conformabam.

키케로가 저토록 강조하고 있는 저 학문, 평상시엔 아무런 도움이 안 된다는 저 학문, 그게 바로 오늘날 우리가 '인문학(humanitas)'이라 부르는 학문이다. 결론적으로 아르키아스 같은 시인, 곧 인문(人文) 일을 하는 사람들을 추방해선 안 된다는 것이다. 정신과 영혼에 생기를 불어 넣어주는 일을 하는 사람들을 당장 쓸모가 없다고 추방하는 사회는 더 이상 사람이 사는 곳이 아닌 야만(barbarus)의 세계라는 것이다. 이는 실제로 로마의 역사가 잘 보여준다. 피비린내 나는 내전으로 점철되었던 삼두정 시대와 공화정의 몰락이 바로 그것이다. 이러한 로마 사회의 위기를 키케로는 미리 정확하게 꿰뚫어 보았기에, 소위 '별것 아닌 것'을 지키기 위해서 법정에 나선 것이다. 그리고 이 '별것 아닌 것'을 지키는 와중에 인문학이 탄생한 것이다. 따라서 인문학이 태어난 곳은, 흔히들 알고 있듯이, 그런 고상한 곳이 결코 아니었다. 그리스와 로마의 신들이 인간들에게 선물한 것도 아니었다. 그것은 오히려 삶의 한복판에서 사회적 위기와 함께 태어난 학문이다.

앞에서도 언급했듯이, 본래 인문학은 "너 자신을 알라"라는 아폴론 신의 경고에서 유래한다. 이와 같은 신의 경고에 대해 인간들 중 가장 강력하게 반발했던 사람은 소피스트 프로타고라스일 것이다. "인간이 만물의 척도"라는 소리를 떠들고 다녔기 때문이다. 이 주장에 대해서 가장 강렬하게 반박한 사람은 소크라테스였다. 그는 아폴론 신의 경고 "너 자신을 알라"의 의미를 새롭게 해석했기 때문이다. 이 문장의 핵심 단어인 "자신"에 대한 깊은 통찰을 통해서 그는 '자신이 모른다는 것'을 아는 존재임을 깨닫게 된다. 인간이 자신에 대한 지식(self-knowledge)을 갖게 되는 순간이다. 이렇게 인간은 신과의 대비를 통해서 발견된다. 이러한 인간에 대한 자기 지식이 없어서 파멸한 이도 있다. 오이디푸스 왕이다. 그는 어느 누구도 풀지 못한 스핑크스의 수수께끼를 풀어 낼 정도로 명석했다. 그러나 그는 '자기가 누구인지'를 모르기에 비극적 파멸의 주인공이 된다. 그런데 이상의 진술을 통해서 우리는 인간의 발견과 관련해서 그 탐구의 돌파구를 열어 준 것은 사실 인간이 아니라 아폴론 신이라는 점을 확인한다. 이것이 아마도 그리스 인문학의 핵심일 것이다. 그러나 로마 인문학은 인간을 중심으로 형성되었다. 그리스인들과 달리, 로마인의 중심에는 신이 큰 비중을 차지하지 않는다. 예컨대 키케로는, "너 자신을 알라"라는 아폴론 신의 경고와 관련해서, '내가 누구인지'를 묻지 않는다. 그의 관심사는 인간과 인간 사이에서 벌어지는 사건이며 그의 최대 화두는 '인간답게 사는 것과 그 방법'이었다. 『아르키아스 변론』이 바로 그 전거(典據)이다. "인간을 인간답게 해주는 목적(quae ad humanitatem pertinent)에 봉사하는 모든 학문은 서로가 서로를 묶는 공통의 연결 고리를 가지고 있고 마치 혈연에 의해 연결된 것인 양 상호 결속되어 있다."(제2장) 놀랍게도 키케로는 학문이 섬겨야 할 주군(主君)의 자리에 진리(veritas)가 아니라 '사람됨(humanitas)'을 놓고 있다. 순수한 의미에서 인간이 중심에 서 있는 인문학이 등장하는 순간이다. 그렇다고 해서 이렇게 탄생한 인문학이 신들의 세계를 무시하는, 그러니까 불경죄에 해당하는 것은 결코 아니다. 왜냐하면 신들 역시 인간 내면의 저 양심의 세계(religio)에서 얼마든지 인간을 조정하고 다스릴 수 있는 공간을 인문학은 제공하고 있기 때문이다!

이렇게 형성된 서양의 인문학(humanitas)이 한국에 들어온 것은 최소 120년 이전일 것으로 추정된다. 인문학이라는 말이 당시 조선어에는 없었던 모양이다. 당시 조선어 사정을 잘 알려주는 『라한소자전』은 라틴어 humanitas에 해당하는 조선말로 '인셩', '인ᄉᆞ', '량선', '톄모'를 소개하고 있다. 흥미로운 점은 1936년에 작업에 착수해서 1959년 1월 29일 경향신문사에서 출판한 윤을수 신부(1907~1971)의 『라한사전』에는 studia humanitatis라는 별도의 표제와 함께 "인문학"이라는 표현이 나온다는 것이다. 그런데 이와 관련해서 이 표현이 일본인 학자 다나카 히데나카(田中秀央)가 편찬한 『라화사전(羅和辭典)』(1952년 초판)에는 나오지 않는다는 것이다. 따라서 '인문학'이

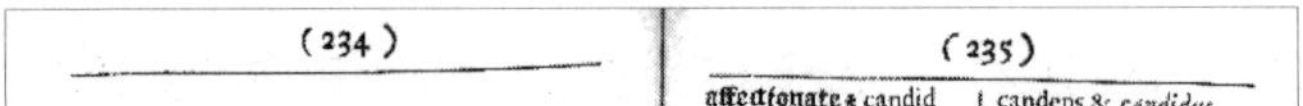
(234)

CXV.

Humanity. *Humanitas.*

Men are made for one anothers good; therefore let them be kind.
Be thou sweet and lovely in thy countenance; 1.
gentle & civil in thy behaviour, & manners; 2.
affable & true-spoken with thy Mouth; 3.

Homines facti ſunt ad mutua *commoda*; ergò ſint *humani*.
Sis ſuavis, & amabilis, *Vultu*; 1.
comis & urbanus, *Geſtu* ac *Moribus*; 2.
affabilis & verax, *Ore*; 3.

affectio-

(235)

affectionate & candid in thy heart. 4.
So love, and so shalt thou be loved; and there will be a mutual friendship, 5.
as that of Turtle-doves, 6.
hearty, gentle, and wishing well on both parts.
Froward men, are hateful, teasty, unpleasant, contentious, angry, 7.
cruel, 8.
and implacable, (rather Wolves and Lyons, than Men) and such as fall out among themselves, hereupon they fight in a Duell. 9.
Envy, 10.
wishing ill to others, pineth away her self.

candens & *candidus Corde*. 4.
Sic ama, ſic amaberis; & fiet mutua *Amicitia*, 5.
ceu *Turturum*, 6.
concors, manſueta, & utrinq; benevola.
Moroſi homines, ſunt odioſi, torvi, illepidi, contentioſi, *iracundi*, 7.
crudeles 8.
ac implacabiles, (magis lupi & leones, quàm homines,) & inter ſe diſcordes, hinc confligunt *Duello*. 9.
Invidia, 10.
aliis malè cupiendo, ſeipſam conficit.

Juſtice.

삶의 터전인 들판의 한 중앙에서 서로 포옹하고 있는 두 인물은 사람 인(人)자를 형상하고 있다. 이 그림을 통해서 인간은 서로 서로를 유익하게 해주는 존재임(ad mutua commoda)을, 곧 더불어 살아야 하는 존재임을, 그래서 人間임을 작가 코멘스키는 보여주고 있다(얀 아모스 코멘스키(1658년), 『그림으로 파악하는 세계』, 234 쪽).

라는 번역어를 누가 만들었는지가 우리의 관심을 끌지만, 문헌자료 추적의 어려움으로, 이 문제는 여기서 일단락지어야 할 것 같다. 어쩌면 윤을수 신부의 고유 번역일지도 모르겠다. 예컨대 당대 최고의 지식인 육당 최남선도 인문학에 해당하는 영어 fine art를 '美術'로 사용하고 있었기에 말이다.

3

HUMANITAS

앎과 삶의 긴장에서 등장한 철학

철학에 의해서 삶 전체는 교정받고 지도되어야 한다.(키케로, 『투스쿨룸의 대화』 제5권, 5장).

지식의 쓸모는 궁극적으로 어디에 있을까? 권력 획득의 도구에, 재산 증식에, 박학다식함의 자랑에 있을까? 지식이 자본인, 지식-자본(scientia-capitalismus)의 시대에 쓸모없는 물음일 것이다. 그럼에도 이 쓸모없는 물음과 잠시 씨름하고자 한다.

우리는 도대체 왜 뭔가에 대해서 알려고 하는가? "인간은 본성상 알기를 원하기"(아리스토텔레스, 『형이상학』 980a21) 때문이라 한다. 앎(scientia)의 추구는 "지금이나 처음이나 사람들은 경이(thauma) 때문에 철학함을 시작했으니 말이다. 난관(aporia)에 부딪혀 경이로움을 느끼는 사람은 자신이 무지하다고 생각한다. 따라서 무지로부터 벗어나기 위해서 사람들이 철학하기 시작했다면, 앎을 위해 지식을 추구하지 어떤 쓸모를 위해 그런 것이 아님이 분명하다"(『형이상학』 982b11~21) 아리스토텔레스(기원전 384~322년)에 따르면, 지식은 '어떤 쓸모'가 있어서 알려고 하는 것이 아니다. 사람은 모르는 것과 부딪혔을 때 자신이 모른다는 자각과 함께 그것을 알고자 하는 호기심이 생겨나고, 이는 생활의 유용성 때문이 아니라, 앎 자체의 욕구에서 기인한다고 한다. 대체로 지식의 습득 여부가 학력을 결정하고, 학력이 삶(vita)의 수준(?)을 결정하는 오늘날의 기준에서 보면 좀 이상한 이야기일 것이다. 그러면 아리스토텔레스의 생각을 좀 더 읽어 보자. 이 '앎 자체'에 대한 욕구는, 그것이 욕구인 한, 욕구의 주체인 인간에 속하지만 이 욕구는 좀 특이해서, 욕구 자신의 진정한 자유를 추구하는 '무엇'이라 아리스토텔레스는 전한다. 재미있는 생각이다. 이왕 읽은 김에 아리스토텔레스가 지식을 가지고 어디까지 가는지 읽어 보자.

> 가장 보편적인 것이 사람들에게는 가장 알기 어려운 것이다. 감각에서 가장 멀리 떨어진 것이기에. 지식 중에서 일차적인 것에 가장 가까운 지식이 가장 정확하다. 더 적은 수의 원리로 구성된 지식이 추가적인 원리를 필요로 하는 지식보다 더 정확한 지식이기에 그렇다. 예를 들면, 산술학이 기하학보다 더 정확하듯이 말이다. 원인에 대한 이론적 지식은 또한 가르침을 더 준다. 각각의 것에 있어서 원인을 이야기하는 사람이 더 많은 가르침을 제공하기 때문이다. 이를 목표로 하는 앎과 지식은 지식을 대상으로 삼는 지식에 속한다. 그 자체로의 지식을 선택한 사람은 무엇보다도 [자체로] 지식인 것을 선택할 것이다. 이 지식은 무엇보다도 대상에 대한 지식의 지식이다. 그런데 일차적인 것과 원인이 바로 그것이다. 이를 통해서 그리고 이로부터 다른 것을 알 수 있고, 그 아래에 놓인 것을 통해서, 이것이 알려지는 것이 아니기 때문이다.[1](『형이상학』 981a21~982b10)

---

1) *Metaph*. 982a21~982b10 τούτων δὲ τὸ μὲν πάντα ἐπίστασθαι τῷ μά λιστα ἔχοντι τὴν

읽다 보니 어느 사이에, '사물들의 일차적인 원인과 원리들에 대한 이론적 지식'의 세계에 도달해 버렸다. 여기가 형이상학의 세계다(Ecce! hic est metaphysica). 지식이 지식을 대상으로 놓고 따지는 세계이다. 독자 여러분의 생각을 묻고 싶다. 형이상학의 세계에 온 소감을! 어렵고, 무슨 소린지 감을 못 잡겠고, 철학하는 사람들은 정말 쓸모없는 짓을 하고 있다고 생각하는 이도 있을 것이다. 눈과 귀로 포착할 수 있는 세계에서 너무 멀리 벗어나 버렸기에. 얼른 눈과 귀로 볼 수 있고 들을 수 있는, 두렵긴 해도 행운(fortuna)이 지배하는 시공(時空)으로 되돌아가길 바라는 이도 분명 있을 것이다. 하지만 여기까지 온 김에 한 가지만 확인하고 이론(理論)의 세계에서 현실(現實)의 세계, 삶의 세계로 돌아가자.

어떤 이가 무엇에 대한 정보를 습득했다 해서, 그 정보가 완전한 지식일까? 적어도 아리스토텔레스는 이에 대해서 그것이 단편적 정보는 될지언정, 진정한 앎은 아니라고 할 것이다. 왜냐하면 무엇에 대한 지식이 앎으로 성립하려면, 그 지식에 대한 앎의 체계(학문)가 성립해 있을 때만이 가능할 것이라 할 것이기 때문이다. 불이 뜨겁다

καθόλου ἐπιστήμην ἀναγκαῖον ὑπάρχειν (οὗτος γὰρ οἶδέ πως πάντα τὰ ὑποκείμενα), σχεδὸν δὲ καὶ χαλεπώτατα ταῦτα γνωρίζειν τοῖς ἀνθρώποις, τὰ μάλιστα καθόλου (πορρωτάτω γὰρ τῶν αἰσθήσεών ἐστιν), ἀκριβέσταται δὲ τῶν ἐπιστημῶν αἳ μάλιστα τῶν πρώτων εἰσίν (αἱ γὰρ ἐξ ἐλαττόνων ἀκριβέστεραι τῶν ἐκ προσθέσεως λεγομένων, οἷον ἀριθμητικὴ γεωμετρίας)· ἀλλὰ μὴν καὶ διδασκαλική γε ἡ τῶν αἰτιῶν θεωρητικὴ μᾶλλον (οὗτοι γὰρ διδάσκουσιν, οἱ τὰς αἰτίας λέγοντες περὶ ἑκάστου), τὸ δ΄ εἰδέναι καὶ τὸ ἐπίστασθαι αὐτῶν ἕνεκα μάλισθ΄ ὑπάρχει τῇ τοῦ μάλιστα ἐπιστητοῦ ἐπι στήμῃ (ὁ γὰρ τὸ ἐπίστασθαι δι΄ αὑτὸ αἱρούμενος τὴν μάλιστα 982b ἐπιστήμην μάλιστα αἱρήσεται, τοιαύτη δ΄ ἐστὶν ἡ τοῦ μάλιστα ἐπιστητοῦ), μάλιστα δ΄ ἐπιστητὰ τὰ πρῶτα καὶ τὰ αἴτια (διὰ γὰρ ταῦτα καὶ ἐκ τούτων τἆλλα γνωρίζεται ἀλλ΄ οὐ ταῦτα διὰ τῶν ὑποκειμένων), ἀρχικωτάτη δὲ τῶν ἐπιστημῶν, καὶ μᾶλλον ἀρχικὴ τῆς ὑπηρετούσης, ἡ γνωρίζουσα τίνος ἕνεκέν ἐστι πρακτέον ἕκαστον· τοῦτο δ΄ ἐστὶ τἀγαθὸν ἑκάστου, ὅλως δὲ τὸ ἄριστον ἐν τῇ φύσει πάσῃ. ἐξ ἁπάντων οὖν τῶν εἰρη μένων ἐπὶ τὴν αὐτὴν ἐπιστήμην πίπτει τὸ ζητούμενον ὄνομα· δεῖ γὰρ ταύτην τῶν πρώτων ἀρχῶν καὶ αἰτιῶν εἶναι θεωρητι κήν· καὶ γὰρ τἀγαθὸν καὶ τὸ οὗ ἕνεκα ἓν τῶν αἰτίων ἐστίν.

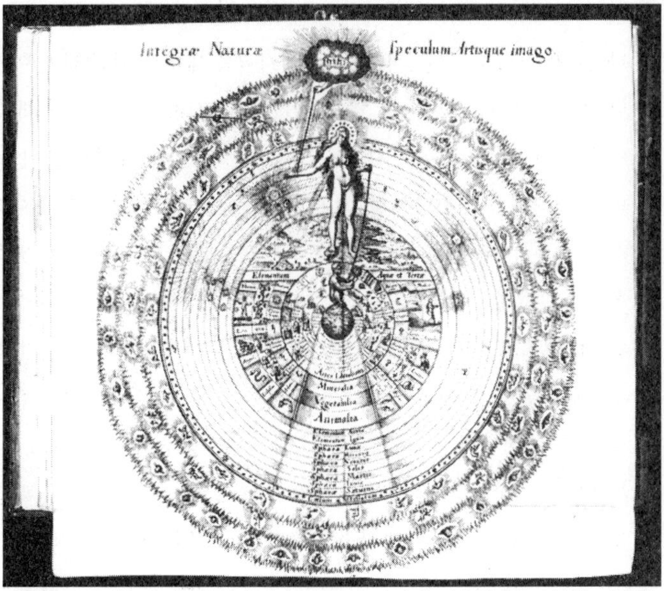

플루드 로베르크가 1617년에서 1621년 사이에 저술한 『형이상학, 자연학, 기술학, 역사학』 제1권에 있는 도판임

는 사실을 누군가에게 말할 때, 그것은 진정한 앎으로 성립하지 않는다. 그러나 불이 왜 뜨거운지에 대한 원인을 제시할 수 있을 때, 그 앎은 비로소 제대로 된 앎으로 성립한다. 또한 원인에 대한 해명이 주어질 때, 알고자 하는 '앎 자체'의 원초적 욕구가 그때 비로소 해소된다고 한다. 어떤 앎이 앎으로 설 수 있도록, 앎에 대한 앎의 세계에 대한 기초를 마련한 사람이 아리스토텔레스다. '어떤 쓸모' 없는 앎, '앎 자체'의 욕구가 펼쳐낸 이론의 세계가 '학문(scientia)'의 세계다. 학문은 '쓸모 없음'이 만들어낸 세계인 셈이다. 하지만 '진리(veritas)'가 상주하는 공간이 또한 학문의 세계다. 이렇게 앎의 세계에서 위엄과 권리를 자랑하던 진리를 삶의 세계로 끌어 내린 사람이 있었다고 한다. 소크라테스다.

철학(지혜의 사랑, 학문)이라는 말을 처음 사용한 사람은 피타고라스다. 뿐만 아니라, 그는 사물에 실제 지식을 넓혀준 현인(賢人)이기도 한다. (중략) 그러나 학문이 처음 생겨났던 고대로부터 소크라테스 시대에 이르기까지의 학문은 수(數)와 운동(運動)만을 대상으로 삼았다. 만물이 어디에서 기원하는지, 어디로 되돌아가는지 그리고 별자리의 크기와 별자리 사이의 거리와 [별들의] 운행 행로 등 온통 천문(天文)에만 정성을 기울였다. 물론 소크라테스도 [자연학자] 아낙사고라스의 제자인 아르켈라오스의 강의를 들었다. 하지만 소크라테스가 첫 번째다. 처음으로 학문을 하늘의 세계에서 도시(국가)로 끌어 내렸고 또한 집안으로 끌고 들여왔던 사람이 바로 그다. 그는 삶(vita)에 대해서, 사람 사는 법(mores)에 대해서, 선과 악에 대해서 따지고 캐물었다. 다양한 관점에서 따지고 캐묻는 방식과 다루었던 주제들의 폭넓음과 그가 보여주었던 지성의 크기는, 이는 플라톤의 기억과 기록을 통해서 신적 경지의 반열에 올랐다.[2](『투스쿨룸의 대화』 제5권, 10~11장).

---

2) [10] Nec vero Pythagoras nominis solum inventor, sed rerum etiam ipsarum amplificator fuit. Qui cum post hunc Phliasium sermonem in Italiam venisset, exornavit eam Graeciam, quae magna dicta est, et privatim et publice praestantissumis et institutis et artibus. Cuius de disciplina aliud tempus fuerit fortasse dicendi. Sed ab antiqua philosophia usque ad Socratem, qui Archelaum, Anaxagorae discipulum, audierat, numeri motusque tractabantur, et unde omnia orerentur quove reciderent, studioseque ab is siderum magnitudines intervalla cursus anquirebantur et cuncta caelestia. Socrates autem primus philosophiam devocavit e caelo et in urbibus conlocavit et in domus etiam introduxit et coegit de vita et moribus rebusque bonis et malis quaerere.
[11] Cuius multiplex ratio disputandi rerumque varietas et ingeni magnitudo Platonis memoria et litteris consecrata plura genera effecit dissentientium philosophorum, e quibus nos id potissimum consecuti sumus, quo Socratem usum arbitrabamur, ut nostram ipsi sententiam tegeremus, errore alios levaremus et in omni disputatione, quid esset simillimum veri, quaereremus. Quem morem cum Carneades acutissime copiosissimeque tenuisset, fecimus et alias saepe et nuper in Tusculano, ut ad eam consuetudinem disputaremus. Et quadridui quidem sermonem superioribus ad te perscriptum libris misimus, quinto autem die cum eodem in loco consedissemus, sic est propositum, de quo disputaremus.

키케로에 따르면, 소크라테스는 삶의 문제를 걸어서 앎에 대해서 비판적으로 접근한 첫 번째 사람인 셈이다. 앎의 세계에 비판적으로 접근한다는 점에서 소크라테스는 이전의 학문 세계와는 다른 종류의 앎의 세계를 열고 있다. 삶의 입장에서 앎의 문제로 다루고 있고, 기존 앎 중심의 지식 세계가 삶의 통제를 받도록 만든다는 점에서 그렇다. 이를 통해서 앎의 세계와 삶의 세계 사이에는 서로 교통할 수 있는 통로가 생겨나는데, 이 통로가 '철학'이라는 길(via)이다. 키케로가 말하듯이, 소크라테스의 철학은 피타고라스의 철학(앎)과는 근본적으로 다르다. 삶과 앎을 연결해준다는 점에서, 앎을 일차 대상으로 추구하는 분과 학문이 아니라는 점에서 그렇다. 삶의 요구를 앎의 세계에 요구하고 전달한다는 점에 삶의 지킴이로서, 앎의 세계의 파수꾼으로서 역할을 담당하는 학문인, 철학이 세상에 등장하는 순간인 셈이다. 앎 일반을 지칭하는 의미로서의 철학이 아닌, 비판적 기능의 수행자로서의 철학이 말이다. 비판적 의미에서 '철학'이라는 말을 처음 사용했던 사람이 소크라테스다. 그는 이 말 속에 담긴 의미를 삶에 실천한 철인(哲人)이기도 한다. 결론적으로 안다는 것과 철학한다는 것이 근본적으로 다름을 일깨워 준 이가 소크라테스다. 이왕 여기까지 온 김에, 앎과 삶의 관계에 대해서 좀 더 따져보면 어떨는지? 곧 삶과 앎은 어떤 관계에 있어야 하는지를 말이다. 소크라테스의 말대로 앎은 삶의 통제를 받아야 하는가? 아니면 삶이 앎의 통제를 받아야 하는가?

아마도 가능하다면 앎이 삶을 통제하는 것이 가장 좋을 듯싶다. 앎은 예측 가능하고, 항상성(constantia)을 보장하기에. 하지만 앎이 삶의 영역을 얼마나 포괄해낼 수 있을까? 그리고 안다는 것의 경계는 어딜까? 알면 알수록 모르는 것이 더 많은 것은 아닐까? 앎의 구경(究竟)은 결국 미지(未知)의 바다가 아닐까? 그런데 삶이 이 미지의 바다에 던져진 것이라면, 앎은 삶을 위해서 무엇을 할 수 있을까? 결국 삶은 앎의 통제를 받고 싶어도 받을 수 없는 인간조건(conditio humana)의 근본적인 제약에 부딪히고 만다. 그러니까 앎이 삶의 전 영역을 모두 포섭해 낼 수 없다는 말이다. 예컨대 아름다움에 대해서, 과연 보편의 앎이 어디까지 개입할 수 있을까? 정확한 계산이 가능하지 않은 그리고 일률적인 척도와 기준을 허용해선 안 되는 영역이기에 그렇다. 곧 앎의 보편 세계가 직접적으로 개입할 수 없고 마구잡이로 개입해선 안 되는 공간이 삶의 공간엔 있고, 실은 그것이 '사람살이'이기 때문이다. 어려운 문제다. 그럼에도 삶은 앎에 의지할 수

바람이 부는 대로 날아가고, 눈이 멀어
공평한 행운의 여신, 포르투나를 우의적으로 표현한 그림

밖에 없는 처지임은 분명하다. 아는 것이 힘(Knowledge is power)인 시대를 넘어, 모르면 생존이 불가능한 시대에 우리는 살고 있기에 그렇다. 어찌 되었든 배워야 살기 때문이다.

그러면 앎은 삶의 통제를 받아야 하는지에 대해서 따져보자. 앎이 앎의 세계 안에서만 머무르고, 삶의 세계에 관심을 가지지 않는 문제에 대해선 이미 소크라테스가 비판했다. 그는 앎의 세계만을 중시하는 학문(Wissenschaft)의 세계를 비판적으로 접근해, 삶의 영역에서의 앎의 문제를 본격적으로 논의했다. 곧 철학(Philosophie)을 정초했다. '삶 안에서의 앎'의 문제에 대한 길잡이가 철학이라는 점에 대해선 키케로는 다음과 같이 동조한다.

> 철학에 의해서 삶 전체는 교정받고 지도되어야 한다. (중략) 삶의 지도자인 철학이여, 덕의 탐구자요 악덕의 방어자여, 철학 없이 우리 자신을, 우리의 삶을 도대체 어떻게 유지할 수 있었고 (미략)[3](『투스쿨룸의 대화』 제5권, 5장).

삶의 입장에서 탐구 결과에 대한 아무런 반성을 하지 않은 채, 지식만을 생산하는 앎의 지식생산 공장으로서의 학문이 아닌, 삶의 길

3) [5] Sed et huius culpae et ceterorum vitiorum peccatorumque nostrorum omnis a philosophia petenda correctio est. Cuius in sinum cum a primis temporibus aetatis nostra voluntas studiumque nos compulisset, his gravissimis casibus in eundem portum, ex quo eramus egressi, magna iactati tempestate confugimus. O vitae philosophia dux, o virtutis indagatrix expultrixque vitiorum! quid non modo nos, sed omnino vita hominum sine te esse potuisset? Tu urbis peperisti, tu dissipatos homines in societatem vitae convocasti, tu eos inter se primo domiciliis, deinde coniugiis, tum litterarum et vocum communione iunxisti, tu inventrix legum, tu magistra morum et disciplinae fuisti; ad te confugimus, a te opem petimus, tibi nos, ut antea magna ex parte, sic nunc penitus totosque tradimus. Est autem unus dies bene et ex praeceptis tuis actus peccanti inmortalitati anteponendus.

잡이로서 철학을 찬양한다는 점에서, 키케로는 소크라테스 철학의 계승자로 보인다. 곧 앎은 삶의 조정과 통제를 받아야 한다는 점에서 그렇다. 이러한 '삶의 길잡이'로서의 철학을 내세운 소크라테스나 '삶 일반에 대한 앎'의 체계, 곧 인문학(humanitas)의 세계를 열어 준 키케로가 삶의 세계에 대한 고려와 배려를 전혀 하지 않은 채, 성과와 결과 제일주의로 내달리고 있는 현대의 '앎의 세계'를 본다면 뭐라 할까? 마찬가지로 독자 여러분의 사려 깊은 판단을 존중하고자 한다.

물론 '앎이 없는 삶'은 불가능할 것이다. 그러나 '삶이 없는 앎'이 도대체 무슨 의미가 있을까? 그러나 매일 저녁 뉴스를 통해 접하는 현대적 비극의 배경에는 아마도 '삶 없는 앎'이 결정적인 작용을 하고 있다는 것을 누구나 느끼고 있을 것이다. '삶에 대한 앎'을 가르치고 배우는 일을 절실하게 여기지 않는 풍토가 한 원인일 것이다. 따라서 '삶에 대한 앎'을 배우는 일, 곧 인문 교양은 삶의 장식이 아니라 삶의 강제이다. 그것이 장식이 아니라 강제인 것은 삶의 어느 중요한 순간에 삶을 결정짓는 지혜로 작동하기 때문이다. 행운이 지배하는 삶의 세계에서 말이다. 특히 삶의 지배자가 행운이 아니라 지혜임을 배우는 일은, 어느 순간 삶의 강제가 아니라 삶의 지혜가 될 것이다. 그렇다면 적어도 '삶에 대한 앎'에 대해선 최소한의 "삶의 강제"가 있어야 하지 않을까? 듣기 싫고 거북해도 말이다. 물론 그러다가 소크라테스는 독배를 들어야만 했지만 말이다. 하지만 더불어 살아야 하는 한, 삶의 강제는 필요하다.

4

HUMANITAS

광기와 이성의 대결

연대(聯帶)의 사슬(vinculum)은 이성(ratio)이고 언어(oratio)이다.
(키케로, 『의무론』 제1권 50장)

광기(furor)와 이성(ratio). 이 둘이 경주를 하면 어떤 것이 빠를까? 어리석은 질문일 것이다. 항상 먼저 찾아오는 것이 광기이고, 뒤이어 늦게 찾아 오는 것이 이성이기에. 그러면 어떤 것이 더 힘이 셀까? 마찬가지로 어리석은 물음이다. 사람을 지배하는 것은 역시 이성보다는 광기이기 때문이다. 이에 대해서 그렇지 않다고 반문할지 모르겠다. 다만 반문하는 사람들이 제발 많기를 기원할 뿐이다. 하지만 세상이 온통 뭔가 휩쓸려 가고 있고 홀려 있다는 것을 느낄 것이다. 부동산 광풍, 도박 열풍, 사교육 열풍, … 사람들을 어딘 가로 휩쓸어 가는 광풍들이 지배하고 있다는 것을 쉽게 확인할 것이기에 말이다. 원래 주인이어야 할 사람들 대신에 광풍이 주인 노릇을 하고 있는 이 나라, 대한민국(大韓民國). 대한광국(大韓狂國)이라 불러야 하지 않을까? 원래 이렇게 큰 이야기를 하려고 시작한 것이 아닌데, 글이 광풍에 휩쓸려 그만 커져 버렸다. 독자 여러분의 이해와 양해를 구한다. 원래 이 글에서 살펴보고자 한 아주 작은 구경거리로 돌아가고자 한다. 그러니까 광기와 이성이 진검 승부를 벌인 적이 한 번 있다. 서기 1세기의 일이다. 이 승부가 벌어진 곳은 파이드라라는 왕녀의 영혼이었다.

> 유모, 당신 말이 맞아. 나(파이드라)도 잘 알아. 한데 광기가 더 큰 악으로 이끌어 가네. 이래선 안 되는 줄 알면서도 마음은 한순간 잡은 끈을 놓아 버리고, 뭔가 힘이 되는 조언을 전하고자 애썼지만 정신도 별 수 없는지 그만 발길을 돌리고 마네. 마치 짐으로 가득 찬 배를 지키려 뱃사공이 몰아치는 파도에 맞서 분투하지만 결국은 헛수고로 끝나고 마는 것처럼, 배는 끝내 항복하고 뱃꼬리를 [머리로 해서] 심연의 바닥으로 빨려 들어가고 마는 것처럼 말이야. 도대체 이성이 무엇을 할 수 있지? 광기가 승리했고 완전히 지배해 버렸어[1](세네카(서기 4~65년), 『파이드라』 177~184행)

광기의 위력과 이성의 무능력을 볼 수 있는 좋은 대목이다. 다른 사정이 없는 한, 광기와 이성이 정면으로 부딪치면 광기가 예외 없이 승리할 것이다. 특히 정면 승부에서 그러할 것이다. 그 까닭은 내 것

---

1) Ph. Quae memoras scio
uera esse, nutrix; sed furor cogit sequi
peiora. uadit animus in praeceps sciens
remeatque frustra sana consilia appetens.
sic, cum grauatam nauita aduersa ratem
propellit unda, cedit in uanum labor
et uicta prono puppis aufertur uado.
quid ratio possit? uicit ac regnat furor,
potensque tota mente dominatur deus.

이 아니기를 바라나 내 것일 수 밖에 없는 어떤 것이 광기(狂氣)인 반면, 누구의 것도 아니지만 잠시 내 것이기도 한 것이 이성(理性)이기에 그렇다. 이러한 사정 때문에 영혼의 지배권을 놓고서 이성과 광기 사이에 싸움이 벌어지면, 광기가 언제나 위력을 발휘하게 되어 있다. 이 힘은 특히 사랑(amor)과 결탁할 때에는 무시무시한 힘으로 돌변한다. 가련하게도 이 힘에 의해 사로 잡힌 왕녀가 파이드라다. 그녀는 아무리 자기가 직접 낳은 아들이 아니긴 해도, 아들인 히폴리토스에 대한 정염의 광기에 사로잡히게 된다. 이성이 아무리 도우려 했지만 아무런 소용이 없었다. 특히 파이드라의 경우, 이성은 오히려 광기를 키우는 역할을 담당하게 된다. 이래선 안 되는 줄 알고 있는 파이드라를 더욱 미치게 한 것이 이성이었고, 나중엔 그 이성의 힘까지 흡수해 자신을 방어하기 위한 수단으로 사용할 정도로 파이드라의 광

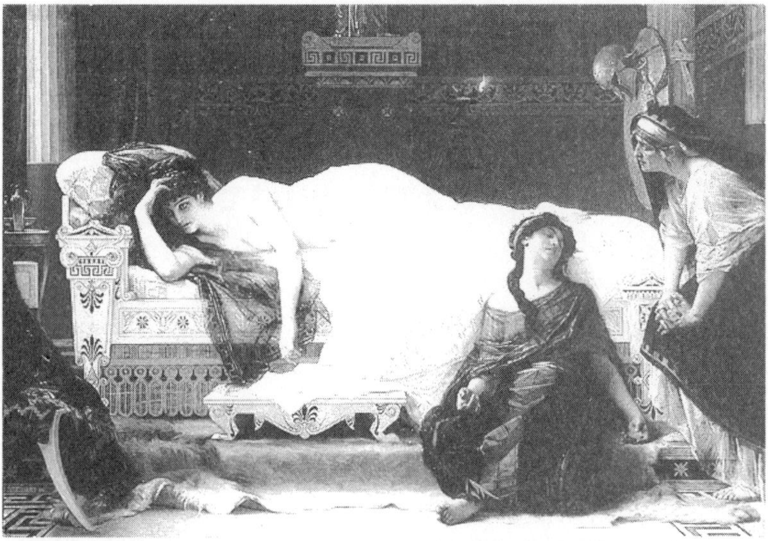

알렉상드르 카바넬(1823-1889)이 1880년에 그린 이 유화로 현재 호주 국립미술관 소장. 광기를 실현하기 위해 뭔가를 계산하고 있는 파이드라의 날카로운 시선이 인상적이다.

기는 정교하게 발전하기 때문이다. 광기는 그러니까 단지 힘만 세고 크기만 한 것이 아님을 알 수 있다. 그것은 계산 능력을 겸비한 무엇이며 자기 방어 수단을 자체적으로 개발할 수 있는 지적 능력을 가진 괴물이다. 적의 장점도 흡수해 자기 것으로 만드는 능력을 가진 광기에 맞서 싸우라고 이성을 내세우는 것은 처음부터 잔인한 일이다. 그도 그럴 것이 이성의 후원자인 영혼도 실은 몸에 세(貰) 들어 사는 처지이기에 그렇다. 세 들어 사는 처지에 잠시 세 들어 온 이성을 영혼이 돕는 것은 그리 쉬운 일은 아닐 것이다. 이렇게 광기는 분명 그 위력이 대단한 무엇임에 틀림없다.

그러나 광기에겐 자신이 무엇인지를 밝히지 못하는 치명적인 약점이 있다. 그리고 사람들이 모이는 공적인 장소에 떳떳이 나설 수 없는 자체적 결함이 있다. 이러한 치명적 약점과 결함 때문에 광기는 결국 힘도 없고, 가끔은 무능력하다는 소리를 듣는 이성에게 통제와 지도를 받아야 하는 처지로 떨어지게 된다. 더불어 살아야만 하는 인간 조건(conditio humana) 하에선, 어찌 보면 한 인생을 짧고 굵게 사는 것이 멋있어 보이도록 착각하게 만드는 광기보다는 비록 화려하고 짜릿하지 않고, 더디긴 하지만 꼼꼼한 이성이 더 믿을 만한 무엇이기에 그렇다고 한다.

> 한 사회는 어떤 사람이 [일과 사람들의] 관계망 속에서 하는 역할과 몫에 따라, 즉 [그 일과 조직에 대한] 참여와 기여의 정도에 따라, [자신이 행한 바에 대한] 좋음(보상과 이익)이 가장 많이 주어질 때, 가장 잘 유지되고 통합된다. 그러나 인간 사회와 공동체의 자연적 본성과 원리에 대한 탐구는 더 높은 심급에서 논의되어야 할 것이다. 첫 번

> 째 원칙은 인간이라는 종을 보편의 심급에서 묶는 연대(societas)를 통해서 구별되고, 이 연대라는 사슬(vinculum)은 이성(ratio)이고 언어(oratio)이기 때문이다. [이성 혹은 합리로부터 뒷받침되는] 언어는 [문젯 거리를] 증명하고 명백하게 하고(docendo), 교육하고(discendo), 의사 소통하게 하며(communicando), 묻고 따지면서 토론하게 하고(disceptando), 판단하게 하여(iudicando) 사람과 사람을 [이해할 수 있도록 하여] 서로 묶고 연결시키는 바, 이는 자연 본성이 인간에게 부여한 어떤 사회성(societas) 때문에 가능하다. 사실 어떤 인간도 들짐승의 본성과 크게 차이 나지 않는다. 때때로 말이나 사자도 용기를 가지고 있다고 종종 인정하는 바이기 때문이다. 하지만 우리는 짐승이 정의(iustitia), 평등(aequitas), 선(bonitas)을 가지고 있다고 말하지는 않는다. 짐승은 이성과 언어를 가지고 있지 않기 때문이다.[2](키케로, 『의무론』 제1권 50장)

그런데 큰 광기 혹은 큰 무지에 맞서 싸울 때 요구되는 이성과 동원되는 방법이 반드시 크고 방대할 필요는 없다. 물론 거대 담론의 거시 진리가 세상에 유용하지만 경우에 따라서는 작은 관찰과 방법 차원의 작은 전환이 세상을 뒤바꿔 놓기도 한다. 미시 진리의 힘이 얼마나 큰 위력을 발할 수 있는지를 보여주는 인물을 소개하고자 한다.

1407년에 로마에서 로렌초 발라(Lorenzzo Valla, 1407~1457)라

2) [50] Optime autem societas hominum coniunctioque servabitur, si, ut quisque erit coniunctissimus, ita in eum benignitatis plurimum conferetur. Sed quae naturae principia sint communitatis et societatis humanae, repetendum videtur altius. Est enim primum quod cernitur in universi generis humani societate. Eius autem vinculum est ratio et oratio, quae docendo, discendo, communicando, disceptando, iudicando conciliat inter se homines coniungitque naturali quadam societate, neque ulla re longius absumus a natura ferarum, in quibus inesse fortitudinem saepe dicimus, ut in equis, in leonibus, iustitiam, aequitatem, bonitatem non dicimus; sunt enim rationis et orationis expertes.

는 사람이 태어난다. 그가 활약하던 때는 바야흐로 비잔티움 제국이 몰락하는 시대였다. 그에겐 중요한 학문적 동지이자 나중에는 정적 관계에 있었던 친구가 한 명 있었다. 그는 콘스탄티노플의 베사리온(cardinal Bessarion) 추기경이었다. 추기경 베사리온은 굉장한 애서가였고 문헌학자였으며 인문학에 대한 소양을 겸비한 학자였다. 비잔티움 제국이 몰락할 때 추기경은 약 800 두루마리의 그리스어 필사본을 베니치아로 가져 왔다. 이렇게 많은 필사본이 대량으로 한꺼번에 서유럽으로 유입된 것은 역사적으로 처음 있었던 일이었고, 이런 일은 이후 다시 일어나지 않았다. 어찌 되었든 이렇게 유입된 필사본을 위해 추기경은 도서관을 건립하였다(이 도서관이 오늘날 베니치아 마르치아나 도서관[Bibliotheca Marciana]이다). 그런데 이때는 발라가 다른 신부들과 함께 히에로니무스(Hieronrymus, 347~420)의 라틴어 성경 표현의 진위에 대해서 논쟁을 벌이고 있는 상황이었다. 논쟁이 벌어졌던 표현은 「요한복음」 21장 22절의 문장이다. 이 문장에 맞는 단어가 sic(영어의 so)인가 아니면 si(영어의 if)인가를 놓고서 서로 싸웠는데, 신부들은 구교 전통에 따라 sic을 고집하였고, 발라는 si를 주장하였다. 이 논쟁의 승리자는, (다른 필사본이 발견되어 현대에 와서는 다른 방식으로 쉽게 해결-종료되었지만) 발라였다. 그리스어 신약성경이 발라의 주장을 뒷받침해 주었기 때문이었다. 그리스 성경은 ei(if)로 되어 있었다.

그런데 논쟁이 점점 격화되자, 베사리온 추기경은 입을 굳게 닫아 버린다. 하지만 발라는 당대 추상같은 권력을 누리고 있던 신부들에게 용감하게 맞선다. 이런 용기가 도대체 어디에서 유래했는지 묻지 않을 수 없다. 그것은 "도대체 어떤 필사가가 이성보다 더 뛰어날 수 있단 말인가(An melior ullus auctor est quam ratio)?"라는 인용에서 확인할 수 있다. 그의 용기는 다름 아닌 학문에 대한 발라의 원칙에서 기인했다. 이 원칙은 이성이었다. 이성은 발라를 믿음이 아니라 진리의 길로 인도한다. 서양 역사에서 종교와 학문이 다시 갈라서기 시작하는 지점이라 할 수 있겠다. 어찌 되었든 발라의 이성주의는 이후 넓게는 서양 역사에서, 좁게는 서양고전 문헌학사에서 고비 때마다 결정적인 역할을 수행한다. 예컨대 1516년에 에라스무스(Erasmus)가 그리스어 신약성경을 편집할 때, 가장 큰 영향을 준 것이 바로 발라의 이성주의였다. 물론 발라와는 달리 에라스무스는 진리와 신앙은 상호 적대 관계가 아니라 동반 관계이고 상호 도움을 줄 수 있다는 태도를 취했는데, 중세가 신앙과 진리를 종속 관계로 여겼던 시대였다는 점을 고려하면, 에라스무스의 동반자-입장은 의식과 인식의 혁명적인 전환이라 할 수 있다. 이 대목에서 발라의 이성주의가 가지고 있는 위력을 실감할 수 있다. 어찌 되었든, 발라의 이성주의에 용기를 얻은 에라스무스는 신약성경을 편집한다. 편집 이후 많은 비판에 직면했고, 이 때문에 에라스무스는 마음에 큰 상처를 입었지만, 그의 시도는 역사적 패배로 종결되지 않았다. 바로 이어 루터(M. Luther, 1483~1546)가 독일어로 성경을 번역할 때 에라스무스의 신약성경을 기본 정본의 하나로 참조했기 때문이다. 그런데 이 사건은 주지하시다시피, 서양 근세가 열리는 전주곡이었다. 종교개혁, 시민혁명, 산업혁명이 이어졌기 때문이다. 이러한 일련의 역사적 전환의 저변엔 이성주의가 작동하고 있는 셈인데, 이것의 출발은 아주 사소한 표현에 대한 발라의 문제 제기에서 시작했다고 볼 수 있다. 하지만 그것은 단순한 표현 문제가 아니었다. 이 사소한 표현 문제가 성경 해석의 갈래를 나누었고, 이 갈라짐은 종국엔 서양사를 뒤흔들었고 오늘날 현대 사회의 모습을 결정한 사건이기에 그렇다. 이렇게 작은 관찰 하나 혹은 작은 방법 하나로 언젠가 세상을 바꿀 거시진리(mega-veritas)가 될지도 모를 미시진리(micro-veritas)를 추구하는 학문이 고전 문헌학이다.[3)]

---

3) 이상의 내용은 Rudolf Pfeiffer, *History of Classical Scholarship*, Oxford 1976(1978)을 참조한 글이다. 참고로 이 글은 군산대학교, 정기문 교수가 도서 출판 길에서 2011년에 『인문정신의 역사』라는 제목으로 번역 출간했다.

5

HUMANITAS

아폴론 대 디오니소스

> 나는 기꺼이 디오니소스의 제물이 되겠다. '소크라테스를 모범으로 삼는 인간'이 욕의 대명사라 한다면, 나는 그 욕을 기꺼이 듣겠다. 적어도 나는 제정신의 평온한 그리고 건전한 사람이 되고자 한다.(빌라모비츠, 『문헌학의 미래』)

프리드리히 니체(1844~1900)가 『비극의 탄생』을 출판한 해는 1871/2년이었다. 이 작품에서 니체는 비극의 탄생이 아니라, 비극의 죽음을 선언한다. 그에 따르면, 예술은 원래 아폴론적인 요소와 디오니소스적인 요소의 이중적 결합을 통해서 발전한다고 한다. 이 두 요소는 본래 지속적으로 투쟁하는 관계인데, [가끔은 아니] 주기적으로 화해의 기간을 갖는다고 한다. 이 화해의 기간에 탄생한 것이 그리스 비극이라고 한다. 따라서 비극은 아폴론적인 힘과 디오니소스적인 힘들이 서로 어울려 하나의 혼연일체(渾然一體)인 무엇이라는 것이다. 이런 혼연일체의 무엇을 그런데 '소크라테스'라는 소피스트가 나타나 논리와 이성이라는 칼을 들이대는 바람에, 한 걸음 더 나아가 비극 작가 중에 에우리피데스(Euripides)라는 배신자가 나타나 간신히 목숨을 보존하고 있는 비극의 숨통을 완전히 끊어 놓았다는 것이 『비극의 탄생』의 핵심이다. 그런데 이런 상황에서 한 음악 영웅(?) 바그너(1813~1883)가 나타나 아폴론적인 힘과 디오니소스적인 힘을 다시 결합시켰는데, 이 결합의 결과로 탄생한 것이 오페라라는 것이다. 비극의 재탄생, 혹은 현대적 재현이 곧 오페라라는 것이다. 아마도 『비극의 죽음-오페라의 탄생』이 따라서 더 정확한 책 제목일 것이다.

그러면 비극의 사망 경위에 대해서 니체의 이야기를 직접 들어 보자. "디오니소스는 비극의 무대에서 이미 사라져 버렸다. 다름 아닌 저 에우리피데스를 통해서 흘러 나오는 신적인 힘(Daimon)에 의해서 말이다. 에우리피데스도 사실 아니다. 그도 실은 가면에 불과하다. 이 신적인 힘, 그것은 아폴론도 아니고 디오니소스도 아니다. 그것은 새로이 탄생한 다이몬이다. 이름하여 소크라테스다. 그리스 비극이라는 예술에 사망 선고를 내린 자가 바로(『비극의 탄생』 제12장)" 이 자다. 이 자, 곧 소크라테스가 저 술 취한 디오니소스의 광기와 광란의 굿판을 무대로부터 추방하고, 이성과 지성을 통해서 펼쳐

울리히 폰 빌라모비츠 묄렌도르프 대 프리드리히 니체

지는 세계를 무대에 올리고자 시도했다는 것이다. "거짓 현상 세계를 넘어서 존재하는 이데아 세계(『비극의 탄생』, 제14장)"를 말이다. 계속해서 니체는 소크라테스라는 미친 괴물(rasende Sokrates)이 나타나 그리스 예술에는 아폴론적인 힘만 간신히 살아 남게 되고 말았다고 천명한다. 곧 플라톤의 대화편이 바로 그 아폴론적 예술의 전형적인 파편이라고 한다. "플라톤의 대화편은 비유컨대 대대로 [명성]을 유지해 온 문학 전통들과 그녀의 자식들이 [소크라테스라는 폭풍우를 만나 본 함선은 난파되고] 간신히 생명을 보존하고 있는 구명선이다. 좁은 배에 모여 앉은 이들을 조타수 소크라테스는 신세계로 항해해 이끌고 간다. 겁먹은 모습은 여실하지만 판타지아로 가득 찬 신세계로의 항해가 지루한 여행은 아니라는 표정을 지으면서 말이다.

그리스 삼대 비극 작가 아이스퀼로스, 소포클레스, 에우리피데스가 경쟁했던 디오니소스 극장(Theatron). 시민들이 모여서 한 걸음 물러나 인생에서 벌어질 수 있는 광기를 관조했던 이 극장은 기원전 342-326년 사이에 아테네 정치가 리쿠르고스에 의해서 복원되었다.

후세를 위한 이 예술의 새로운 모범, 곧 소설이라는 예술 형식을 제시한 사람은 바로 플라톤이다. 아이소포스(Aisophos)의 우화가 진화에 진화를 거치면 당도하게 되는 형식이라 규정할 수 있는 그런 형식을 말이다. 지난 수세기 동안 철학이 신학에게 [시녀로] 봉사했듯이, 문학을 변증론에 입각해서 전개되는 철학의 시녀로 만드는 것은 바로 플라톤이었다. 소크라테스라는 다이몬의 압력에 눌려서 말이다."(『비극의 탄생』 제14장)

『비극의 탄생』이 출간되자 가장 심하게 반발한 사람은 니체와 동학이었고, 실은 4년 후배였던 울리히 폰 빌라모비츠 묄렌도르프(Ulrich von Wilamowitz- Möllendorf, 1848~1931)라는 문헌학자였다. 이 사람은 『[고전]문헌학의 미래(*Zukunft der Philologie*)』라는 문건을 통해서 통렬하게 니체를 반박한다. "[그런 의미에서라면] 나는 기꺼이 디오니소스의 제물이 되겠다. '소크라테스를 모범으로 삼는 인간'이 욕의 대명사라 한다면, 나는 그 욕을 기꺼이 듣겠다. 적어도 나는 제 정신의 평온한 그리고 건전한 사람이 되고자 한다." 소크라테스에 대해선 니체가 뭐라 말하든 말든 워낙 든든한 후손들을 두었기에 굳이 빌라모비츠의 말을 인용할 필요도 없었을 것이다. 문제는 졸지에 비극의 살해 하수인으로 몰린 에우리피데스일 것이다. 과연 그럴까?

이 문제의 해결을 위해 빌라모비츠는 일생토록 노력한다. 에우리피데스의 구원자(Sospitator Euridpidis)로서 빌라모비츠는 "에우리피데스는 세계를 자신이 본 그대로 재현한 작가이다. 거기에는 어떤 수치(aidos)와 원한(nemesis)도 없다." 세계묘사 혹은 세계 재현에 있어서 '쿨'한 에우리피데스의 태도야말로 진정으로 "혁명적"이라고 빌라모비츠는 평가한다. 이런 의미에서 에우리피데스는 "현대적 사유 방식의 예시자"이며, "구시대적 사고와 전통을 흔들고 일소하는데, 어떤 소피스트도 못해낸 일을 에우리피데스가 해냈"다는 것이다.

과연 그럴까? 실제 작품을 통해서 살펴보자. 메데이아(Medeia)라는 여인은 한 남자의 아내이면서 동시에 두 아이의 엄마였다. 그런데 어느 날 남편이 새 장가를 가겠다고 한다. 배신인 셈이다. 이에 대한 복수로 이 여인은 아이들을 복수의 도구로 사용하기로 결심한다. 결심을 했지만, 그녀도 인간인데, 어찌 인간적인 번민과 고뇌를 하지 않았겠는가? 고뇌는 이런 저울 구조로 구성되어 있다. 한 쪽 저울대에는 아내로서 당한 배신으로 인한 분노와 그 분노를 보상코자 하는 복수가 자리잡고 있고, 다른 쪽 저울대에는 아이들에 대한 연민과 사랑이 놓여 있었다. 복수의 다른 수단도 있는데, 왜 아이들을 복수의 수단으로 사용하냐고 물을 수 있을 것이다. 복수의 극대화를 위해서다. 남편이 가장 소중하게 여기는 것을 희생시키는 것이 가장 큰 복수이므로. 이 복수 사건은 보기에 따라 단순 원한 치정극으로 보일 수도 있을 것이다. 그러나 이 이야기는 에우리피데스라는 작가를 거치면서 비극으로 탄생한다. 그러니까 이 작품이 비극인 것은 다음에 있다. 곧, 남편에 대한 사랑과 자식에 대한 사랑이 저울질 된다면, 그 중 어떤 것이 더 힘있고 강한가에 대한 문제 제기가 곧 이 드라마의 핵심 쟁점이기 때문이다. 가치와 가치가 충돌할 때, 규범과 규범이 부딪칠 때, 예컨대 사랑과 의무가 대립할 때, 무엇을 선택해야 하는지에 대한 근본적인 물음을 우리는 이런 작품을 통해서 던질 수 있기 때문이다. 예를 들자면, 임을 따르자니 어머니가 울고 어머니를 따르자니 임이 울고,

… 매일 저녁 텔레비전 연속극에서 볼 수 있는 대립 현상들이다. 사랑이 웃으면 효가 울고, 효가 울면 사랑이 울 수 밖에 없다. 그러나 우리가 접하는 일일 연속극에는, 보편적 힘들의 대립이 없다. 누구나 겪을 법하지만 누구나 겪을 수 밖에 없는 모순적 상황 혹은 딜레마의 배경에서 작용하고 있는 보편적 가치와 규범 간의 대립을 찾아보기 힘들기 때문이다. 비극의 전경(前景)을 차지하고 있는 것은 물론 인물 간의 갈등이지만, 배경에서 힘을 겨루고 있는 것은 가치와 규범이다. 이러한 규범들이 싸우기 때문에 그리스 비극은 그 결말이 극단적 상황, 대부분의 경우 파국으로 끝날 수 밖에 없다. 그럴 수 밖에 없다. 이 싸움은 인물 간의 적당한 타협과 화해를 통해서 해결되는 것이 아니기 때문이다. 가치와 가치 사이의 싸움을 지배하는 것은 필연과 강제이기에 더욱 그렇다. 이런 종류의 고급 힘 겨루기를 한 번 지켜보자는 것이다. 이 힘들이야말로 때때로 우리의 삶 안에 투영되어 부딪치며, 우리를 힘들고 괴롭게 하는 것들이니까 말이다. 그래서 그 힘들이 어디까지 가는지, 그 충돌의 끝을 한번 지켜보자는 것이다. 그런 사태를 직접 경험하는 것이 아닌, 한 걸음 물러나서 관조(theorein)해 보자는 것이다. 이 관조자가 관객이다. 관객은 사태에서 물러나, 사태를 객관적으로 통찰할 수 있는 기회를 갖게 된다는 것이다. '쿨'하게 있는 그대로의 사태를 그대로 재현해 보고, 그 사태의 배경에 작동하고 있는 가치와 규범들의 줄다리기를 '쿨'하게 지켜보자는 것이 에우리피데스 비극의 핵심이다. 관객을 혼연일체의 현장에서 보편의 관객으로 끌고 올라간다 해서 니체는 에우리피데스에게 비극의 살해 하수인이라는 죄명을 뒤집어 씌웠다. 니체의 판결에 대한 독자 여러분의 생각은 어떤가?

6

HUMANITAS

새로운 영웅의 탄생

기억하라! 로마인이여, [굳건한 기강(紀綱) 위에 세워진] 국권(國權)의 힘으로 인민을 다스리는 것, (이것은 너희들만의 기술일진저!), 평화의 법도를 수립하는 것, 곧 순종하는 자에겐 관용을, 오만한 자에겐 징벌을 내리는 것을[1](『아이네이스』 제6권 851~53행)

이는 유피테르가 아버지 앙키세스(Anchises)의 입을 통해서 로마의 건국 원조인 아이네아스(Aeneas)에게 내린 천명이다. 로마식 '평천하(平天下)'선언이다. 이 '평천하'를 수행할 인물에 대해서 베르길리우스(Vergilius, 기원전 70~19년)는 『아이네이스』에서 그의 첫 등장 장면을 이렇게 그리고 있다.

(중략) 온 바다가 심연의 밑바닥으로부터 뒤집히면서 일으킨 거대한 파도를 바람들이 해안으로 거세게 몰기 시작하자, 선원들은 비명을 내지르고, [돛을 지키는] 밧줄들이 아우성치기 시작한다. 일순간에 먹구름

1) tu regere imperio populos, Romane, memento
(hae tibi erunt artes), pacique imponere morem,
parcere subiectis et debellare superbos.'

> 이 덮쳐 트로이인들의 눈에서 하늘과 낮을 강탈해 가고, 암흑이 바다를 뒤덮는다. 하늘을 찢을 듯한 천둥과 창공을 불태울 듯한 번개가 번쩍이면서 눈앞에서 일렁이는 죽음을 선원들에게 몰아대는데, 순간 아이네아스는 공포에 질려 사지가 풀려버리고, 절망의 통성(痛聲)과 함께 하늘의 별들을 향해 두 팔을 뻗어 올린다.[2](『아이네이스』 제1권 81~94행)

데뷔 무대치곤 너무 초라하다. 울고 있는 아이네아스의 모습은 영웅으로 보기에는 너무 졸렬하다. 유사한 상황에서 하늘에 대고 포효를 내지르는 그리스의 영웅 아이아스(Aias)를 보라! 죽는 것은 무섭지 않으니 제발 암흑이 아니라 광명천지에서 장렬하게 전사토록 해달라고 제우스에게 대드는 아이아스를!(『일리아스』 제17권 645~47행). 이에 반해 아이네아스는 여느 선원들과 마찬가지로 울면서 징징거리고 있다. 용기와 평정심을 가지고 상황을 진두지휘해야 할 사람이 말이다. 이런 그를 영웅이라 할 수 있을까? 영웅답지 못한 그의 모습은 이것만이 아니다. 사랑하는 아내 크레우사도 지키지 못했고, 자신을 가장 사랑했던 카르타고의 여왕 디도를 죽음으로 몰고 간 사내였다. '아버지에 대한 효심(pietas erga parentem)' 때문이라 하지만

2) Haec ubi dicta, cavum conversa cuspide montem
impulit in latus: ac venti, velut agmine facto,
qua data porta, ruunt et terras turbine perflant.
Incubuere mari, totumque a sedibus imis
una Eurusque Notusque ruunt creberque procellis
Africus, et vastos volvunt ad litora fluctus.
Insequitur clamorque virum stridorque rudentum.
Eripiunt subito nubes caelumque diemque
Teucrorum ex oculis; ponto nox incubat atra.
Intonuere poli, et crebris micat ignibus aether,
praesentemque viris intentant omnia mortem.
Extemplo Aeneae solvuntur frigore membra:
ingemit, et duplicis tendens ad sidera palmas
talia voce refert:

어쩐지 궁색해 보인다. 어쨌든 파파보이(papa-boy)였다. 『일리아스』의 아킬레우스와 비교해보라! 소위 자신의 '왕의 남자'인 파트로클로스가 전사하자, 복수를 위해 자신의 모든 것을 걸고 전투에 나선다. 바로 이런 점 때문에 그는 만인의 사랑을 받는 불멸의 영웅이다. 이렇게 영웅이란 지켜주어야 할 것을 지켜주고 소중한 것을 위해선 모든 것을 걸 줄 알아야 영웅인 것이다. 이 기준에서 볼 때, 로마의 아이네아스는 자격이 한참 모자라 보인다.

어쩌면 그리스식, 더 정확히 호메로스식 영웅의 기준에서 보면, 『아이네이스』에서 진정한 영웅은 아이네아스가 아니라 오히려 여왕 디도일 것이다. 사랑을 지키기 위해서 모든 것을 희생했으며 자신의 생명도 내던졌던 여인이었기에. 그러나 묻지 않을 수 없다. 여왕 디도의 사랑이 영웅적인지를. 그녀는 한 나라의 책임자이다. 그녀 안에는 그녀만 있는 것이 아니다. 자신을 믿고 따르는 카르타고 인민과 카르타고가 그녀의 일부이다. 그녀는 자신만의 존재가 아니고, 만인의 존재이다. 자신의 운명이 곧 국가의 운명인 인물이다. 그런 그녀이기에, 여왕으로서 그녀의 사랑이 사랑이라 할 수 있을까? 오히려 그것은 사랑이라는 이름의 '광기(furor)'는 아닐까? 이 광기는 사랑의 감정만이 자신의 모든 것이라 속였고, 자기 안의 다른 존재들도 자신의 일부임을 알아보지 못하게 했다. 결국 그녀를 사로잡은 광기는 절제와 품위로 넘쳤던 한 여왕을 죽음으로, 조국을 파멸로 이끌게 된다.

반면, 아이네아스의 태도는 딱 파파보이의 그것이다. 그는 사랑이 아니라 아버지의 명령을 따른다. 아이네아스는 아버지에 대한 효심이 깊은 사람이기 때문이라 한다. 나름대로 인간적인 번민을 하지 않

이 조각상은 로렌초 베르니니가 1618년에서 시작해서 1620년에 완성한 작품(로마의 보르게세 미술관 소장)으로, 로마의 가부장(pater familias) 전통을 표현하고 있다. 중심에 서 있는 인물이 아이네아스이고, 그가 어깨에 메고있는 사람이 아버지 앙키세스이다. 앙키세스가 들고 있는 조그만 상은 아이네아스 가문의 신주(神主)이다. 이런 아이네아스를 아들 아스카니우스가 뒤따르고 있다.

은 것은 아니지만, 종국엔 사랑을 배신한다. 아무래도 쏟아지는 비난을 모면하기는 어려울 듯싶다. 이를 염두에 두었는지 베르길리우스는, 아이네아스의 효심은 파파보이의 그것이 아니라 한다. 이 마음은 단지 생부 앙키세스만을 향하는 혈연적 사랑이 아니기에. 오히려 이 효심 안에는 멸망한 조국의 재건이라는 역사적 사명과 세계에 평화의 법도를 수립해야 하는 천명이 담겨 있다는 것이다. 한마디로, 아이네아스 안에는 아이네아스만 있는 것이 아니다. 로마 인민과 로마도 함께 있다. 이런 운명(fatum)의 인물이기에, 아이네아스는 자신에겐 황홀하지만 다른 만인에겐 참혹한 사랑의 달콤함을 받아들일 수 없게 된다. 그들도 결코 남이 아니므로. 자식, 아버지, 아내, 형제, 친척, 친구, 로마의 인민으로서 자신들의 몫을 아이네아스 안에 가지고 있기 때문이다. 쉽지 않은 저울질이었으리라. 아이네아스의 선택은 자신만을 위한 사랑의 달콤함이 아니라 자신 안에 있는 다른 이들의 몫에 대한 존중이었다. 이 존중을 로마인들은 피에타스(pietas)라 부른다. 부모가 자식에게 베푸는 사랑에 대해서 자식이 부모에게 가져야 하는 마음, 효(孝)가 바로 그것이다. 이것은 나라가 인민에게, 인민이 나라에 대해서 가져야 할 마음, 곧 충(忠)으로 확장된다. 그러나 이 대목에서 로마식 충효지심(忠孝之心)인 피에타스가 연인에 대한 사랑을 희생시킬 정도의 가치를 가지고 있는지를 되묻지 않을 수 없다. 인간 사회의 기본 원리인 남녀의 사랑을 희생시킬 만한 가치는 없다고 보기 때문이다. 그렇다면 베르길리우스가 피에타스의 확립을 위해 사랑을 희생시킨 데에는 다른 사정이 있었던 것은 아닐런지. 여러 답변이 가능하겠으나, 이런 해명이 가능하리라.

> 이곳(지옥의 한 지역)은 사는 동안 형제를 증오하는 놈, 아버지를 두들겨 팬 패륜아, [의지할 곳 하나 없는] 피호민을 속인 귀족 떨거지들, 평생 돈만 알고 [행여 새지나 않나 두려워] 혼자서만 꿰차고 친척들에게 베풀지 않은 수전노(이런 족속이 제일 많은데)들, 간통 중에 걸려 맞아 죽은 (년)놈들, 칼과 창을 들고서 들어와선 안 되는 땅을 군홧발로 짓밟은 놈들, 주인을 속이고도 눈 하나 깜짝하지 않은 놈들이 갇혀서 처벌을 기다리고 있는 곳이라오.[3](『아이네이스』 제6권 608~614행)

---

3) hic, quibus inuisi fratres, dum uita manebat,
pulsatusue parens et fraus innexa clienti,
aut qui diuitiis soli incubuere repertis
nec partem posuere suis (quae maxima turba est),

이 대목은 지옥의 한 장면이지만, 실은 지상 로마의 현실이기도 하다. 온갖 민사, 형사 잡범과 법을 어기고서 군대를 로마로 끌어 들이고 있는 악한들로 가득한 지상의 현실을 그대로 보여주는 그림으로, 오늘날의 모습과 다르지 않다. 이런 현실을 어떤 사람이 바로 잡고자 한다면, 그 사람은 어떤 품성을 가져야 할까? 온갖 범죄로 가득한 나라를 바로 세워야 하는 책무를 지닌 사람에게 필요한 덕목은 무엇일까? 이는 분명하다. 그것은 청춘남녀 간 사랑의 정념이 아니라, 타인의 몫에 대한 존중과 배려를 할 줄 아는 법과 사람 사이의 관계(人間)를 정립해주고, 사람이 사람답게 처신하도록 해주며, 곧 예의를 회복시켜주는 복례(復禮)의 덕인 피에타스이다. 그것은 전쟁과 내전으로 사람이 짐승으로 떨어지고, 가족도 무너지고, 법의 강제력으로도 나라가 통제가 안 되는 상황에서, 그 곳을 다시 사람 사는 곳으로 만들고자 할 때, 요청되는 내심(內心)의 명령이다.

칼을 외부의 적으로 향하게 할 때에 필요한 것은 용기(virtus)이다. 그러나 그 칼이 내부의 세계로 향하게 될 때, 그것은 광기(furor)로 변한다. 아무리 내부 세계가 지옥이라 할지라도 저 칼을 내부로 돌려선 안 된다. 복례를 위해서 필요한 것은 폭력이 아니라 정신의 무기이기에. 베르길리우스는 그 무기로 인내와 관용이 결합된 피에타스를 제시한다. 보기에 지저분하고, 뭐 하는 일이 일사천리로 시원스럽게 진행되지 않는다 해서, 한 판에 싹쓸이해야 한다는, 한 번에 다 씻어내야 한다는 조급증은 이럴 때에 가장 위험한 생각이기 때문이다. 조

---

quique ob adulterium caesi, quique arma secuti
impia nec ueriti dominorum fallere dextras,
inclusi poenam exspectant.

급증의 소유자는 이런 상황에서 칼의 유혹에 쉽게 넘어갈 수 있다. 이 유혹에 넘어가는 순간, 그 사회는 내전(bellum civile)이 시작된다. 기원전 80년 술라 독재의 로마를 보라! 정신의 무기는 그 효과가 당장 드러나는 것이 결코 아니다. 이 정신의 무기, 곧 인문 교양이 필요한 단계로 접어든 사회는 따라서 더딤과 답답함을 견딜 줄 아는 법을 요구한다. 쉬운 일은 아니다. 적어도 속전속결을 요구하는 전쟁터의 영웅에게는 더욱 그러하리라. 이런 이유에서 베르길리우스는 아이네아스를 호메로스식 전쟁 영웅에서 인내와 관용의 인물로 탈바꿈시킨다. 더디고 답답해 보이는 지도자로 말이다.

'오 동료들이여, (중략), 자네들은 이보다 더 험한 것도 겪지 않았소. (중략) 자! 그러니 탄식과 두려움일랑 떨쳐 버리고 용기를 냅시다! 이 고생도 언젠가는 즐거운 추억이 될 것이오. 비록 다양한 고난에 부딪히면서 숱한 험로를 지나고 있지만 우리는 라틴 땅으로 향하고 있소. 운명이 우리에게 보장한 안녕(安寧)의 땅으로 말이오. 그곳에 트로이를 재건하는 것이 우리의 천명이오. 견디시오. 장성하게 뻗어 나갈 나라를 위해서 당신 스스로를 지키시오.' 아이네아스는 이렇게 말했다. 산더미 같은 걱정에 짓눌려 견디기 힘들었지만 얼굴로는 거짓 희망을 지어 보이면서, 가슴 저 깊은 곳으로는 고통을 억누르면서 말이다.[4](『아

4) 'O socii—neque enim ignari sumus ante malorum—
O passi graviora, dabit deus his quoque finem.
Vos et Scyllaeam rabiem penitusque sonantis
accestis scopulos, vos et Cyclopea saxa
experti: revocate animos, maestumque timorem
mittite: forsan et haec olim meminisse iuvabit.
Per varios casus, per tot discrimina rerum
tendimus in Latium; sedes ubi fata quietas
ostendunt; illic fas regna resurgere Troiae.
Durate, et vosmet rebus servate secundis.'

이네이스』 제1권 198~207행)

자기도 견디기 힘든 것을 남에게 견디라고 한다. 이런 면에서 그는 영웅이 아니다. 뭐 하나 해결해 주지도 못하니 말이다. 그렇지만 수많은 고초를 통해서 형성된, 참고 기다릴 줄 아는 법이 그의 내면에 굳건하게 자리 잡게 된다. 이 법은 인고의 세월을 통해 언젠가는 얻게 될 결실(로마의 '평천하')을 위한 기본 원리로 작동한다. 이 점에서 그는 새로운 영웅(heros novus)이다. 그는 자기를 견딜 줄 아는 극기(克己)의 영웅이다. 극기의 힘은, 그것이 힘이라는 점에서, 외면의 용기와 다르지 않다. 같은 힘이다. 외부로 향한 용기가 내면으로 승화된 힘이 극기이기 때문이다. 그러나 내면화는 쉽지 않다. 여기엔 저숱한 견딤의 세월이 필요하다. 하지만 이 견딤을 통해서 마침내 사람이 사람답게 사는 법, 곧 예의를 회복하는 길이 열리게 된다. 이 길을 열어 준 사람이 아이네아스이다. 즉, 그는 '극기복례(克己復禮)'의 영웅이고, 이를 통해서 로마의 '평천하(平天下)'를 가능케 했다. 물론 로마의 '평천하'가 군대의 힘과 외면적 용기에 의지한 면도 없지 않지만, 근본에 자리 잡고 있는 힘은 로마인의 내심에서 작동하고 있는 '극기복례'의 원리인 피에타스일 것이다. 그러므로 로마는 하루아침에 이뤄지지도 않았고, 하루 아침에 사라지지도 않을 것이다.

7

HUMANITAS

시민의 탄생

시민(civis)에 대한 극형에 관해서는 최고인민회의가 아니고서는 … 결정하지 못한다(『12표법』 제9표 2항)

인간은 인간에게 상호 유익한 존재라는 견해와 인간은 인간에게 늑대(homo homini lupus)라는 견해가 있다. 독자 여러분은 어떤 견해를 고르겠는가? 마음으로야 상호 유익설을 택하고 싶겠지만, 현실을 직시해 보면 상호 경쟁설이 더 맞는 것 같기도 하여, 어려울 것이다. 그러면 다음 이야기를 더 들어보고 결정하기 바란다.

세상은 종국엔 단단한 철의 종족이 지배하는 곳이 되었다. 세상은 곧장 온갖 종류의 저급한 사악함이 기세를 부리는 곳이 되었다. 수치와 진실과 신뢰는 [견디다 못해] 자리를 뜨게 되었고, 그 자리엔 사기와 계략과 음모와 폭력과 [더] 차지 하고자 하는, 그래서 저주 받은 탐욕이 대신했다. 선원은 이전까지 겪어 보지 못했던 바람에게 돛을 맡겼고, 고산 준령에서 빼어남을 자랑했던 나무들은, 배의 용골이 되어 처음 만나는 파도 위에서 [부끄러움을 망각한 채] 춤을 추게 되었다. 예전엔 빛과 공기처럼 [모두에게] 공유물이었던 대지의 얼굴에 경계선을 세심한 측량사가 길게 그어 표시했다. [인자한 대지에게 무례한 것은 이것만이 아니었다]. 곡식과 다른 먹거리를 대지에게 요구한 것은 당연지사로 여겼고, 더 나아가 대지의 심장부까지 파고 들어갔기 때문이었다. 그곳에서 [철의] 종족은 부(富)를 캐올린다. 그런데 이 부는 모든 악행을 부추기는 물건이어서, 대지가 스튁스 강(지하세계) 건너 망자(亡者)들이 머무는 지역 근처에 깊게 숨겨 놓은 광물이었다. 이미 무서운 철과 철보다 더 무서운 황금이 퍼 올려졌다. 곧장 철과 황금을 쟁탈하기 위한 전쟁이 터졌고, 피에 젖은 손으로 칼과 창을 휘둘러 대었다. 삶과 생은 약탈로 이뤄지고 채워졌다. 손님은 주인에게, 장인은 사위에게 떨어야 했으며, 형제간에 우애란 찾을 길이 없었고, 남편은 아내를 죽일듯이 위협했고, 아내도 남편에게 마찬가지로 대했다. 무시무시한 계모가 들어와서는 검은 독약을 제조하였고, 아들 놈은 아버지가 죽기도 전에 죽을 날짜를 알아보았다. 경건(pietas)이 이렇게 패배하자, 정의의 여신인 처녀 아스테라이아도, 하늘에 신들 중에 마지막으로 살육의 피로 젖은 대지를 마지막으로 떠났다[1](오비디우스, 『변신이야기』 제1권 127~150행).

---

1) de duro est ultima ferro.
protinus inrupit venae peioris in aevum
omne nefas: fugere pudor verumque fidesque;
in quorum subiere locum fraudesque dolusque
insidiaeque et vis et amor sceleratus habendi.
vela dabant ventis nec adhuc bene noverat illos
navita, quaeque prius steterant in montibus altis,
fluctibus ignotis insultavere carinae,
communemque prius ceu lumina solis et auras
cautus humum longo signavit limite mensor.
nec tantum segetes alimentaque debita dives
poscebatur humus, sed itum est in viscera terrae,
quasque recondiderat Stygiisque admoverat umbris,
effodiuntur opes, inritamenta malorum.
iamque nocens ferrum ferroque nocentius aurum
prodierat, prodit bellum, quod pugnat utroque,
sanguineaque manu crepitantia concutit arma.
vivitur ex rapto: non hospes ab hospite tutus,
non socer a genero, fratrum quoque gratia rara est;
inminet exitio vir coniugis, illa mariti,
lurida terribiles miscent aconita novercae,
filius ante diem patrios inquirit in annos:
victa iacet pietas, et virgo caede madentis
ultima caelestum terras Astraea reliquit.

결정했는가? 그래도 어려울 것이다. 이것 하나는 분명할 것이다. 비록 마음이지만, 내 것을 조금 희생해서라도 남을 돕고 싶은 마음이 누구에게나 아직 남아 있다는 것이다. 아무리 철의 시대라지만, 인간답게 살고자 하는 희망마저 떠난 것은 아니기에. 하지만 이게 구조적으로 어렵다는 것을 얼른 알게 될 것이다. 한 번 돕는다고 해결되는 것도 아니고, 자연으로부터 일한 만큼 얻는 것을 통해서가 아니라, 얻어낸 것들의 순환과 회전 과정에서 일어나는 분배와 교환을 통해서 생존이 결정되는 시대에 살고 있기에. 근본적으로 남의 것을 내 것으로 끌어와야 하는 생존 방식, 곧 삶과 생이 약탈로 이루어지기에(vivitur ex rapto). 이런 조건에서 인간 내면에서 울려 오는 목소리인 덕성과 '경건함(pietas)'에 귀 기울이는 자 과연 몇이나 될까? 구조적으로 영웅과 성인은 드물 수 밖에 없는 법이다.

그러면 성인과 영웅이 나온다 해서 저 '철의 시대'가 '황금 시대'로 바뀔까? 결코 그렇게 되지 않을 것이라 확신한다. 성인과 영웅 대신에 저 희망을 아직 가슴에 품고 있는 저 평범한 사람들을 믿어야 할 것이다. 아무리 험한 세상이라 할지라도 언젠가 한번은 자기를 희생해서 남을 도와 주는 마음을 내었던 사람들이기에 말이다. 물론 여전히 그 놈의 '형편' 때문에 그저 희망하고 꿈만 꾸며 살아가고 있는 사람들이지만 말이다. 어쩌면 저 철의 시대에서 인간답게 사는 법을 찾아낸 사람들은, 비록 완전하지는 않지만, 나름대로 제 역할을 다 하고 있는 바, 저 '더불어 사는 법'을 찾아낸 사람들은, 물론 불멸의 영웅이나 성인들도 큰 몫을 했지만, 실은 사람답게 살고자 하는 저 희망을 아직도 가슴속에 간직하고 있던 사람들이 아니었을까? 이 법의 수립을 위해서 그들이 한 것은 어찌 보면 어마어마하게 큰 일이 아닐지도 모르겠다. 그들이 한 것은 자기 몫의 조그만 희생과 양보였기에. 하지만 희생과 양보를 통해서 그들이 세우고 만들어 낸 것은, 그러나 실로 중요하고 무엇과도 바꿀 수 없는 큰 것이었다. 즉, '더불어 사는 법'을 세우기 위해서 저들은 자기 몫을 양보하고 희생했는데, 그 양보와 희생 위에 세워진 덕목이 의무(officium)다. 그렇다면 시민이 되기 위해서 요구되는 '의무'란 근본적으로 무엇이고, '의무'는 어디에서 발생하고, '의무'의 강제력은 어떤 과정을 통해서 정당화되는 것일까? 이에 대해서 키케로는 다음과 같이 전한다.

> 그러나 플라톤이 분명하게 언급하고 있듯이, 우리[인간]는 우리 자신만을 위해서 태어난 존재가 아니다. 조국이 우리 자신 안에 있는 자신의 몫을 주장할 수 있으며, 친구가 그들의 몫을 우리 자신 안에서 요구할 수 있다. 스토아 철학자에 따르면, 땅에서 태어난 모든 존재는 인간을 위해서 생겨난 것들이다. 반면 인간은 상호 간에 서로가 서로에게 유익한 존재가 될 수 있도록 태어난 존재이다. 이 점 때문에 우리는 자연 본성을 안내자로 삼아야 한다. 거래(去來)에 있어서 공동의 유익을 가장 중요한 것으로 놓고, 기술을 통해서 기여하고, [정치적]능력을 통해서 사람과 사람의 결속체인 사회를 화합시켜야 한다[2](『의무론』 제1권 22장).

2) Sed quoniam, ut praeclare scriptum est a Platone, non nobis solum nati sumus ortusque nostri partem patria vindicat, partem amici, atque, ut placet Stoicis, quae in terris gignantur, ad usum hominum omnia creari, homines autem hominum causa esse generatos, ut ipsi inter se aliis alii prodesse possent, in hoc naturam debemus ducem sequi, communes utilitates in medium adferre, mutatione officiorum, dando accipiendo, tum artibus, tum opera, tum facultatibus devincire hominum inter homines societatem.

키케로의 '의무' 개념을 정의하면, 그것은 '내 안에 있는 타자(他者)의 몫에 대한 존중'과 '자기 몫에 대한 희생과 양보'이다. 이를 통해서 로마 사람은 어떤 방식으로 인간 관계를 맺고 있고, 어떤 원리에 입각해서 자신들의 삶을 영위해 나가는지를, 즉 로마인의 "삶의 방식"(modus vivendi)을 파악할 수 있는 핵심 키워드가 의무임을 확인한다. 이는 키케로의 다음 주장을 통해 더욱 분명해질 것이다.

> 우리는 어떤 일을 수행해야 할지 피해야 할지를 파악하는 능력은 그리스인이 프로네시스(phronesis)라 부르는 어떤 종류의 분별력(prudentia)이라 우리는 이해하고 있다. 그러나 저 "우두머리"인 지혜는 신들의 세계와 인간 세계의 일들을 관장하는 앎이다. 이 앎을 통해서 신과 인간의 공동체가 결속되고 인간 세계 자체의 사회가 구성된다. 따라서 만약 이 지혜가 가장 중요한 것이라면, 실제로 그렇듯이, 공동체로부터 의무가 생겨나는 것은 필연적이고 이 의무 또한 가장 중대한 사항이다. 그런데 앎이 어떤 행동(실천)도 뒤따르지 않는 상태라면, 지적 파악과 혹은 [자연 본성]에의 지적 관조는 어떤 방식으로 부족한 상태이고 완성되지 않는 상태로 시작만 있는 것이라 하겠다. 그러나 행동(실천)은 인간의 복리를 지키는 중에 식별되는 것이므로, 그것은 따라서 인간 종의 사회성에 닿아있다. 따라서 행동(실천)이 앎(지적파악)에 우선해야만 한다[3](『의무론』 제1권 153장).

3) [153] Placet igitur aptiora esse naturae ea officia, quae ex communitate, quam ea, quae ex cognitione ducantur, idque hoc argumento confirmari potest, quod, si contigerit ea vita sapienti, ut omnium rerum affluentibus copiis [quamvis] omnia, quae cognitione digna sint, summo otio secum ipse consideret et contempletur, tamen si solitudo tanta sit, ut hominem videre non possit, excedat e vita. Princepsque omnium virtutum illa sapientia, quam sophian Graeci vocant--prudentiam enim, quam Graeci phronesin dicunt, aliam quandam intellegimus, quae est rerum expetendarum fugiendarumque scientia; illa autem sapientia, quam principem dixi, rerum est divinarum et humanarum scientia, in qua continetur deorum et hominum communitas

흥미로운 점은, 인용에서 볼 수 있듯이, 키케로가 분별력을 '의무'라는 매개 조항을 걸어 사적 분별력과 공적 분별력으로 구분하고 있고, 이 의무 조항 때문에, 앎(지적 파악 및 관조)과 함(행동 및 실천)의 균형을 무너뜨리고 있다는 것이다. 그러니까 실천이 더 강조되고 있는 셈인데, 이는 "더욱이, 우리가 말하는 이른바 자족함이라는 것은 무엇보다도 관조의 활동에 관련해서 찾아질 것이다. 왜냐하면 한편으로, 지혜로운 사람, 정의로운 사람 그리고 그 밖의 다른 덕을 가진 사람들 모두는 삶을 위해서 필요한 것들이 반드시 있어야 하지만 그럼에도 불구하고 이런 것들이 충분하게 주어져 있을 때에도 정의로운 사람은 [자신의] 정의로운 행위를 하기 위한 상대자로서 또 더불어 받아들이는 자로서 다른 사람이 필요하고, (…). 그는 여전히 [다른 덕을 가진 사람들보다도] 가장 자족적이다."(『니코마코스 윤리학』 제10권)라는 아리스토텔레스의 주지주의 전통과 확연하게 대비된다. '지적 관조(vita contemplativa)'를 중시하는 그리스인들의 삶의 태도와 '실천적 삶(vita activa)'을 강조하는 로마적 삶의 방식이 이 대목에서 확연히 구별된다고 할 수 있다. 그러나 키케로의 『의무론』은 서양을 이해하는 데 있어서 반쪽 이해만 주고 있다는 것에 독자들은 주의해야 할 것이다. 의무의 동반-개념인 '권리(ius)'에 대한 사유와 고민을 『의무론』에서 찾아 보기 힘들기 때문이다. 그러면 시민의 '권리'문제를 잠시 살펴보자. 단적으로, 로마에서는 시민이 가지고 있는 최고

---

et societas inter ipsos; ea si maxima est, ut est, certe necesse est, quod a communitate ducatur officium, id esse maximum. Etenim cognitio contemplatioque [naturae] manca quodam modo atque inchoata sit, si nulla actio rerum consequatur. Ea autem actio in hominum commodis tuendis maxime cernitur; pertinet igitur ad societatem generis humani; ergo haec cognitioni anteponenda est.

의 권리, 곧 자신의 생명에 대한 권리에 관한 문제에 대해서는 국가도 함부로 개입할 수 없다. 이를 정면으로 보여주는 전거가 『12표법』 9표 2항이다.

> 시민에 대한 극형에 관해서는 최고인민회의가 아니고서는 … 결정하지 못한다.[4)]

라고 규정한다. 그런데 사람의 생명을 다루는 문제를 결정하는 곳이 법정이 아니라 최고 인민회의라는 점에 주목해야 할 것이다. 그렇다면 최고인민회의란 어떤 성격의 모임인가? 그것은 다름 아닌 인민이 자신의 정치적 권리를 행사하고 자신의 정치적 의지를 표현하고 자신의 일들을 결정하는 회합이다.

> 인민이란 임의적인 방식으로(quoquo modo) 사람들이 모두 한 자리에 모이게 된 모임(congregatus)이 아니라, 공통의 유용함(utilitatis communione)을 위해서 법적 합의를 통해서(iuris consensu) 조직된 대중(大衆) 공동체(coetus sociatus mutitudinis)이다.[5)](키케로, 『공화국』 제1권 39장)

그런데 인용문에서 '법적 합의를 통해서(iuris consensu)'라는 표현은 무슨 말일까? 먼저 '법'에 대해서 해명하고자 한다. 여기에서 '법(ius)은 좁은 의미의 '법률(lex)'을 지칭하는 것이 아니다. 그것은 '권

---

4) De capite civis nisi per maximum comitiatum–fe feronto.

5) [39] populus autem non omnis hominum coetus quoquo modo congregatus, sed coetus multitudinis iuris consensu et utilitatis communione sociatus.

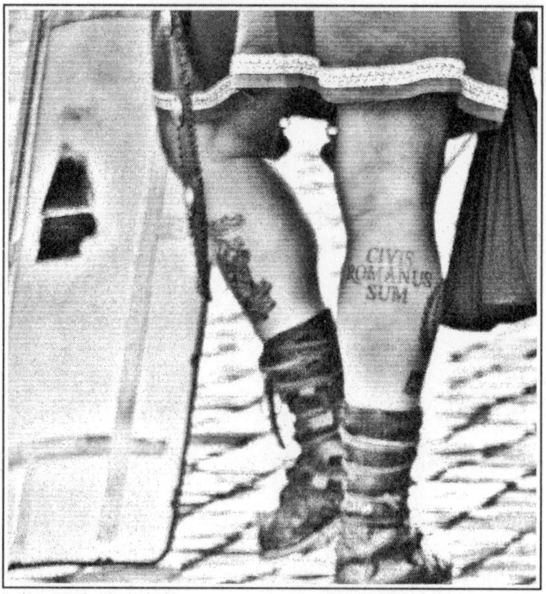

"나는 로마 시민이다"
(http://farm3.static.flickr.com/2236/2851967832_de667f8453_o.jpg)

리(Recht)'를 뜻한다. 누구나 가지고 있는 자신의 몫에 대한 자기만의 권리(suum cuique)를 뜻한다. 결론적으로 의무와 권리의 두 기반 위에 세워진 나라가 공동의 나라(res publica), 공화국이다. 이 공화국은 희생과 양보를 제공한 사람들에게 다시 공동체의 구성원에게 권리를 부여하는데, 이 권리의 담지자가 시민(civis)이다. 이러한 과정을 통해서 시민이 주인이고, 그 시민이 공동으로 운영하는 나라가 민주 공화국이다. 다시 말해서 국체(國體)에 있어서는 민주주의를 원칙으로 하고 정체(政體)에 있어서는 공화정의 형태를 가지는 나라가 바로 '민주공화국'이다. "대한민국은 민주공화국이다"(헌법 제1조 1항). 영웅과 성인의 도움이 아닌, 조그만 양보와 희생을 통해서 우리 조상도 약 60여 년 전에 자기 자신을 시민으로, 국가를 민주공화국으로 탄생시킨 것이다. 비록 짧은 역사이지만 그리고 내용적으로 미흡하고 보완해야 할 것이 많아 보이지만, '민주공화국'이라는 국가 정체와 '시민' 제도에 대해서 근본적인 이의 제기가 아직까지 없는 것으로 보아서, 약 2천 년 전 서구에서 시작한 민주공화국 제도는 이제 한국 사회에 안착한 것으로 보인다. 이제 대한민국은 몇몇 영웅과 성인의 나라가 아니라, 시민의 희생과 양보, 즉 의무 위에서 성립한 공동의 나라이기에 말이다. 이 나라, 대한민국은 바로 시민의 가슴속에 이미 뿌리 내렸고, 또한 그들의 시민으로서 가지고 있는 권리의 총합이 곧 대한민국이기에.

8

HUMANITAS

개인의 발견

사냥에서 얻은 열기와 더위를 식히고자 찾아 헤매다, 숲의 눈, 샘에 도착한다. 수면에 닿기 위해 몸을 엎드린다. 갈증을 푸는 동안 새로운 갈증이 생겨난다. 물을 마시는 중 수면에 떠 있는 거짓 형상에 사로 잡힌다. 이룰 수 없는 사랑을 희망하게 된다. 몸이라 생각하나 그림자에 불과한 것을 말이다. 파로스 섬 대리석으로 깎은 조각처럼 빼어난 자신의 얼굴에 시선을 고정한 채 경이에 휩싸인다. 땅바닥에 엎드려 자신의 두 눈을, 자신의 반짝이는 눈동자를, (중략) 자신을 빛나게 하는 모든 것에 경탄하면서. 착각 속에서 자기 자신을 욕망하니, 사랑하는 이가 사랑받는 자이고, 구애하는 이가 구애받는 자이며, 동시에 불타 오르고 함께 이글거린다. 얼마나 많은 입맞춤을 수면 위에 헛되이 주었던가, 수면 아래에서 가까이 올라오는 목 줄기를 껴 안으려 두 팔을 물 속에 담궜으나 실패한 게 몇 번이었던가! 무엇을 보고 있는지, 그는 모른다. 보여진 것에 의해서 불타 오른다. 자신을 속인 착각이 두 눈을 이글거리게 한다.[1](오비디우스, 『변신이야기』 제3권 413~431행)

1) hic puer et studio venandi lassus et aestu
procubuit faciemque loci fontemque secutus,
dumque sitim sedare cupit, sitis altera crevit,
dumque bibit, visae correptus imagine formae
spem sine corpore amat, corpus putat esse, quod umbra est.
adstupet ipse sibi vultuque inmotus eodem

수면 안의 그림자가 수면 밖의 자신임을 자각하지 못하고, 다른 누구인 줄로 착각하고 사랑하다 죽게 된 소년, 나르킷수스에 대한 이야기다. 우리말로 '왕자병', '공주병'이라 번역하면 딱인 나르시시즘의 원조에 해당하는 이 소년에 대해서 굳이 자세한 설명을 할 필요가 없을 듯 싶다. 무척 유명한 이야기이기에. 나르킷수스 이야기에서 필자가 말하고자 하는 핵심으로 곧장 들어가도록 하겠다. 두 명의 나르킷수스가 있다. 한 명은 수면 밖에 있고, 다른 한 명은 수면 안에 있다. 지금까지 논의들은 모두 수면 밖의 나르킷수스에 대해서만 집중되었다. 그러나 수면 안의 나르킷수스도 관심과 조명을 받을 가치가 있다고 생각한다. 그림자, 거짓 형상에 담긴 나르킷수스를 구제하는 것이 이 글의 목적이다.

수면 안의 그림자, 거짓 형상(imago)은 나르킷수스일까? 아닐까? 몸이 없는데 과연 나르킷수스라고 보아야 할까? 그러면 증명사진 속의 나는 '나'일까? 사진 속에도 몸이 없는 것은 마찬가지인데. 사람들은 몸이 없는데도 사진 안의 인물을 가짜라 여기지 않는다. 거꾸로 사진 안의 인물이 사진 밖의 인물을 증명해 주기도 한다. 그래서 증명사

---

haeret, ut e Pario formatum marmore signum;
spectat humi positus geminum, sua lumina, sidus
et dignos Baccho, dignos et Apolline crines
inpubesque genas et eburnea colla decusque
oris et in niveo mixtum candore ruborem,
cunctaque miratur, quibus est mirabilis ipse:
se cupit inprudens et, qui probat, ipse probatur,
dumque petit, petitur, pariterque accendit et ardet.
inrita fallaci quotiens dedit oscula fonti,
in mediis quotiens visum captantia collum
bracchia mersit aquis nec se deprendit in illis!
quid videat, nescit; sed quod videt, uritur illo,
atque oculos idem, qui decipit, incitat error.

진이라 한다. 그렇다면 증명사진과 수면 안의 나르킷수스 사이엔 어떤 차이가 있을까? 큰 차이가 없다. 수면 안의 나르킷수스는 과연 누구인가? 자기는 몰랐지만 다른 사람들은 알고 있는 나르킷수스다. 자신 밖에 있는 나르킷수스다. 곧 나르킷수스의 다른 나(alter ego)인 셈이다. 그렇다면 이 '다른 나'는 거짓 형상이 아니고 다만 몸 없는 형상일 뿐이다. 나 밖에 있는 '몸 없는 형상'을 서양인들은 페르소나(persona)라고 부른다.

위험하긴 하지만 몸 없는 형상이 '나' 밖으로 나온 김에, 페르소나에 좀 더 가까이 가보도록 하자. 우선 페르소나는 연극의 가면이다. 그런데 연극에서 가면이 담당하는 기능을 숙고해보면, 우리는 그것이 어떤 역할을 담당하는 표지라는 점을 쉽게 포착할 것이다. 여기에서 페르소나의 두 번째 의미를 찾을 수 있다. 페르소나는 '역할'을 뜻한다. 이 '역할'이라는 개념을 통해서 우리는 수많은 또 다른 나를 규정

워터하우스(J. W. Waterhouse)가 1903년에 그린 유화 작품. 자아 도취에 빠져 있는 나르킷수스에 빠져 있는 에코.

한다. 예컨대, 한 남자에 대해서 이야기해보자. 그는 누군가의 아들이면서 아버지이고, 애인이면서 남편이며, 형이면서 동생이고, 친구이면서 적이며, 제자이면서 스승이고, 한 국가의 국민이면서 세계 시민이고 동시에 자연인(自然人)이면서 우주인(宇宙人)이기도 하다. 이렇게 수많은 세계와 사회적 관계가 만들어 놓은 자리(位)와 역(役)들이 있는데, 이 자리와 역들이 한 인간에게 참여하기 위해선 하나의 장(場)이 필요하다. 그 장이 바로 페르소나이다. 이 장은 우주도 담아낼 수 있는 용적의 빈 그릇(vacuum)이기도 하다. 아울러, 우리는 때로 일인칭 단수로서 '내ㅍ가 되기도 하고, 이인칭 단수 '네'가 되기도 하며, 삼인칭 단수 '그'가, '그녀'가 되기도 하는데, 이때, 수많은 다른 나(alter ego)를 가능케 해 주는 개념이 페르소나이기도 하다.

또한 페르소나는 한(限) 없이 작은 물건이기도 하다. 더 이상 쪼개지지 않은 것이라는 정의를 물질 세계에 적용하면, 우리는 원자(atomus)를 얻게 된다. 이 정의를 연장해서 인간에도 적용하면, '나' 안에서 더 이상 쪼개지지 않는 나를 추적해보면, 즉 '우리'라는 개념에 의해서 포섭되지 않고, '너'라는 페르소나가 가지고 있지 않는 그런 '나', 그래서 다른 무엇으로는 대체할 수 없고 더 이상 쪼갤 수 없는, 곧 개인(individuum), 다른 무엇에 의해서 해체될 수 없는 그 무엇에 도달하게 된다. 있는 것으로서 살아있는 것이고, 산 것 중에서 날개가 없으며, 날개 없는 것 중에서 두 발 가진 것이고, 두 발을 가진 것 중에서 말을 하며, 말을 하는 것 중에서 한국어를 하고, 한국어를 하는 것 중에서 서울에 살며, 서울에 사는 것 중에서 2014년 3월 17일 오전 10시 10분 10초를 맞는 것 중에, 한 송이 꽃이 피어나는 자리에 서 있는 나, 역사와 운명이 준 시간과 공간의 좌표에서 뭔가를 느끼고 있는 나, 다른 어떤 무엇에 의해서 대신될 수 없는 '내'가 개인(individuum)이다. 페르소나는 모든 것들이 참여할 수는 있을 정도의 크기의 빈 그릇이지만, 어느 누구도 대신할 수 없고 쪼갤 수 없는 개인의 표지이다. 이 표지에 한 인간의 우주적 역사 곧, 자신만의 운명이 새겨지는 것이고, 그것이 곧 인생(vita)이다. 이 인생에 그러나 누구나 자기만의 고유한 페르소나를 가지고 참여하고 있는 셈이다.

그런데 개인 안에는 수많은 페르소나가 있다. 자격과 역할이 있는 만큼, 그만큼의 페르소나가 있기 때문이다. 그럼에도 이들을 분류해 보면 크게 두 종류로 나눌 수 있을 것이다. 하나는 공통 페르소나(persona communis)이고, 다른 하나는 고유 페르소나(persona

기원 전 530년 전에 세워진 한 사제의 봉분에서 발견된 이 그림은 페르소나가 원래는 가면극에 사용된 가면임을 증명해준다(이탈리아의 타르퀴니아 지역에서 발굴됨).

propria)이다.[2] 이런 구분의 기준은 '우리'라는 개념이다. 대부분의 페르소나는 '우리'라는 집단과 사회적 관계망에서 형성된 자리와 역할에 의해서 생겨난다. 시민, 과장, 가장, 남편, 형, 아들, 친구 등이 바로 공통 페르소나에 해당한다. 그러나 개인 안에는 '우리'가 더 이상 들어올 수 없는, 한 개인만의 고유한 느낌과 생각, 경험이 표지되는 자리가 있다. 예컨대, 다음 서정시(카툴루스 『서정시』 85번)를 한번 읽어보자.

> 미워하고 사랑한다, 내가 왜 이러는지를, 너는 묻는다.
> 나는 모른다. 그러나 나는 느낀다. 이런 지경의 나를. 두 쪽으로 쪼개지는 나를.[3]

다른 사람과 공유할 수 없는, 자신만의 고유한 경험을 하고 있는 어떤 '내'가 발견되는 순간이다. 미워하고 사랑하는 일이 동시에 일어나는 것은 모순이다. 그러나 이것이 자신 안에서 일어나고 있고, 이것 때문에 분열의 고통을 견디고 있는 나(ego patiens)와 그것을 체감하고 있는 내(ego sentiens)가 분명히 있음을 확인할 수 있다. 이

---

2) 이에 대해서는 키케로 『의무론』 제1권 107~125장을 참조하시오. [107] Intellegendum etiam est duabus quasi nos a natura indutos esse personis; quarum una communis est ex eo, quod omnes participes sumus rationis praestantiaeque eius, qua antecellimus bestiis, a qua omne honestum decorumque trahitur et ex qua ratio inveniendi officii exquiritur, altera autem quae proprie singulis est tributa. ut enim in corporibus magnae dissimilitudines sunt, alios videmus velocitate ad cursum, alios viribus ad luctandum valere, itemque in formis aliis dignitatem inesse, aliis venustatem, sic in animis existunt maiores etiam varietates.

3) Odi et amo. quare id faciam, fortasse requiris.
nescio, sed fieri sentio et excrucior.

렇게 인간에게는 '우리'에게는 타인과 공유하기 어려운 자신만의 고유 세계가 있다. 이 세계를 표지하는 자리가 고유 페르소나이다. 고유페르소나란 거대 담론에서 동원되는 가치와 규범을 잣대로 해서 재보면 아무것도 아닌 것들로 보일지도 모를, 작은 느낌과 조그만 한 생각과 매 순간의 경험을 통해서 모여있는 곳이다. 이곳은, 작지만 다른 사람에게는 없는, 그래서 '나만의 세계'라 부를 수 있는 경험이 머무는 자리이고, 자신의 삶이 새겨지는 공간이다. 그런데 이렇게 새겨진 삶의 공간엔 다시 어떤 일관성과 고유성의 좌표가 그려지는데, 이 좌표를 어떤 이들은 '개성(Persönlichkeit)'이라고 부르기도 한다. 자기만의 고유한 몸짓을 만들어 내는 좌표로서의 내적 체계가 바로 개성이라고 할 수 있을 것이다.

그러나 개성에 대한 자각이 처음부터 이뤄진 것은 아니라고 한다. 여기에는 집단적 '우리'에서 '개인'이 분화해야 되고, 이 분화에 대한 개념적 이해와 그것에 대한 정치 및 사회 제도적 보장 장치가 선행될 때 가능하다는 것이다. 집단적 '우리' 사유 체계에서 개인의 성립은 엄밀한 의미에서 제도적으로 불가능하기 때문이다. 즉 인간 권리(ius humanum)에 대한 이해가 있을 때, 개인은 탄생 가능하다는 것이다. 인권을 보장하기 위한 제도적 보장, 즉 개인의 자유권이 우선적으로 확립되어야 하고, 여기에 개인과 개인 사이의 평등권에 대한 균형에 대해서 공동체적 합의가 법적 · 제도적으로 확립되어 있을 때, 개인은 한 인격체로서 성립가능하기 때문이다. 이 과정이 민주주의의 역사이다. 개인은 민주주의의 역사에서 탄생한 인격체이다.

하지만 '개인'(3인칭 단수)에서 다시 '나'(1인칭 단수)라는 자의식이 자동적으로 생겨나는 것은 아니다. 개인에서 나만의 세계로 나아가기 위해선 자기만의 문제에 대한 자의식이 있어야 하고, 자신만의 고유한 경험들, 비록 작지만, 자신만의 고유한 몸짓들을 내적으로 자기화 시킬 줄 아는 능력이 요구된다. 이 과정에는 많은 고통이 수반하는데, 이를 견디고 소화해내는 힘이 요청된다. 이 능력과 힘이 없으면, 개성은 없다. 개성은 자신이 하고 싶은 대로 하는 제 멋대로의 방임에서 나오는 짓들이 아니다. 소위 방향과 원칙 없는 몸짓에서 나오는 그런 것이 아니다. 그것에도 자신만의 고유한 원리와 법칙이 있다. 이 원리와 법칙이 함께 할 때, 진정한 의미의 개성(persona propria)이 발현되고, 진정한 의미의 '나', '내가 되는 것(sed fieri)'이다. 그러나 이 '나'는 '우리' 안에서의 '나'라는 점에 주의해야 할 것이다. '우리'가 있기에, '나'라는 개인이 있고, 그 '개인' 안에 있는 '나만의 나(ego proprius)'를 찾고 발견하고, '나만의 고유 페르소나(persona propria)'를 세우고 만들어가는 것이 가능하기 때문이다.

9

HUMANITAS

로마 인민의 권리에 대하여

"각각의 것은 각각에게(suum cuique)"(로마 격언)

중국의 황제와 로마의 황제는 무엇이 같고, 무엇이 다를까? 무소불위의 권력을 휘두를 수 있는 자라는 점에서 동양이든 서양이든 황제는 황제일 것이다. 하지만 누구로부터 이 권력을 위임받았는가에 따라서 동양의 황제와 서양의 황제는 근본적으로 다르다. 중국의 황제는 그 스스로가 자신이 쥐고 있는 권력의 위임자이자 수탁자이다. 이에 반해 로마 황제의 경우, 그 권력의 위임자와 수탁자가 분리되어 있다. 로마 인민이 황제 권력의 위임자다. 이렇게 권력의 위임자와 수탁자가 분리되어 있다는 점에서 로마 황제는 항상 자신의 권력의 원래 주인인 로마 인민의 눈치를 보지 않으면 안 되었다. 이러한 위임자와 수탁자 사이에 있는 묘한 긴장은 로마에서 인기 높았던 검투사 경기에서 극적으로 드러난다. 그 한 가지 예는 이렇다. 로마 황제의 미움과 박해를 받는 검투사가 한 명 있다. 그런데 그는 로마 인민의 사랑을 받는 사람이다. 황제는 로마의 원형 경기장이라는 공개적인 장소에서 경기를 통해

죽이고자 한다. 그런데 이 검투사는, 신의 가호를 받아서인지, 자신의 능력이 탁월해서인지 갖은 난관을 극복하면서 모든 적을 제거하고 살아 남게 된다. 그러나 그는 황제의 입장에서 보면 죽어야 하는 존재다. 어떻게 보면, 손에 땀을 쥐게 하는 스펙터클한 결투 장면보다도 긴장이 더 고조되는 장면이 뒤따라오는데, 그것은 다름 아닌, 이 용감한 검투사를 사면하라는 로마 인민의 요구가 바로 그것이다. 어찌 보면 아무것도 아닌 장면, 이런 종류의 검투사 이야기를 다루는 영화에 늘상 등장하는 단골 장면으로 그냥 지나칠 수도 있는 대목일지도 모르겠다. 하지만 이 장면은 검투사를 살리라는 인민의 요구에 황제는 마지 못해서 자신의 인자함을 과시하기 위해서 문제의 검투사에게 사면을 허락하는 것이 아님에 주목해야 할 것이다. 저 문제의 검투사가 살아남게 되는 것은 실은 황제의 인자함 때문도 아니고, 신의 가호도, 관중을 감동시킬 정도로 뛰어난 검투사의 칼솜씨도 아니기 때문이다. 그가 살아남게 된 근본적인 이유는 황제 권력의 원래 위임자였던 로마 인민의 힘(Ius populi Romani) 덕분이었다.

불멸의 영웅, 이순신 장군은 왜 마지막 전투에서 비장한 최후를 맞이했을가? 살아 남았으면, 구국의 영웅으로서 최고의 대우를 받았을 텐데, … 이순신 장군의 죽음에 대해서 많은 논란이 있는 것으로 알고 있다. 그의 죽음에 대한 여러 설명 중에, 당시 선조 임금의 정적의 위치에 설 수 밖에 없는 자신의 정치적 입지 때문에, 그는 스스로 죽음을 선택했다고 보는 견해가 설득력을 가지고 있는 것으로 보인다. 한편으로 당시 도탄에 빠진 백성의 가슴속에 희망으로 자리잡은 이순신 장군이 선조 임금에게 정치적으로 너무도 큰 부담이 된다는 것을 스스로 잘 알고 있었던 그였기에, 다른 한편으로 충과 효를 삶의 가장 중요한 덕목이자 본분으로 알고 실천한 그였기에, 그가 장렬한 전사를 택한 것은 필연적일 수 밖에 없는 것으로 보인다. 그런데 만약 이순신 장군이 조선이라는 나라의 주인을 선조 임금으로 여기지 않고 뭇 백성이 주인(res publica- res populi)이라는 점을 알고 있었다면 그는 어떤 선택을 했을까?

공동의 나라(res publica)가 사적인 왕국(res privata)에서 원래 공동의 나라(republic)로 세워지게 된 것은 기원전 509년이다. 로마에 한 폭군이 있었다. 그의 이름은 타르퀴니우스이고, 별명은 오만왕이었다. 한 때 오만왕 타르퀴니우스가 인근 부족과 전쟁을 벌이고 있었다고 한다. 전투가 벌어지고 있던 인근의 마을에 루크레티아(Lucretia)라는 아주 정숙한 부인이 살고 있었는데, 오만왕의 큰 아들이 그만 그녀를 흠모하게 되었고, 결국엔 그녀를 강제로 추행하였다고 한다. 다음날 그녀는 자신의 아버지와 남편에게 자신의 무고함을 호소하고 자살하고 만다.

> 여기에서부터다. [왕국에서 공화국으로의] 저 새로운 전환이 비롯되었다. 독자여, [여러분은] 자연적인 운동의 순환과 방향을 저 발단에서부터 살펴보고 통찰하시기를! 이것이야말로 국가에 대한 통찰을 얻을 수 있는 핵심 사건이므로. 그래서 나(아마도 리비우스)도 이를 서술함에 있어 전력을 기울이고자 한다. [이를 통해] 공동의 일, 공동의 것, 공동의 나라가 어떤 여정을 통해서 어떤 방향을 향해 발전해 나아갔는지를 제시하고자 한다. (중략) 내가 말한 저 왕, 타르퀴니우스 수페르부스는 일찌기 아주 뛰어난 선왕을 살해했는데, 이 때문에 종종 두려움에 떨곤 했다. 자신이 저지른 비행으로 인해 받게 될 중벌에 대한 두려움에 시달린 그는, 모

든 사람이 자신을 두려워하도록 만들기로 작정했다. 그는 전쟁에서 얻은 승리와 재산을 믿고서 극도의 오만함으로 자신을 과시했고 자신의 난폭한 성격과 욕정을 제어하지 못할 지경에 이르렀다. 그러던 중 그의 큰 아들이 트리키피티누스의 딸로 콜라티누스의 부인인 루크레티아를 강제로 범하게 된다. 고귀하고 정숙한 여인이었던 그녀가 저 불의의 폭행에 맞서 죽음으로써 자신의 억울함을 호소하게 되는데, 이를 보고서 한 남자가 의연히 일어났는데, 그가 바로 덕과 능력에 있어서 탁월한 사람이었던 루키우스 브루투스(L. Brutus)였다. 그는 질곡의 노예 상태에서 시민을 구원한 사람이었다. [국가로부터] 어떤 공직도, 어떤 중책도 맡고 있지 않은 사인(私人)에 불과했지만, 그는 공동체 전체를 구했고, 처음으로 시민의 자유(libertas civium)를 지키는 일에 있어서는 공사(公私)의 구분이 없다는 것을 가르친 최초의 인물이다. 그를 중심으로, 그의 주동을 통해서 일어선 국가(concitata civitas)는 가깝게는 루크레티아의 아버지와 그의 친척들이 낸 탄원을 받아들여서, 멀리는 타르퀴니우스 왕의 폭정과 그 자신과 그의 아들들이 저지른 수많은 범법 행위에 대한 책임을 물어 왕 자신과 그의 자식들은 물론 타르퀴니우스 일가 전체를 추방하는 명령을 내렸다.[1](리비우스, 『로마사』 제1권 45~46장)

---

1) (45) Hic ille iam vertetur orbis, cuius naturalem motum atque circuitum a primo discite adgnoscere. id enim est caput civilis prudentiae, in qua omnis haec nostra versatur oratio, videre itinera flexusque rerum publicarum, ut cum sciatis quo quaeque res inclinet, retinere aut ante possitis occurrere. nam rex ille de quo loquor, primum optimi regis caede maculatus integra so mente non erat, et cum metueret ipse poenam sceleris sui summam, metui se volebat; deinde victoriis divitiisque subnixus exultabat insolentia, neque suos mores regere poterat neque suorum libidines. (46) itaque cum maior eius filius Lucretiae Tricipitini filiae Conlatini uxori vim attulisset, mulierque pudens et nobilis ob illam iniuriam sese ipsa morte multavisset, tum vir ingenio et virtute praestans L. Brutus depulit a civibus suis iniustum illud durae servitutis iugum. qui cum privatus esset, totam rem publicam sustinuit, primusque in hac civitate docuit in conservanda civium libertate esse privatum neminem. quo auctore et principe concitata civitas et hac recenti querella Lucretiae patris ac propinquorum, et recordatione superbiae Tarquinii multarumque iniuriarum et ipsius et filiorum, exulem et regem ipsum et liberos eius et gentem Tarquiniorum esse iussit.

루크레티아 사건 자체는 여느 나라의 역사에서 흔히 볼 수 있는 일이다. 한 폭군이 있었다. 폭군의 폭정에 시달리다 못해 반란 내지 혁명이 일어나고, 폭군은 추방되고 덕과 능력을 겸비한 새로운 왕이 서는 것으로 이야기가 끝나야 하는데, 리비우스가 보여주는 루크레티아 사건은 매우 특이하다. 얼핏 보기엔, 타르퀴니우스라는 오만-방자한 폭군의 폭정을 물리치는 쪽으로 초점이 맞추어져 있는 것으로 보이지

중앙에 누워 있는 여인이 억울함을 호소하며 자살한 루크레티아이고, 그 뒤에서 서서 '시민의 자유'를 위해 폭군을 몰아내자고 연설하고 있는 사람이 브루투스다. (1504년 보티첼리가 그린 유화로 현재 미국 보스턴의 이사벨라 스튜어트 가드너 박물관 소장.)

만, 실은 그렇지 않다. 핵심은 루크레티아라는 한 여인의 강제 폭행 사건 속에 들어 있는 사건의 본질에 대한 브루투스의 통찰에 있다. 그것은 국가란 한 개인의 사적 왕국(res privata)이 아니라 공동의 나라(res publica)라는 사실이다. 그런데 원래 공동의 나라를 개인적으로 사유화한 인물인 왕이 혹은 그 왕의 아들인 왕자가 공동체에 범행을 저질렀다는 것이다. 즉 로마 인민의 공동체에 속하는 한 여인이 폭행당했는데, 이는 단순한 한 여인에 대한 폭행 사건이 아니라, 한 공동의 나라에 대한 폭행이라는 것이다. 이는 비록 한 사람의 사건이지만, 이는 시민의 자유를 억압하는 사건이기에 그렇다는 것이다. 따라서 이는, 공직에 있든 없든 관계없이 로마 인민이라면 의당 일어나서 싸워야 하는 문제라고 한다. 왜냐하면 루크레티아라는 한 여인의 일이지만 그것은 공동의 일이기 때문에. 한 시민의 자유와 권리가 침해될 때, 그것은 또한 공동체에 대한 심각한 침해이기에 그렇다는 것이다. 이런 과정을 통해서 로마라는 국가-공동체는 탄생했다. 시민의 자유(libertas civium)가 침해되는 순간, 그의 자유를 지켜주기 위해 그리고 이에 대응하기 위해 일어난 공동체(concitata civitas), 이때 로마라는 국가-공동체가 자동적으로 발동한다는 것이다. 여기에서 주목해야 할 점은 자동적으로 '일어난 국가(concitata civitas)'의 성격이다. 그것은 정체(政體), 즉 주권과 권력구성의 문제를 포함하는 의미에서의 국가의 구성조건, 가능조건이다. 왜냐하면 아리스토텔레스-로마 전통에 의한 구분, 즉 공공의 영역으로서의 폴리테이아(politeia)와 사적 영역인 오이코스(oikos)의 구분, 또는 폴리테이아(공동의 통치)와 튀란니스(사적 지배)의 구분으로부터 '공공의 것은 공공의 것으로'를 원칙으로 하는 '국가-공동체(civitas)' 개념을 끌어낼 수 있기 때문이다. 따라서 사적 지배의 왕정에 대한 대립개념으로서 주권구성을 요체로 하는 근대 국가의 기본 모형(母型)을 우리는 브루투스가 호소해서 '일어난 국가-공동체'에서 발견할 수 있다. 물론 이 공동체는 제도적 형식으로서 완성된 조직체을 가리키는 것도 아니고 정체로서 공화정을 지칭하는 것도 아니다. 이 공동체는 제도적 형식으로 한 조직체를 지칭하는 의미의 국가라는 제도가 성립하기 위해서 선행되어야 하는 구성 조건으로 요청되는 개인과 공동체와의 관계 규정에서 성립하는 공동체이다. 그러니까 브루투스가 호소하고 주동하고 있는 이 국가-공동체는 인민의 자유와 권리가 침해받을 때, 보호를 요청할 수 있는 일종의 의지(voluntas)와 의식(conscientia)의 산물로서 국가-공동체이다. 인민 자신의 권리와 자유를 지켜 주어야 하는 의무를 지닌 새로운 종류의 국가-공동체가 역사의 지평 위에 등장하고 있는 셈이다. 어찌 되었든, 이렇게 일어난 국가는 왕을 몰아낼 수 있는 힘을 가지고 있는데, 그것이 바로 인민이 가지고 있는 권리(ius populi Romani)이기 때문이라고 한다. "로마라는 국가-공동체는 우리 로마 인민 공동의 것"[2](키케로, 『공화국』 제1권 제39장)이기에. 하지만 로마 인민의 권리에 대해서 법학자 가이우스(Gaius)는 다음과 같이 기술하고 있다.

> 모든 인민은 법과 관습에 의해서 통치 받지만, 한편으로 자기 자신만의 고유한 권리를, 다른 한편으로 모든 사람에게 평등한 권리를 누리고 보

---

2) res publica res populi

장 받는다. 즉 모든 인민은 자신만이 가지고 있는 고유함에 대한 권리가 있으며, 이를 시민의 권리(ius civile)라 부른다. 마치 국가가 자신만이 가지고 있는 고유한 권리를 가지고 있듯이 말이다. 이는 진실로 모든 사람에게 자연이 부여한 이성이 이를 부여했기 때문이다. 이는 모든 사람에게 전적으로 평등하게 주어진 권리로서 만민의 권리라고 불린다. 마치 모든 종족이 이 권리를 누리고 있듯이 말이다. 따라서 로마 인민은 그 자신만의 고유한 권리를 누리는 동시에 모든 인간에게 공통인 권리를 가지고 있다. 개별적인 사항에 대한 구체적인 논의는 해당하는 자리에서 논의하기로 하겠다. (중략) 법이란 인민이 명령하고 결정하는 것이다(lex est, quod populus iubet atque constituit!).[3](가이우스, 『법학제요』 제1권, 1~3장)

이렇게 로마 인민의 명령과 결정이 제도화 된 것이 로마법이다. 이 법에 입각해서 로마의 모든 국가 권력은 편제되고 규정된다. 이 때문에 로마의 황제(Imperator)는 어떤 의미에선 황제(Dominator)가 아니었다. 그는 다만 황제적 권력을 누리는 제일시민(princeps)이었을 뿐이었다. 로마 인민의 힘과 권리가 황제 권력을 누리는 어떤 자를 적어도 법적으로는 황제로 인정한 적이 없었기 때문이다.

---

3) 1. Omnes populi, qui legibus et moribus reguntur, partim suo proprio, partim communi omnium hominum iure utuntur: Nam quod quisque populus ipse sibi ius constituit, id ipsius proprium est vocaturque ius civile, quasi ius proprium civitatis; quod vero naturalis ratio inter omnes homines constituit, id apud omnes populos peraeque custoditur vocaturque ius gentium, quasi quo iure omnes gentes utuntur. Populus itaque Romanus partim suo proprio, partim communi omnium hominum iure utitur. Quae singula qualia sint, suis locis proponemus. 2. Constant autem iura populi Romani ex legibus, plebiscitis, senatus consultis, constitutionibus principum, edictis eorum, qui ius edicendi habent, responsis prudentium. 3. Lex est, quod populus iubet atque constituit.

10

HUMANITAS

국가와 국가-공동체의 차이

공동의 일은 인민의 일(res publica res populi)(키케로, 『공화국』 제1권 39장).

'공동의 일'이란 무슨 의미일까? 우선 publica(공동의)란 단어의 어원을 살펴보도록 하자. 이 단어는 원래 populus(인민)라는 단어가 변형된 형태이다. 로마의 옛날 비문에는 poplicus와 poblicus라는 단어들이 나타나고 있고, 이에 대해서는 로마의 문법학자 바로(Varro)의 증언이 남아있기 때문이다. 이 대목에서 publica의 의미를 좀 더 명확히 해명할 수 있는 단초를 찾을 수 있는데, 그것은 바로 populus(인민)라는 단어다. 그렇다면 '인민'이라는 단어는 정확히 무슨 의미일까?

이 말과 관련해서 집안 어른에게서 들은 이야기가 하나 있다. 전해들은 이야기라 정확히 전거를 댈 수 없어 아쉽지만, 들은 대로 적고자 한다. 해방 후에 남과 북이 갈라져 서로 건국 준비를 하느라 바쁜 와중에, 국호를 정하게 되었는데, 북한이 국호를 '조선인민민주공화국'

으로 사용했다고 한다. 이 국호에 '인민'이란 말을 사용했는데, 이를 두고 대한민국의 헌법기초자인 유진오 박사는 몹시 안타깝게 여기었다고 한다. '인민이라는 말을 더 이상 사용할 수 없게 되었기 때문'이라고 한다. 도대체 어떤 힘이 이 말에 들어 있기에, 그토록 유진오 박사는 안타까워했을까? 아마도 '인민'이란 단어의 의미 규정 때문이었을 것이다. 스키피오 아프리카누스(Scipio Africanus)라는 사람은 이 단어를 다음과 같이 정의하고 있다.

> 인민이란 임의적인 방식으로(quoquo modo) 사람들이 모두 한 자리에 모이게 된 모임(congregatus)이 아니라, 공통의 유용함(utilitatis communione)을 위해서 법적 합의를 통해서(iuris consensu) 조직된 대중(大衆) 공동체(coetus sociatus mutitudinis)이다.[1](키케로, 『공화국』 제1권 39 장)

그런데 인용문에서 '법적 합의를 통해서(iuris consensu)'라는 표현은 무슨 말일까? 먼저 '법'에 대해서 해명하고자 한다. 여기에서 법(ius)은 좁은 의미의 '법률(lex)'을 지칭하는 것이 아니다. 그것은 권리를 뜻한다. 누구나 가지고 있는 자신의 몫에 대한 자기만의 권리(suum cuique)를 뜻한다. 인간, 특히 로마인들의 자기의 몫에 대한 권리 주장은 실은 인간과 신 사이의 관계 규정에서 보장받은 것이다. 인간과 신의 관계는 상호 간에 성립하는 권리와 의무를 통해서 규정되는데, 신은 인간의 생존을 지켜 줄 의무가 있고, 인간은 이에 대한

---

1) populus autem non omnis hominum coetus quoquo modo congregatus, sed coetus multitudinis iuris consensu et utilitatis communione sociatus.

고마움을 되갚아야 하는 의무가 있다. 역으로 신은 인간에게서 자신의 의무 수행에 대한 보상을 요구할 수 있는 권리를 가지고 있고, 인간은 신에게서 자신이 바친 보상의 대가로 자신의 생존을 지켜 줄 것을 요구할 수 있는 권리를 가지고 있다. 이런 점에서 볼 때, 기도는 인간이 신에게 요구할 수 있는 권리 표현의 한 형식인 셈이다.

어찌 되었든 로마인들은 인간과 신 사이에 성립해 있는 의무-권리 관계를 ius와 fas라는 단어로 표현한다. 그들은, 인간의 입장에서 볼 때, 인간이 신에게 뭔가를 요구할 수 있는 권리를 ius로, 신을 위해 뭔가를 수행해야 하는 의무를 fas라고 부른다. 반대로 신의 입장에서 볼 때, 인간에 대해서 신이 가지고 있는 권리가 fas이고, 인간에 대해

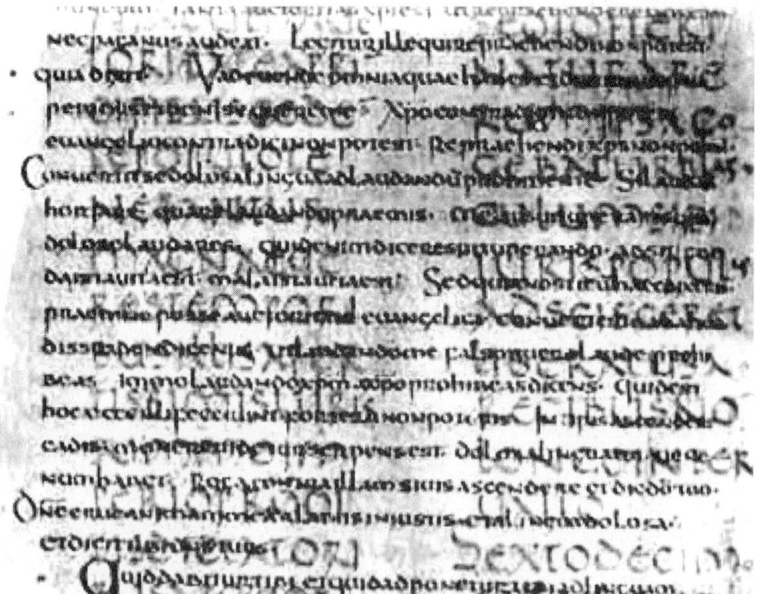

아우구스티누스의 『시편』 주석 뒤에서 숨어 중세와 절대 왕조의 검열을 피해서 살아남을 수 있었던 키케로의 『공화국』 필사본 (Vat.lat. 5757)

서 신이 해야 하는 의무가 ius인 셈이다. 설명이 좀 복잡해졌는데, 한마디로 하면, 인간의 권리가 신의 의무이고, 인간의 의무가 신의 권리인 셈이다.

이와 같은 신과 인간 사이의 관계 규정을 통해서 인간과 신은 오랫동안 사이 좋게 지낼 수 있었다. 그런데 문제가 발생한다. 인간이 그만 신의 대리인의 정체를 꿰뚫어 보게 된 것이다. 그들이 신이 아니고, 인간이라는 점을 그만 알아 차리고 만 것이다. 이는 곧 헤게모니 쟁탈전으로 이어지게 되는데, 대표적인 사건이 프로메테우스와 제우스 사이에 벌어진 주도권 다툼이다. 이 다툼에서 칼과 무력의 힘을 믿는 대장장이 일파를 대표하는 이가 프로메테우스이고, 신과 인간 관계를 전통적인 법도와 관례에 따라 유지하려는 이가 제우스다(헤시오도스 『신통기』 507행 이하). 인간의 관점에서 인간을 이롭게 하려고 노력하는 프로메테우스와 이를 방해하려는 제우스가 치열하게 두뇌 게임을 벌이는데, 이 두뇌 게임에서 제우스가 주장하는 핵심 논거는 이렇다. 인간과 신 사이에 있는 전통적인 관계 규정을 깨지 말라는 것이다. 이 관계 규정 일반이 res divina(신적인 일)인데, 이를 흔들지 말라는 것이다. 이에 반해서 프로메테우스가 주장하는 핵심은 이렇다. 인간의 일은 인간 스스로가 알아서 처리할 수 있도록 하자는 것이다. 곧 정-교(政-敎) 분리를 하자는 것이다. 이 분리를 통해서 신의 세계(res divina)에서 인간의 세계(res humana)를 갈라내자는 것이다.

결국, 인간의 세계는 다음과 같은 과정을 통해서 신의 세계로부터 분리-독립하게 된다. 우선, 인간과 신 사이의 관계는 대등(對等)하지만 동등(同等)한 것은 아니다. 예컨대, 인간의 죽음 문제는 신의 관할 영역이다. 만약 인간이 신과 동등하다면, 인간의 죽음 문제에 대해서, 우주의 작동 방식과 원리에 대해서 참여할 수 있는 권리가 인간에게 주어져야 한다. 그러나 이것은 인간의 일이긴 하지만 인간의 권리 영역 밖에서 관장되는 문제들이다. 인간이 그럴 만한 능력의 소유자도 아니기 때문이다. 이렇게 인간과 신은 권리 영역에 있어서 동등한 존재가 아니다. 하지만 인간과 신은 인간적인 일에 상호 대등한 관계 주체로서 참여할 수 있다. 그런데 신의 영역에 인간이 도전하고 개입하는 것에 대해서 신은 가차없이 인간을 벌할 수 있다. 왜냐하면 이는 권리 침해이므로. 이를 그리스 사람들은 hybris(오만)라고 부른다. 하지만 역으로 신도 인간의 영역에 함부로 침입해서 권리 침해로 보이는 일을 해서는 안 된다. 인간들 사이에서 벌어지는 일 중에는 신이 자신의 대리자를 내세워서 직접적으로 개입할 수 있는 부분이 있고, 없는 부분이 분명히 있기 때문이다. 신이 함부로 개입할 수 없는 영역이 바로 세속(世俗) 세계(res humana)이다. 이 세속 세계가 바로 '공통의 유용함(utilitatis communione)'을 위해서 법적 합의를 통해서(iuris consensu) 조직된 대중(大衆)의 공동체(sociatus mutitudinis)가 운영하는 나라이다. 이 인민-공동체가 운영하는 공동의 나라가 국가-공동체(res pulica)이다. 그러니까 법이 보장한 동등한 권리의 주체들의 집합체인 인민이 합의해서 공통의 유익함을 추구하는 조직이 바로 국가-공동체인 셈이다. 이와 같은 과정을 통해서 국가-공동체는 예전에 신들이 했던 역할을 담당하게 된다.

또한 국가-공동체와 인민은 신과 인간 사이에 있는 관계-규정

(ius-fas)도 그대로 이양 받게 되는데, 우선 인간과 신 사이에 있는 의무-권리 관계가 국가-공동체와 인민 사이의 관계 규정에 그대로 적용된다. 우선 인민과 국가-공동체의 관계는 상호 간에 성립하는 권리와 의무를 통해서 규정되는데, 국가-공동체는 인민의 생존을 지켜 줄 의무가 있고, 인민은 이를 요구할 권리가 주어진다. 왜냐하면 국가-공동체가 인민에게 요구하는 의무를 인민은 수행했기 때문이다. 역으로 인민은 국가-공동체가 요구해야 하는 의무가 있고, 국가 공동체는 인민에게서 그것을 요구할 권리를 가지고 있다. 왜냐하면 국가-공동체는 인민이 요구하는 자신의 의무를 수행했기 때문이다. 한마디로 요약하면, 인민의 권리는 국가-공동체의 의무이고, 국가-공동체의 권리는 인민의 의무이다. 그렇다면 인민이 국가-공동체에 대해서 요구할 수 있는 최소한의 권리는 무엇이고, 이에 대해서 국가-공동체가 인민을 위해서 수행해야 하는 의무는 무엇일까? 그것은

로마 인민들이 자신들의 운명을 공동으로 결정했던 로마인의 광장(Forum Romanum)

인민이 갖는 최소한의 권리는 아마도 자신의 생명과 재산에 대한 보호 요청이고, 이를 지켜주는 것이 국가-공동체의 기본 의무일 것이다. 따라서 생명과 생명의 연장 수단이 재산에 대한 권리 요청인, 생존권을 보호하는 일은 국가-공동체의 수행해야 할 필수 의무일 것이다. 그런데 이 국가-공동체(res publica)의 수행해야 될 의무에 대한 집행 의무를 위임받은 국가(civitas)가 자신의 의무를 방기한다면, 인민은 어떤 입장을 취해야 할까? 신과 인간 사이의 관계에서처럼 기도를 통해서 해결해야 할까? 그러나 인민과 국가-공동체는 신들의 세계(res divina)가 아닌 인간의 세계(res humana)에 속한다.

아마도. 국가(civitas)와 국가 공동체(res publica)는 뭐가 다른지 얼른 감이 오지 않는 독자 여러분이 계실지도 모르겠다. 차이는 이렇다. 우선 국가의 정의(definitio)를 살펴보자. 스키피오에 따르면, 국가는 '인민의 합의'(constitutio populi, 키케로 『공화국』 제1권 41장)다. 언뜻 보면 평범하지만 스키피오의 정의는 매우 흥미롭다. 왜냐하면 이 정의는 우리가 학교 교실에서 배우고 가르치는 그런 유의 죽은 정의가 아니기 때문이다. 앞에서 인용한 '인민'의 정의를 여기 국가의 정의에 대입해서 풀어보면 다음과 같다. '공통의 유용함을 위해서 법적 합의를 통해서 조직된 대중(大衆) 공동체'인 인민이 결정하고 행하는 것(res)이 바로 국가(constitutio populi)이다. 따라서 인민이 모여 공동의 일을 논의하고 결정하는 것(res)이 국가-공동체인 셈이다. 여기에서 국가와 국가-공동체가 구분된다. 법적-제도적 장치로서 최소한의 합의 규정(iuris consensu)이 국가(civitas)라 한다면, 이 국가 위에서 그것을 공동의 일을 처리하고 수행하는 것(res)이 결론적으로 국가-공동체(res publica)이다. 이러한 점에서 국가-공동체란 국가(civitas) 위에서 작동하는 '살아 있는 유기체'이다. 이 유기체가 살아 있는 기관(organ)인 것은 저 '공동의 일'이 인민과 인민 사이에 성립하는, '살아 있는' 관계들의 총체 위에서 수행되는 것이기에. 따라서 인민-공동체의 추상적 제도로서 국가-공동체가 국가보다 심급에 있어서 더 상급에 위치하고 있음이 분명하다. 그렇다면 여기에서 하나의 '살아있는 유기체'로서 한 국가-공동체를 건강하게 살릴 수 있는 해법이 나오지 않나 싶다. 어찌 되었든 기도로는 해결될 수 없다. 기도는 인간이 신에 대해서 가지고 있는 권리 표현 형식이기 때문에. 그렇다면 무엇일까? 살아있는 국가-공동체의 운영 주체이자 책임 주체인 인민의 개별 구성체인 개별 시민이 깨어 있는 것 이외에 다른 방법이 있을까? 신도 여기에는 개입할 수 없으니까!

11

HUMANITAS

자유에 대하여

나라에 법이 없는 것은 정신없는 육체와 같다.(키케로, 『클루엔티우스 변론』 제146장)

자유(自由)! 글자 그대로 풀이하면, '스스로 말미암음'이다. 즉 '스스로 있게 됨'이다. 그러나 이 단어는 우리말에 '스스로' 있었던 말은 아니다. 문헌학적으로, 1891년 홍콩에서 파리외방선교회 소속 선교사들이 편집-출판한 『라-한소자전(*Parvum vocabularium Latino-Coreanum*)』에는 '자유'라는 말이 나타나지 않는다. 거기에는 오늘날 우리가 아무런 주저 없이 '자유'라고 번역하는 라틴어 libertas가 '쥬쟝', '자쥬쟝'이라 풀이되어 있다. 그러나 문헌 추적을 통한 어원 설명에 기대지 않아도, 자유라는 말이 원래 우리말이 아님을 얼마든지 해명할 수 있을 듯 싶다. 즉 자유라는 말은 역사-정치적으로 매우 특수한 탄생 기원을 가지고 있기 때문이다. 그러면 자유라는 말이 역사의 지평에 등장하는 순간으로 달려가 보자!

이때(아마도 기원전 509년)를 기점으로 해서 로마 인민들은 자유(自由)

를 얻게 되었다. [자유를 얻은] 로마 인민들이 때로는 전쟁을 통해서 때로는 평시에 이룩한 일들에 대해서 나(아마도 리비우스)는 말하고자 한다. 년(年) 단위로 공직 기간을 정하고 인치(人治)가 아닌 법치(法治)에 입각해 제도를 정비하고 권한을 부여한 일들에 대해서 말이다.[1](리비우스, 『로마사』 제2권 1장)

인용은 로마의 역사가 리비우스(기원전 59년– 기원후 17년)가 로마 공화국의 구성 원리를 설명하고 있는 대목이다. 이와 관련해서 리비우스는 공화국이 출발하는 선상에 '자유(libertas)'를 놓는다. 많은 가치와 비전이 있었을텐데, 자유를 가장 밑바닥에 놓는 것은 왜일까? 예컨대, '선진 강국(?)', '부강한 나라(?)' 등과 같은 좋은 모토들이 많았을 텐데 말이다. 어찌 되었든 공화국의 뿌리로서 공화국이 굳건하게 성장하기 위해선 다른 어떤 것과도 바꿀 수 없는 덕목으로서 리비우스는 자유를 제시하고 있다. 그렇다면 그가 말하는 '자유'란 무슨 의미일까? 공화국과 자유는 어떤 관계일까? 이와 관련해서 리비우스는 자유에 대한 개념을 정확하게 규정해서 사용하지는 않는다. 따라서 그가 말하는 자유가 정확히 어떤 의미인지에 대해서 자신 있게 말할 수는 없다. 그럼에도 주어진 텍스트를 중심으로 리비우스가 말하고자 하는 '자유'가 도대체 무슨 의미인지를 추적해 보자.

우선, '자유'는 폭정의 압제로부터 해방을 의미한다. 이는 마지막 폭군 타르퀴니우스를 몰아냄을 통해서 노예 상태의 예속에서 벗어나 '자유를 얻게 된 로마 인민'에 대한 언급에서 쉽게 확인된다. 또한, 이

---

1) [1] Liberi iam hinc populi Romani res pace belloque gestas, annuos magistratus, imperiaque legum potentiora quam hominum peragam. Quae libertas ut laetior esset proximi regis superbia fecerat.

자유는 더 이상은 물러설 수 없는 일종의 마지노선이기도 하다. 왜냐하면 여기에서 한 걸음만 물러서면 로마 인민이 노예로 예속되기 때문이다. 그런데 "더 이상 물러설 수 없다"는 말에는 지배자가 폭군이기에 물러서서는 안 된다는 의미 이상의 뭔가가 있다. 그렇다. 여기에는 자유에 대한 근본적인 의식의 전환이 숨어 있다.

> 마지막 왕[아마도 폭군 타르퀴니우스를 지칭하는 것으로 보임]이 행한 폭정이 이 자유(libertas)가 얼마나 소중한지를 더욱 분명하게 일깨워주었다. 그러나 이전의 왕들도 모두 나라의 기틀을 세우고 바로 잡는 데 각자에게 주어진 몫을 제대로 수행했다. 그래서 그들이 존경 받을 만한 자격이 된다는 점은 의심할 여지가 없다. 예컨대 그들은 각기 자신이 통

'인민을 이끌고 있는 자유'의 주제로 외젠 들라크루아(1798-1863)가 1833년에 그린 유화(파리 르부르 박물관 소장).

치하는 중에 증가하는 백성들의 생계를 보존하기 위해 새로운 터전을 마련해 주었던 이들이기에 그렇다. 가장 큰 압제에 짓눌려 있는 시민을 위해서 폭군을 몰아내 준 대가로 브루투스도 마찬가지로 똑같은 길을 걸어 갔을 수도 있었다. 만약 그가 자유에 대해 아직 성숙하지 않은 [시민들의] 욕망에 기대어 이전의 왕 중에 한 명으로부터 왕국을 탈취했다면 말이다.[2](리비우스, 『로마사』 제2권 1장)

인용에 따르면, 인민을 위해서 탁월한 공적을 남긴 왕들이 로마에 많았고, 따라서 그들도 존경과 경배를 받을 만한 이들이라 한다. 하지만 로마 인민을 위해서 왕들이 행한 일과 브루투스가 행한 일은 근본적으로 다르다. 물론, 브루투스가 행한 일은 일인(一人)에의 예속에서 만인(萬人)의 자유를 구한 일임에 주목해야 할 것이다. 하지만 더 중요한 것은 만인의 자유를 보장하는 제도적 장치의 마련에 있다. 자유를 지키기 위해서 브루투스가 마련한 제도적 장치는 크게 두 가지이다. 하나는 선거 제도(annuum imperium)이다. 선거는 권력(imperium)의 최고 수탁자와 권력을 위임받아 집행하는 자(Imperiumsträger)를 원천적으로 분리하는 제도이다. 이와 같은 분리를 통해서 최고 권력의 원천인 인민의 자유를 제도적으로 보장할 수 있는 길이 열리게 된다. 다시 리비우스의 말이다.

자유는 여기(아마도 선거)에서 기원한다고 여겨야 할 것이다. 왜냐하면

2) Nam priores ita regnarunt ut haud immerito omnes deinceps conditores partium certe urbis, quas nouas ipsi sedes ab se auctae multitudinis addiderunt, numerentur; neque ambigitur quin Brutus idem qui tantum gloriae superbo exacto rege meruit pessimo publico id facturus fuerit, si libertatis immaturae cupidine priorum regum alicui regnum extorsisset.

집정관의 권력이 1년 단위로 결정되는 것이 핵심이지, 왕의 특권이 어떤 방식으로 축소되었다는 것이 중요한 문제는 아니기 때문이다.(미략)[3](리비우스, 『로마사』 제2권 1장)

다른 하나는 인민의 자유를 지키는 제도 일반을 인위적(人爲的) 결정에 맡기는 것이 아니라 법으로 규정한다는 것이다. 이와 관련해서는 키케로의 말을 들어보자.

나(키케로)에게 필연적으로 동의하지 않을 수 없을 것이다. 법치 국가에서는 법에서 출발하는 것이 훨씬 효과적이고 고상한 일임을 말이다. 왜냐하면 법은 우리가 번영을 누리고 있는 이 나라의 귀중한 것들을 지켜주는 보호대(保護帶)이고, 법은 자유의 토대이고, 법은 평등의 원천이기 때문이다. 나라의 이성과 정신, 중지(衆志)와 판단이 모두 법 안에 터전을 잡고 있다. 나라에 법이 없는 것은 정신없는 육체와 같다. 근육, 피, 팔다리, 몸통 등과 같은 자신의 신체 부분을 사용할 수 없는 것과 같이 된다. 법의 시종(侍從)들이 관리들이고, 법의 해석자들이 판관들이다. 따라서 우리는 모두 법에 복종한다. 자유인이 되기 위해서 말이다.[4](키

---

3) Libertatis autem originem inde magis quia annuum imperium consulare factum est quam quod deminutum quicquam sit ex regia potestate numeres. Omnia iura, omnia insignia primi consules tenuere; id modo cautum est ne, si ambo fasces haberent, duplicatus terror uideretur. Brutus prior, concedente collega, fasces habuit; qui non acrior uindex libertatis fuerat quam deinde custos fuit. Omnium primum auidum nouae libertatis populum, ne postmodum flecti precibus aut donis regiis posset, iure iurando adegit neminem Romae passuros regnare. Deinde quo plus uirium in senatu frequentia etiam ordinis faceret, caedibus regis deminutum patrum numerum primoribus equestris gradus lectis ad trecentorum summam expleuit, traditumque inde fertur ut in senatum uocarentur qui patres quique conscripti essent; conscriptos uidelicet nouum senatum, appellabant lectos. Id mirum quantum profuit ad concordiam ciuitatis iungendosque patribus plebis animos.

4) tu mihi concedas necesse est multo esse indignius in ea civitate quae legibus contineatur discedi ab legibus. Hoc enim vinculum est huius dignitatis qua fruimur in re publica, hoc fundamentum libertatis, hic fons aequitatis: mens

케로, 『클루엔티우스 변론』 제146장)

하지만 인민의 자유를 지킴에 있어서 이와 같은 제도적 장치도, 그 자유를 누릴 만한 성숙함이 시민에게 없으면, 아무런 소용이 없다. 폭정의 압제에서 막 풀려난 인민의 자유는, 고삐 풀린 망아지 모양, 어디로 튈지 모르는 위험하기 짝이 없는 것이기 때문이다. 다시 리비우스의 인용을 읽어보자.

> 어떤 결과가 되었을까? 만약 저 양치기 무리와 외지에서 자신의 나라를 버리고 온 이방인들로 구성된 군중이 '신들의 합법적인 보호'라는 미명아래 제 마음대로 행해도 죄를 받지 않으면서 (중략). 아직 성숙되지 않은 시민 공동체는 다툼과 불화로 산산조각이 나 버렸을 것이다.[5](리비우스, 『로마사』 제2권 1장)

한마디로, 자유(libertas)와 방임(licentia)을 구분해야 한다는 것이다. 한 개인의 자유도 인격의 성숙함을 요구하듯이, 인민의 자유도 시민(civis)의 성숙함(Mündigkeit)을 요구한다는 것이다. 성숙함

---

et animus et consilium et sententia civitatis posita est in legibus. Ut corpora nostra sine mente, sic civitas sine lege suis partibus, ut nervis et sanguine et membris, uti non potest. Legum ministri magistratus, legum interpretes iudices, legum denique idcirco omnes servi sumus ut liberi esse possimus.

5) Quid enim futurum fuit, si illa pastorum conuenarumque plebs, transfuga ex suis populis, sub tutela inuiolati templi aut libertatem aut certe impunitatem adepta, soluta regio metu agitari coepta esset tribuniciis procellis, et in aliena urbe cum patribus serere certamina, priusquam pignera coniugum ac liberorum caritasque ipsius soli, cui longo tempore adsuescitur, animos eorum consociasset? Dissipatae res nondum adultae discordia forent, quas fouit tranquilla moderatio imperii eoque nutriendo perduxit ut bonam frugem libertatis maturis iam uiribus ferre possent.

이 없는 자유는 언제나 위험하기에. 따라서 인민의 자유를 지키기 위해서는 시민 공동체의 내적 성장을 전제로 하는데, 이를 위한 영양분(nutriendo)으로 리비우스는 지도자의 차분한 조정과 절제된 지도를 제시하고 있다. 무릇, 자유의 진정한 열매를 따먹기 위해서는 시민의 성숙함과 그 시민을 성숙함으로 이끌 수 있는 리더십과 참고 기다릴 줄 아는 힘이 있어야 한다는 말이다.

제임스 하트가 제1차 세계대전 당시, 제국주의의 위협을 받게 된 자유 진영을 구하러 나서자는 의도로 1917-18년에 그린 그림. 원 제목은 "결박된 자유인가(Liberty Bound) 아니면 자유의 연대(Liberty bond)인가? 당신이 바꿀 수 있다!"이지만, "자유주의(Liberalismus)에 결박된 자유(Liberty)의 여신!"이라는 제목이 더 어울리는 것은 아닐까?

> 그러나 통치에 있어서 차분한 조정(tranquilla)과 절제된 지도(moderatio)는 시민들의 미성숙함을 성숙하게 가꾸어 나갔는데, 그 결과 시민들이 성숙한 힘으로 자유[의 나무에서] 열리는 참된 열매를 맺을 수 있도록 말이다.(리비우스, 『로마사』 제2권 1장)

결론적으로 자유와 공화국은 어떤 사이일까? 아마도 자유의 화신(化身)이 곧 공화국(res publica)일 것이다. 자유는 공화국이 시작하는 출발점으로서 뿌리이고, 제도 체계로서 줄기이며, 이러한 기반에서 성장한 자유의 나무가 곧 공화국이기 때문이다. 이런 의미에서, 사족으로 한마디 덧붙인다면, 리비우스가 말하는 자유(libertas)는 근대 자본주의 이후 발전한 개념인 자유주의(liberalismus)와는 근본적으로 다르다는 것이다. 자유는 공화국이 '스스로 말미암을 수 있는' 원천이지만, 자유주의는 공화국의 운영 방식에 대한 한 의견일 뿐이기 때문이다.

12

HUMANITAS

평화에 대하여

로마의 평화는 하루 아침에 이루어지지 않았다(Non uno die aedificata est Pax Romana)!

이와 관련해서 두 남자를 소개하고자 한다. 한 사람은 로마의 건국자인 로물루스(재위기간, 기원전 753~716년)다.

내[리비우스]가 판단하기엔, 신들의 가호로 세계의 지배자가 될 로마의 처음, 저 위대한 로마의 시작은 이럴 수 밖에 없었나 보다. 강제로 임신을 하게 된 베스타의 여사제가 쌍둥이를 출산했을 때, (중략) 그녀는 누구의 혈통인지가 분명치 않은 아이들의 아버지를 [군신(軍神)] 마르스라고 공개적으로 선언했다. (중략) 소문에 따르면, 아이들을 담은 함지박이 버려진 곳에서 떠다니다가 수면이 얕아지고 물이 마르게 되자 그 자리에 그대로 남겨지게 되었는데, 인근 주변의 산에서 목이 마른 암늑대가 아이들의 우는 소리를 듣고 다가왔고, 부드럽게 아이들의 입에 젖을 물리었으며, 혀로 아이들을 핥고 있었는데, 이를 왕의 목자가 발견하였다고 한다. (중략) 일설에 의하면, 라렌티아는 몸을 파는 창녀로 목동들 사이에서는 암늑대라고 불렸다고 한다. (중략) 어느덧 세월이 흘러 청년이 되자, 그들은 외양간과 소 주변에서 빈둥대지 않고 사냥을 하기 위해

산과 계곡을 휩쓸고 다녔다. 이를 통해서 몸과 마음이 단련되었고 이미 산짐승을 때려 눕히는 것은 물론 약탈물을 싣고 가는 강도 떼를 공격해서 물품을 빼앗아 목동들에게 나누어 주기도 하였다. 이러는 중에 날로 그 수가 늘어가는 젊은이와 함께 생사고락을 함께 했다.[1](리비우스, 『로마사』 제1권 4장)

인용에서 읽을 수 있듯이, 로마의 건국자인 로물루스가 실제로 창녀의 아들인지 아니면 베스타 여사제의 아들인지, 이에 대해서 확실한 결론이 내려진 것은 없다. 하지만 분명한 것은 로물루스가 이끈 세력의 정체이다. 그가 이끌었던 젊은이들은 산과 들에서 가축을 치는 목동이었고, 사냥과 약탈을 일삼았던 일종의 '조폭-깡패' 집단에 불과했을 것이다. 그가 '로마'라는 국가를 세우지 않았다면 말이다. 이러저러한 과정을 치러내면서 로물루스는 기원전 753년에 로마를 건설했는데, 이에 대한 리비우스의 평가는 다음과 같다.

이상이 로물루스가 통치하는 동안에 내치와 전쟁을 통해 이루어낸 업적

1) [4] Sed debebatur, ut opinor, fatis tantae origo urbis maximique secundum deorum opes imperii principium. Vi compressa Vestalis cum geminum partum edidisset, seu ita rata seu quia deus auctor culpae honestior erat, Martem incertae stirpis patrem nuncupat. … Tenet fama cum fluitantem alveum, quo expositi erant pueri, tenuis in sicco aqua destituisset, lupam sitientem ex montibus qui circa sunt ad puerilem vagitum cursum flexisse; eam submissas infantibus adeo mitem praebuisse mammas ut lingua lambentem pueros magister regii pecoris invenerit— Faustulo fuisse nomen ferunt— ab eo ad stabula Larentiae uxori educandos datos. Sunt qui Larentiam volgato corpore lupam inter pastores vocatam putent; inde locum fabulae ac miraculo datum. Ita geniti itaque educati, cum primum adolevit aetas, nec in stabulis nec ad pecora segnes venando peragrare saltus. Hinc robore corporibus animisque sumpto iam non feras tantum subsistere sed in latrones praeda onustos impetus facere pastoribusque rapta dividere et cum his crescente in dies grege iuvenum seria ac iocos celebrare.

늑대의 젖을 빨고 있는 로물루스와 레무스(루벤스의 작품)

들이다. 이것들 중 어느 것도 그의 아버지가 [마르스] 신이었고, 그 자신도 사후에 신이 되었다는 믿음을 깎아 내리는 것은 없다. (중략) [로물루스] 이후 40년 동안 로마가 확고한 평화를 누릴 수 있었던 힘의 원천은 로물루스에게서 비롯되었다. 진실로 그가 보여주었던 힘과 노력에 그 기원이 있다.[2](리비우스, 『로마사』 제1권 15장)

인용에서 말하는 '로마가 확고한 평화를 누릴 수 있던 힘의 원천'인 로물루스가 견지한 정책은 강병(强兵)책에 입각한 강국(强國)론이

2) [15] Haec ferme Romulo regnante domi militiaeque gesta, quorum nihil absonum fidei divinae originis divinitatisque post mortem creditae fuit, non animus in regno avito reciperando, non condendae urbis consilium, non bello ac pace firmandae. Ab illo enim profecto viribus datis tantum ualuit ut in quadraginta deinde annos tutam pacem haberet. Multitudini tamen gratior fuit quam patribus, longe ante alios acceptissimus militum animis; trecentosque armatos ad custodiam corporis quos Celeres appellavit non in bello solum sed etiam in pace habuit.

었다. 로마의 평화는 실력(實力)이 있을 때만이 보장됨을 로물루스는 잘 알고 있었고, 실제로 이를 실현하였다. 로물루스의 강병-강국론은 초창기에 외부의 침입으로부터 왕국을 지키는 데에 있어서 최선의 방법이었다. 그러나 강병론에 입각한 전 인민의 군대-조직화와 군사-문화화가 로마 인민들의 내적 평화를 보장해 주지는 못하였다. 우선 장기간에 걸친 전쟁으로 말미암아, 로마 인민들의 심성이 포악하고 사나워져 있어서 한 곳에서 얼굴을 맞대며 더불어 함께 살기에는 너무도 거칠어져 있었기 때문이다. 또한 로마 인민들은 갑자기 찾아 온 평화를 진정으로 자유롭게 누릴 만큼 성숙해 있지도 않았다. 아니 평화를 경험해본 적조차 없었다. 이를 해결하기 위해서 등장한 왕이 누마(재위 기간, 기원전 715~671년)이다. 다시 리비우스의 이야기를 들어보자.

> 로마는 아직 물리적 힘과 군사력에 기초해서 건설된 신생 국가였다. 그래서 누마는 법과 법률과 예법(禮法)의 정비를 통해서 나라가 온전히 새롭게 태어날 수 있는 제도의 마련을 위해 노력한다. 전쟁을 하느라고 사람들의 심성이 사나워져 있었기 때문에, 특히 전쟁이 지속되는 상황 속에서 이러한 제도를 친숙하게 여기고 쉽게 받아들이는 것이 어려운 일임을 간파한 누마는, 사나워져 있는 인민을 길들이기 위해서는 무기를 멀리하는 것이 필요하다는 판단을 내리게 된다. (중략) 폭력과 군대에 매몰되었던 전 인민의 관심은 이와 같은 일(아마도 평화와 관련된 일)들을 숙고하고 이행하는 쪽으로 방향을 돌렸고, [이전과는] 다른 뭔가에 그들의 마음을 쓰기 시작했다. (중략) 따라서 국가도 법과 처벌의 두려움이 아닌 신의와 서약(誓約)에 기초해서 다스려져야 한다는 믿음이 생

늑대의 젖을 빨고 있는 로물루스와 레무스 (조각작품)

겨나게 되었다.[3](리비우스, 『로마사』 제1권, 19장~21장)

평화의 힘이 온전히 드러나는 순간이다. 그런데 누마가 펼쳤던 평화-정책의 효과는 단지 시민의 교화에만 머물지 않았다. 그것은 곧장 외교(外交)에도 큰 효과를 나타내었다. 이에 대해서는 다시 리비우스의 견해를 들어보자.

그러자 사람들은 스스로 누마 왕을 모범으로 삼아 그를 본받아 자신의 품성을 닦기 시작했을 뿐만 아니라, 또한 그때까지는 그들의 한 중앙에서 자리하면서 주변 국가 모두의 평화를 위협했던 [로마를] 도시가 아닌 성채라고 간주하고 있던 주변 국가 인민에게도 존경심이 들게 되었다.

---

3) [19] Qui regno ita potitus urbem novam conditam vi et armis, iure eam legibusque ac moribus de integro condere parat. Quibus cum inter bella adsuescere videret non posse— quippe efferari militia animos—, mitigandum ferocem populum armorum desuetudine ratus, … [21] Ad haec consultanda procurandaque multitudine omni a vi et armis conversa, et animi aliquid agendo occupati erant, et deorum adsidua insidens cura, cum interesse rebus humanis caeleste numen videretur, ea pietate omnium pectora imbuerat ut fides ac ius iurandum [proximo] legum ac poenarum metu civitatem regerent.

로마의 평화 체계를 수립한 제2대 왕 누마 폼필리우스

그래서 그들은 전 인민이 하나로 뭉쳐 신들을 섬기는 국가를 폭력으로 대하는 것은 불경한 짓이라고 생각하게 되었다.[4](리비우스, 『로마사』 제1권, 21장)

인용과 관련해서 할 이야기가 많겠지만 가장 흥미로운 점은, 로마를 그야말로 어디로 튈지 모르는 '깡패 집단'으로 보고 있는 주변 국가들의 시선인데, 누마 왕이 등장하면서, 로마가 단지 '힘만 센 나라'가 아니라 '존경 받는 나라'로 바뀌고 있다는 점이다. 이는 누마의 평화-정책이 가져다 준 결과인 것이다. 그 결과, 로마는 주변 국가와 평

4) Et cum ipsi se homines in regis velut unici exempli mores formarent, tum finitimi etiam populi, qui antea castra non urbem positam in medio ad sollicitandam omnium pacem crediderant, in eam verecundiam adducti sunt, ut civitatem totam in cultum versam deorum violari ducerent nefas.

기원전 2세기에 만들어진 것으로 추정되는 야누스 조각상

화–체제를 구축하게 된다. 이와 같은 평화–체제에 입각해서 로마는 좁게는 주변 국가를 동맹국가(amicitia et societate)로 끌어들였고 종국엔 이탈리아 전체를 통일했으며, 넓게는 지중해 세계의 통치자(imperator mundi)로 거듭나게 된다. 이는 로마가 군사력에 입각한 힘만 내세웠다면 불가능한 일이었다. 근본적으로 로마가 주변 국가로부터 '존경받는 나라'로 성장할 수 있었기 때문에 가능한 일이었다. 결론적으로 로마를 '존경받는 나라'로 만든 누마의 평화–정책이 돋보이는 대목이다. 어찌되었든 누마는 자신의 평화–정책을 상징하는 신전을 세우는데, 이 신전이 바로 야누스 신전이다. 다시 리비우스의 보고를 들어보자.

> 누마는 (중략) 아르길레툼 지역의 가장 낮은 곳에 전쟁과 평화의 시기를 구분해주는 표시로 야누스의 신전을 세웠다. 야누스 신전이 열려 있으면 국가가 전쟁 중임을, 닫혀 있으면 로마와 주변의 모든 나라 사이에 평화가 찾아왔음을 표시한다. (중략) 누마가 주변 국가와의 동맹과 연맹

관계를 통해서 그들의 마음을 화합으로 이끌었을 때, 야누스 신전이 닫혔다.[5](리비우스, 『로마사』 제1권, 19장)

여기에서 잠깐, 고대-로마에서 지금-한반도로 돌아가자! 한반도의 야누스 신전은 아직도 열려 있다. 1953년 한국 전쟁이 휴전하고 이후 두 세대가 지났음에도. 그런데 무슨 일인지, 남과 북, 양 국가의 지도자가 만난다고 한다. 부디, 이번에는 한반도의 야누스 문이 꼭 닫힐 수 있는 전기가 마련되기를! 그래서 평화의 힘이 얼마나 위대한 지가 드러나기를! 그리고 이 땅, 한반도, 남한과 북한, 모두 우선은 '존경받는 나라'가 될 수 있는 바탕이 마련되기를, 평화(Pax)의 여신에게 진심으로 기원한다. 평화의 여신이 이 정도는 들어 주어야 할 것이다. 그녀의 고유 의무이니까. 그런데 이 부탁 이외에, 한국을 진정으로 '존경받는 나라'로 만들어 줄, 그러니까 야누스 문이 닫히고 난 이후의 한국 사회의 제도 일반을 평화 체제로 재정비하고, 여기에 기초해 이 곳 한반도에 사는 사람 모두를 '단지 돈만 많은 사람' 그래서 '힘 센 사람'이 아니라, 세계 모든 사람의 '존경 받는 사람'이 될 수 있도록 교육과 문화를 꽃피게 할 '한국의 누마'가 나오도록, 평화(Pax)의 여신에게 부탁하는 것은 무리일까?

---

5) Ianum ad infimum Argiletum indicem pacis bellique fecit, apertus ut in armis esse civitatem, clausus pacatos circa omnes populos significaret. Bis deinde post Numae regnum clausus fuit, semel T. Manlio consule post Punicum primum perfectum bellum, iterum, quod nostrae aetati di dederunt ut videremus, post bellum Actiacum ab imperatore Caesare Augusto pace terra marique parta.— Clauso eo cum omnium circa finitimorum societate ac foederibus iunxisset animos, positis externorum periculorum curis, ne luxuriarent otio animi quos metus hostium disciplinaque militaris continuerat, omnium primum, rem ad multitudinem imperitam et illis saeculis rudem efficacissimam, deorum metum iniciendum ratus est.

13

HUMANITAS

화합에 대하여

그들은 세계의 지배자가 되었지만, 그들은 손에 한 줌의 흙도 쥐지 못했소(그라쿠스의 민회 연설, 플루타르코스, 『비교열전』, 티베리우스 그라쿠스 편 제9장)

平和! 한자 조어가 가지고 있는 매력이 온전히 우러나는 아름다운 말이다. 조어(造語) 측면에서 이 단어를 사랑하지만 사실 의미 때문에 나는 이 단어를 더 사랑한다. 일종의 민간 어원설이지만, 내가 이 단어를 사랑하는 이유를 밝히고자 한다. 우선, 한 글자씩 떼어놓고 따져보자. 平! 이 글자를 보노라면, 이 글자만큼 평등과 동등의 원칙이 잘 적용되어 만들어진 글자는 없을 것이라는 생각이 든다. 일단 생긴 게 그렇게 생겼다. 그런데 좀 더 보고 있노라면, 글자는 사라지고 문득 어떤 물건이 눈 앞에 떠오른다. 다름아닌 저울이다. 저울이 눈에 들어오면서부터 생각이 좀 복잡해지는데, 이렇다. 저울은 물건과 물건을 교환해 주는 척도-역할을 한다. 물건의 오고-감(dando accipiendoque), 즉 거래(去來)의 매개 역할을 담당한다. 그런데 거래가 성립하기 위해서는 근본적으로 '같음'이 전제되어야 하고, 이 '같음'을 보장해주는 교환정의(iustitia commutativa)가 살아 있어야 한다. 주고-받음의 동가성(同價性)과 공정성(公定性)이 사회적으로 보장될 때, 거래가 성립하기 때문이다. 이렇게 진정한 의미에서 한 공동체의 자율적-통합을 가능케 하는 원리인 교환정의를 가능케 하는 저울의 형상을 나는 平이라는 글자에서 보곤 한다. 和! 이 글자를 보면 이런 생각이 든다. 우선 '각자의 몫은 각자에게(suum cuique)'라는 분배정의(iustitia distributiva)가 떠오른다. 글자를 구성하는 禾(쌀) 와 口(입)의 결합이 이런 생각을 들게 만든다. 노력한 만큼, 일한 만큼, 몫이 돌아갈 때, 한 사회는 진정으로 화합(和合)할 수 있다는 생각이 어쩌면 이 글자를 그렇게 보도록 만들었을 것이다. 물론, 어설픈 민간 어원설이지만, 이에 입각해서 '평화'라는 단어의 의미-구조를 다시 정리하면 이렇다. 한 사회의 내적 평화가 성립하기 위해서는 두 개의 정의가 살아 있어야 한다. 하나는 교환 정의이고, 다른 하나가 분배 정의이다. 이 두 정의가 살아 있을 때, 한 공동체는 제대로 통합되고 진정으로 화합에 이를 수 있다는 생각을 만드는 단어이기에 나는 이 '평화'라는 단어를 사랑한다. 이런 의미의 사회 내적 평화를 로마인들은 '화합(concordia)'이라고 불렀다. 이번 글에서는 로마의 내적 평화인 화합 문제에 대해서 함께 생각해 보고자 한다. 리비우스의 말로 시작하자.

> 사실 독자들은 새로운 사태의 원인에 대해서 더 듣고자 한다. 이미 오래전부터 [그토록] 맹위를 떨쳤던 인민의 힘이 자체적으로 도달할 수 있는

최정점을 돌아, 스스로 쇠하는 길로 들어서게 되었는지를 말이다.[1](리비우스, 『로마사』 서문 제4장)

리비우스가 말하는 로마 "인민의 힘이 자체적으로 도달할 수 있는 최정점"을 찍었던 때는 언제일까? 아마도 기원전 146년일 것이다. 로마의 전 인민이 한 마음(concordia)으로 합심(合心)해서 약 120년에 걸쳐 벌인 사투 끝에 카르타고 군대를 물리친 해가 기원전 146년이었기 때문이다. 그도 그럴 것이, 로마 인민의 힘이 최정상에 도달했음을 반증해 주는 현상도 바로 이 해부터 나타나기 때문이다. 즉, 외부의 적과 싸울 때에는 나타나지 않았던 '다투는 마음', '갈라진 마음', '두 개의 마음(discordia)'이 로마 인민의 심장을 갈라 놓기 시작한 해가 바로 이 해였기 때문이다. 전후(戰後) 사정은 이러했다. 마침내 지중해의 지배자로 등극하게 된 로마에, 카르타고를 포함한 인근의 나라로부터 받아 낸 전쟁 배상금, 전리품과 전쟁 포로(노예)가 유입되기 시작한다. 또한 오늘날의 스페인 지역에서 개발된 광산에서 다량의 금이 로마로 흘러 들어 오게 된다. 이런 바 '전쟁특수 호황'을 잠시 누리게 되는데, 이 호황을 등에 업고 전에 없던 탐욕과 사치 풍조가 로마 사회 전반에 만연하게 된다. 이에 대한 리비우스의 보고를 들어보자.

우리 로마처럼 뒤늦게 탐욕과 사치가 찾아 온 나라도 없기 때문이다. 이

---

1) et legentium plerisque haud dubito quin primae origines proximaque originibus minus praebitura voluptatis sint, festinantibus ad haec nova quibus iam pridem praevalentis populi vires se ipsae conficiunt.

토록 오랫 동안 청빈과 검소를 높게 숭상했던 나라는 없었다. 물자의 부족함에 비례해서 탐욕의 크기도 그만큼 작았다. 그러나 부유함이 탐욕과 과도한 풍요로움에 올라 탄 욕망이 사치와 정욕을 통해서 자신을 파멸로 몰고, 모든 것을 잃게 만드는 갈망으로 [온 나라를] 채웠다.[2](리비우스, 『로마사』 서문 제11장)

다른 한편으로 기원전 2세기, 로마에는 오늘날 식으로 말하자면, '신경영기법'이 광범위하게 확산된다. 그 유명한 라티푼디움(latifundium)이라 불리는 토지 경영 방식이 그것이다. 연원과 특징은 이렇다. 로마가 이탈리아를 통일하는 과정에서 점령했던 공유지가 소수의 대지주 손에 들어가 사유지화 되는데, 이는 실은 불법 행위였다. 어찌 되었든 이것이 대토지 사유제로 확장-발전하게 된다. 대토지 사유제는, 한편으로 장기간의 전쟁으로 인해 토지를 황폐화 시켰으며, 중소 자영농민(colonus)을 빈농으로, 도시 빈민으로 내몰게 되는 과정에서 가속화 되었고, 다른 한편으로 전쟁에서 포획된 노예가 대토지 경작에 투입되므로 명실 상부한 토지경영기법으로 자리잡게 된다. 이와 같은 노예 노동에 기반한 새로운 대토지 경영방식의 도입으로, 로마는 그러나 이전에는 경험하지 못한 사회 문제에 봉착하게 된다. 도시 빈민으로 몰락한 자영농민의 실업과 구제 불능의 빈곤이 바로 그것이었다. 토지를 상실한 자영 농민의 유입으로 당시 로마 인구는 50만에 육박했다고 학자들은 추정하는데, 그들 대부분이 경제

2) nec in quam [civitatem] tam serae avaritia luxuriaque immigraverint, nec ubi tantus ac tam diu paupertati ac parsimoniae honos fuerit. Adeo quanto rerum minus, tanto minus cupiditatis erat: nuper diuitiae auaritiam et abundantes voluptates desiderium per luxum atque libidinem pereundi perdendique omnia invexere.

기반을 상실한 도시 빈민이라는 점을 고려한다면, 이는 심각한 사회 문제가 아닐 수 없다. 이른바 로마식 양극화 현상이 나타나기 시작하고 있는 셈이다. 집 세와 집 값은 폭등했다. 일종의 아파트인 인술라이(insulae, '벌집형' 고밀집 다세대 주택)가 집중적으로 지어졌지만, 부실 건축에 의한 건물 붕괴와 대화재, 집세 폭등으로 주택 문제가 심각했다. 무엇보다도 심각한 것은 곡물 부족으로 인한 곡물 가격의 폭등이었다. 특히 기원전 135년에 식민지인 시킬리아에서 노예들이 전쟁을 일으키는데, 이는 그나마 불안했던 로마의 곡물 문제를 더욱 심각한 위기 상태로 몰고 갔다.

이러한 로마식 양극화에서 야기된 위기를 극복하겠다고 등장한 정치가가 티베리우스 그라쿠스(Tiberius Gracchus, 대략 기원전 162~133년)였다. 그가 내건 개혁 프로그램은 농지 분배 법안(lex agraria)이었다. 개혁 프로그램의 핵심 논지는 공유지(ager

기원 전 133년에 호민관이 된 티베리우스 그락쿠스

publicus)였다. 공유지에 기반해서 토지 사유 상한제를 실시하였고, 불법으로 차지한 대지주 토지의 경우, 일정 정도의 보상을 해 주고 다시 국가로 환수하여 토지를 상실한 농민들에게 분배하도록 하자는 골자의 법안을 제출하게 된다. 이 법안을 제출하면서, 로마 민회에서 티베리우스가 행한 연설을 직접 들어보자.

> 이탈리아의 들과 산을 떠도는 야생 짐승도 각자 돌아갈 보금자리와 숨을 굴이 있소이다. 그러나 이탈리아를 위해 몸바쳐 싸운 사람들에게는 다른 어느 것을 누릴 수 있도록 주어진 것이 없소이다. 그들이 누릴 수 있는 것이 있다면, 그것은 누구에게나 공동으로 주어진 공기와 햇빛뿐이오. 쉴 보금자리도 돌아갈 고향도 없소. 처와 자식을 이끌고 이곳 저곳으로 떠돌고 있을 뿐이오. 만약 우리 나라의 장군이 전투에 앞서서 우리 군인에게 조상의 묘지와 신전을 사수하라고 독려한다면, 그것은 거짓말에 불과할 것이오. 조상으로부터 물려받고 굳게 사수해야 할 사당(祠堂)과 분묘를 가지고 있는 군인이 몇이나 된단 말이오? 대부분의 군인이 지켜야 할 것을 모두 잃어버렸기에 말이오. 그들은 [결국] 다른 사람의 부와 사치를 위해 싸우다 죽을 뿐이오. 그들은 세계의 지배자가 되었지만, 그들은 손에 한 줌의 흙도 쥐지 못했소.[3](그라쿠스의 민회 연설, 플루타르코스, 『비교열전』, 티베리우스 그라쿠스 편 제9장)

연설은 감동적이었고, 정치적으로 노회한 보수파의 저항이 있었지

---

3) Gracch. 9.5.2–9.6.5 ὡς τὰ μὲν θηρία τὰ τὴν Ἰταλίαν νεμόμενα καὶ φωλεὸν ἔχει, καὶ κοιταῖόν ἐστιν αὐτῶν ἑκάστῳ καὶ κατάδυσις, τοῖς δ᾽ ὑπὲρ τῆς Ἰταλίας μαχομένοις καὶ ἀποθνῄσκουσιν ἀέρος καὶ φωτός, ἄλλου δ᾽ οὐδενὸς μέτεστιν, ἀλλ᾽ ἄοικοι καὶ ἀνίδρυτοι μετὰ τέκνων πλανῶνται καὶ γυναικῶν, οἱ δ᾽ αὐτοκράτορες ψεύδονται τοὺς στρατιώτας ἐν ταῖς μάχαις παρακαλοῦντες ὑπὲρ τάφων καὶ ἱερῶν ἀμύνεσθαι τοὺς 9.6 πολεμίους· οὐδενὶ γάρ ἐστιν οὐ βωμὸς πατρῷος, οὐκ ἠρίον προγονικὸν τῶν τοσούτων Ρωμαίων, ἀλλ᾽ ὑπὲρ ἀλλοτρίας τρυφῆς καὶ πλούτου πολεμοῦσι καὶ ἀποθνῄσκουσι, κύριοι τῆς οἰκουμένης εἶναι λεγόμενοι, μίαν δὲ βῶλον ἰδίαν οὐκ ἔχοντες.

만 법안은 통과되었다. 그런데 법안의 통과로 로마는 본격적으로 양분화되기 시작한다. 선점했던 공유지(ager publicus)를 몰수 당하게 된 대지주 중심의 부유층과 농지법의 시혜를 받게 된 평민층으로 나뉘었고, 원로원은 보수와 개혁 양 파벌로 갈라섰고, 이 갈라짐, 이 분열을 당시 역사가는 한 마음이 아닌 '두 마음(discordia)'이라 불렀다. 양 파벌 간의 갈등은 기원전 133년 7월, 호민관 선거일에 폭발하였다. 이 날, 개혁 프로그램의 지속을 위해 호민관 연임 금지 관례를 어기고 그라쿠스는 호민관직에 입후보한다. 이를 빌미삼아 보수파는 카피톨리움 언덕의 유피테르 신전 앞에서 돌과 몽둥이로 그라쿠스와 그의 추종자들을 무참히 살해한다. 뒤를 이어 아홉 살 아래의 동생인 가이우스 그라쿠스(Gaius Gracchus, 기원전 154~121년)가 등장해서 다시 개혁안으로 곡물법(lex frumentaria)을 제정한다. 하지만 동생 그라쿠스도 마찬가지로 보수파에 의해서 살해당하고 만다. 이렇게 해서 로마의 사회개혁 프로그램은 무산되고 일단락을 맺는다. 물론, 그라쿠스 형제와 그들의 개혁 시도에 대한 평가는 아직도 논란 중이다.

그러나 고쳐야 할 것은 고쳤어야만 했다(mutatis mutandis!). 하지만 섬세하고 유연한, 엄밀하지만 강단(剛斷)을 갖춘 접근을 통해서 말이다. 그라쿠스 형제의 개혁은 대의에서 옳았음에도 접근 방식에서 실패한 전형적인 사례(事例)였기 때문이다. 어찌 되었든 개혁 실패의 여파로 로마 역사는 돌이킬 수 없는 국면으로 접어든다. 근본적으로 로마 사회의 양극화에 야기된 사회적 혼란은 한 공동체를 통합하고 화합으로 이끄는 교환정의와 분배정의가 전혀 작동하지 않는 지경으로 로마-공화국을 몰고 갔다. 이러한 '정의'의 사망은 평화의 죽음으로 직결되었다. 곧 개혁 실패 이후 약 100여 년에 걸쳐 진행되었던 로마의 정치적 혼란의 마지막은 평화의 또 다른 반대 짝인 내전(bellum civile)으로 직결되었다. 내전의 결과는 공화국의 몰락이었다.

14

HUMANITAS

로마 제국의 탄생

순종하는 자에게는 관용을, 오만한 자에게는 징벌을(베르길리우스, 『아이네이스』 제6권 853행)

로마가 지중해 세계를 통일하고 제국(imperium)으로 등장한 해는 악티움 해전이 벌어졌던 기원전 31년이었다. 전투가 벌어지고 있던 장면으로 곧장 달려가자.

바로 여기에 아우구스투스가, 이탈리아인을 독전하는 카이사르가
원로원 의원과 인민과 함께, 조상신들과 위대한 신들과 함께,
높이 솟은 뱃고물에 우뚝 서 있도다. 그의 이마에는 두 줄기의
광채가 뿜어져 나왔고, 정수리에는 아버지의 별이 맴돌았도다.
다른 편에서는 신들의 가호를 받아 순풍을 타고서 아그립파 장군이
맹렬하게 선단을 이끌고 돌진하는데, 이마에는 무공을 기림에 있어서
가장 명예롭게 여기는 전함의 충각(衝角) 장식을 한 금관이 새겨졌도다.
맞은 편에는 야만(barbarica)의 전리품과 무구(武具)와 함께 안토니우스가,
인디아의 해안가와 동방(Aurora)의 나라로부터 개선하는 승리자의 모습이,
아이귑토스와 동방(Oriens)의 용사들과 멀리는 박트라가 전열을 함께
짜는 장면도, (아! 저건 아닌데) 아이귑토스에서 만난 애인도 함께 있도다.

배들이 전속력으로 돌진하자, 온 바다가 세 갈래의 강한 이로 된 충각들의 돌진과 금세 치고 들어오는 노질에 못 이겨 거품을 품어내는구나.[1)]
(베르길리우스, 『아이네이스』 제8권, 678~690행)

로마의 건국 영웅 아이네아스의 방패 안에 새겨진 악티움 해전에 대한 노래이다. 여기에는 두 세력이 정면으로 충돌하고 있다. 서방을 대표해서 아우구스투스와 아그립파가, 동방을 대표하는 안토니우스와 클레오파트라가 맞서고 있는 형국이다. 원로원과 인민은 물론 조상신과 천상의 신들이 아우구스투스와 함께 하고 있고, 이에 반해 맞은편에는 동방의 나라에서 약탈한 전리품과 오늘날의 인도, 아프가니스탄, 이집트에서 온 군인들이 안토니우스와 함께 하고 있다. 이렇게 형성된 전선이 호각지세를 이루며 긴장을 유지하고 있는 장면이 인상적이나, 베르길리우스는 안토니우스 세력을 지극히 편파적이고 경멸의 대상으로 묘사하고 있다. 한 쪽은 정의를 수호하는 선의 축인 반면, 다른 한 쪽은 불의를 숭상하는 악의 축으로 새기고 있다. 그러니까 한 쪽은 문명 세력으로, 다른 한 쪽은 야만 세력으로 몰고 있다 하겠다. 이를 위해서 베르길리우스는 '전쟁과 평화', '선과 악', '문명

1) hinc Augustus agens Italos in proelia Caesar
cum patribus populoque, penatibus et magnis dis,
stans celsa in puppi, geminas cui tempore flammas
laeta vomunt patriumque aperitur vertice sidus.
parte alia ventis et dis Agrippa secundis
arduus agmen agens, cui, belli insigne superbum,
tempora navali fulgent rostrata corona.
hinc ope barbarica variisque Antonius armis,
victor ab Aurorae populis et litore rubro,
Aegyptum virisque Orientis et ultima secum
Bactra vehit, sequiturque (nefas) Aegyptia coniunx.
una omnes ruere ac totum spumare reductis
convulsum remis rostrisque tridentibus aequor.

과 야만'이라는 이분법을 전략적으로 구사하고 있는데, 이는 도시국가 로마의 묘사에서 사용했던 '정의와 불의', '신의와 배신', '자유와 억압', '불화와 화합'과 같은 개념 쌍과는 분명하게 대비된다 할 수 있다.

그렇다면 잠시 베르길리우스의 이러한 표현 전략이 공화국에서 황제정으로 로마 정체와 국체가 전환되는 것을 해명하고 정당화할 수 있는지에 대한 논의가 필요할 것이다. 그러니까 도시국가 규모에서 발생하는 사회 문제와 외교 문제를 해결하고자 할 때에 요청되는 기준과 규범으로 제국 로마가 해결해야 할 문제를 과연 감당할 만한 크기와 범위의 덕목인지에 대한 해명이 요청되는 논의이기 때문이다. 아마도 베르길리우스는 도시국가 로마의 틀을 담당했던 기준들로 이미 규모면에서 그리고 실질적으로 지중해 지역의 거의 모든 나라와 종족을 포괄하면서 그들을 통치해야 하는 위치로 성장해버린 로마의 당면을 문제를 해결하기에는 어렵다고 판단한 것으로 보인다. 그래서 그는 로마를 다루는 접근 틀을 달리 해야 한다고 본 것 같다. 그러니까 그는 '전쟁과 평화', '선과 악', '문명과 야만' 등의 개념 쌍으로 아우구스투스 통치의 틀을 짜고, 이 개념들로 이 체제를 정당화하고 있는 셈이다. 이런 의미에서 베르길리우스의 『아이네이스』가 아우구스투스의 황제정을 정당화하기 위한 이데올로기 작업을 하고 있다는 지적은 그리 틀린 것은 아니다. 다만 역사의 변환과 전환에 가치 평가가 문제일 뿐이다. 여러분들의 생각은 어떤지 궁금하다. 질문이 추상적이라면, 현재 미국의 대내 정책과 대외 정책에서 동원되는 구호와 그들이 추진하는 어젠다(agenda)를 생각해보는 것도 도움이 될 것이다. 어찌 되었든, 세계를 바라보는 프레임의 전환과 함께 베르길리우스의 묘사 전략도 바뀌고 있음을 확인할 수 있다.

이미 앞에서 언급했듯이 그것은 로마가 더 이상 도시국가 로마가 아니라 세계의 지배자로서 로마가 부딪히게 되는 문제들로 틀을 다시 짜고 있다. 이러한 전략을 통해서 베르길리우스는 로마를 정의와 선과 문명의 수호자로 거듭나게 하고 있다. 이를 위해서 베르길리우스는 구체적으로 두 가지의 표현 전략을 취하는데, 그 중 하나는 오케아노스라는 제의 장치를 거쳐 지하세계의 로마를 지상 세계의 로마로 다시 살려내는 것이다. 이는 부활의 디오니소스 신을 상징하는 동물인 돌고래로 표현되고 있다. 다른 하나는 로마 세계의 상징으로서 아우구스투스를 천상의 위임을 받은 로마 인민의 제일시민(princeps)이

아우구스투스

아닌 황제(Caesar)로 등극시키는 것이 바로 그것이다.

어찌되었든 베르길리우스는 아우구스투스를 "그의 이마에는 두 줄기의 광채가 품어져 나왔고, 정수리에는 아버지의 별이 맴돌았도다"라는 표현으로 아우구스투스의 황제 등극에 권위와 정통성을 부여하고 있다. 그러니까 로마의 황제정은 하늘의 결정이고, 아우구스투스가 카이사르라는 이름을 사용할 수 있는 것은 라틴말로 fatum, 곧 천명이라는 것이다. 이에 대한 베르길리우스의 노래를 더 들어보자.

> 저들은 깊은 대양을 향해 치닫는다. 이는 뿌리가 뽑힌 퀴클라데스 군도가
> 바다를 표류하고 거대한 산들이 충돌하는 것과도 유사한 형세리라,
> 이런 형세로 용사들은 고물에 성채를 갖춘 전함에서 전투에 임하도다.
> 삼대 불화살과 날카로운 쇠 날을 단 투창들이 하늘을 가득 메우자,
> 전투를 처음 보는 넵투누스의 검푸른 평원도 살육에 붉게 변하도다.
> 한 중앙에 자리한 여왕은 아이귑토스 방울로 전함들을 지휘하는구나,
> 아직은 아직은 등 뒤에서 노려보고 있는 쌍둥이 뱀들을 보지 못하도다.
> 온갖 괴물 형상을 한 신들과 개의 머리를 하고 짖어대는 아누비스가
> 넵투누스와 베누스에 맞서서, 미네르바에 맞서서 무기를 들고
> 덤벼들고 있구나. 그 치열한 전투의 한가운데에서 칼을 뽑아 들고
> 맹위를 떨치는 마르스가 돋보이고, 하늘엔 양보를 모르는 복수의 여신들이
> 근엄하게 서 있고, 찢긴 외투를 두른 불화(不和)의 여신이 즐기고 있구나.
> 바로 그 뒤엔 전쟁의 여신이 피로 물든 채찍을 휘두르며 뒤따르도다.[2]

---

2) alta petunt; pelago credas innare revulsas
Cycladas aut montis concurrere montibus altos,
tanta mole viri turritis puppibus instant.
stuppea flamma manu telisque volatile ferrum
spargitur, arva nova Neptunia caede rubescunt.
regina in mediis patrio vocat agmina sistro,
necdum etiam geminos a tergo respicit anguis.
omnigenumque deum monstra et latrator Anubis

(베르길리우스, 『아이네이스』 제8권, 691~703행)

이 대목은 어쩌면 아이네이스 방패 장면의 백미이자 절정이라 할 수 있을 것이다. 아우구스투스 세력과 안토니우스 세력 사이의 전쟁과 전투의 절정이 그려지고 있기 때문이다. 뿐만 아니라 로마의 신들, 넵투누스, 베누스, 미네르바, 마르스 신이 모두 전투에 가세해서 이집트의 아누비스를 포함한 이름을 알 수 없는 온갖 종류의 괴물 형상을 신들과 우주사적 힘겨루기를 하고 있기 때문이다. 이 전투 장면을 설명하는 핵심어는 아마도 문명과 야만일 것이다. 소위 '문명 세계' 신들이 소위 '야만 세계'의 괴신들과 벌이는, 한 치의 물러섬 없이 벌이는 혈투가 압권이기 때문이다. 베르길리우스는 이 광경을 "하늘에는 한 치의 양보를 모르는 복수의 여신들이 근엄하게 서 있고, 갈기갈기 찢긴 외투를 두른 불화(不和)의 여신이 즐기고 있구나. 바로 그 뒤에서는 전투의 여신이 피로 물든 채찍을 휘두르며 뒤따르도다"라고 표현하고 있다. 건국부터 로마를 괴롭혔던 불화가 이 자리에 함께하고 있다. 이와 관련해서 말해야 할 것은 '안토니우스'와 '아우구스투스'는 모두 율리우스 카이사르의 양아들이었고, 또한 처남-매부 사이였다. 따라서 이 전쟁은 가족 간의 피흘림이고 동족상잔이며 명백하게 내전이었다. 그런데 이 점과 관련해서 베르길리우스는 안토니우스를 전혀 언급하지 않는다. 대신에 그는 클레오파트라를 전면에 내세

---

contra Neptunum et Venerem contraque Minervam
tela tenent. saevit medio in certamine Mavors
caelatus ferro, tristesque ex aethere Dirae,
et scissa gaudens vadit Discordia palla,
quam cum sanguineo sequitur Bellona flagello.

운다. 야만과 악의 상징으로서 말이다. 다음의 이유에서였을 것이다. 이 전쟁이 내전이 아니라, 문명과 야만의 대결이기에, 천상의 세계를 대신하는 선과 정의의 세력과 온갖 악과 불의를 대변하는 괴물들 간의 전쟁이기에, 피해야 하는 내전이 아니라 반드시 싸워서 이겨야 하는 전쟁이기에, 따라서 진정한 평화는 악의 세력과는 타협이 아니라 승리에 있음을, 곧 전쟁을 정당화하기 위해서였다. 이와 관련해서 이런 종류의 전쟁에 대한 베르길리우스의 생각을 들어보는 것도 좋을 듯싶다. 그에 따르면 로마는 선과 정의의 집행자로, 곧 '세계의 지배자'로서 천명을 받았다고 한다. 베르길리우스 본인의 말이다.

> 기억하라! 로마인이여, [굳건한 기강 위에 세워진] 국권의 힘으로
> 인민을 다스리는 것, (이것은 너희들만의 기술일진저!), 평화의 법도를 수립하는 것,
> 곧 순종하는 자에겐 관용을, 오만한 자에겐 징벌을 내리는 것을[3](베르길리우스, 『아이네이스』 제6권 851~53행)

결론적으로 이 장면은 제국 로마에게 주어진 천명에 대한 암시인 셈이다. 바로 전 세계에 평화의 법도를 수립하는 것. 그것이 로마의 천명인 셈이다.

> 이러한 전투 상황을 지켜 보고 있던 악티움의 아폴로가 드디어 활 시위를
> 아래로 겨누었다. 그러자 모든 아이귑토스인, 모든 인디아인,

---

3) tu regere imperio populos, Romane, memento
(hae tibi erunt artes), pacique imponere morem,
parcere subiectis et debellare superbos.'

모든 아랍인, 모든 사바이인, 온통 겁에 질려 등을 돌려 도망치는구나.
이에 여왕 자신도 하늘에 바람을 간청하고 불어오는 바람에 돛을 맡기고
밧줄을 얼른얼른 풀라 하면서 우왕좌왕 하는 모습도 보이도다.
불을 다루는 신은 참혹한 살육의 한가운데에 임박한 죽음의 공포에
창백해진 여왕이 파도와 이아픽스 바람에 실려가는 모습을 새겨놓았구나.
맞은편에서 거대한 몸집의 닐루스 강이 온 몸으로 비통해 하며
가슴을 열어 패배자들을 자신의 품속 깊은 곳에 숨기고 나서는
자신의 검푸른 옷으로 감추고 물길을 갈래갈래 갈라 놓는도다.[4]
(베르길리우스, 『아이네이스』 제8권, 704~713행)

악티움 해전의 전세가 아폴로 신의 등장으로, 시간적으로는 정오를 기점으로 급격히 로마 쪽으로 기울고 있는 장면이다. 로마의 시각에서 볼 때, 야만의 세력이었던 오늘날의 이집트, 인도, 아랍, 예멘 부족, 곧 동방 세계가 드디어 서방 세계에 굴복하는 모습이 눈에 생생하게 그려지고 있다. 사실, 이 날 벌어졌던 악티움 해전은 역사적으로 여러 가지 의미를 가지고 있다. 이 해전을 기점으로 로마가 상징하는 서방 세계가 이집트를 대표로 하는 동방 세계에 대해서 승리를 했다는 점, 알렉산드로스 제국의 혈통적-상징적 계승자인 이집트의 프톨레마이오스 왕조의 멸망과 연결된다는 점, 다시 말해 명실공히 서방 세계

4) Actius haec cernens arcum intendebat Apollo
desuper; omnis eo terrore Aegyptus et Indi,
omnis Arabs, omnes vertebant terga Sabaei.
ipsa videbatur ventis reginavocatis
vela dare et laxos iam iamque immittere funis.
Illam inter caedes pallentem morte futura
fecerat ignipotens undis et Iapyge ferri,
contra autem mango maerentem corpore Nilum
pandentemque sinus et tota veste vocantem
caeruleum in gremium latebrosaque flumina victos.

의 대표자로 로마가 알렉산드로스 제국을 대체했다는 점, 공화국 로마에서 제국 로마로 전환했다는 점, 결론적으로 로마 제국이 세계의 지배자이자 통치자로 올라섰다는 점 등이 바로 그것일 것이다. 이 모습을 보고서 패배자의 슬픔과 비탄을 거대한 나일 강이 대신 슬피 울며 몸부림치는 광경이 보는 이의 가슴을 뭉클하게 만든다.

맞은편에는 세 번의 개선 행진을 하며 로마에 입성하는 카이사르가,
그는 이탈리아를 보우하는 신들에게 바치는 불멸의 서원을 하는데,
전 로마에 삼백의 거대한 신전을 봉헌하겠노라고 서약하도다.
거리는 환호와 박수와 축제로 들끓어 올랐고,
모든 신전에는 어머니로 구성된 합창단과 제단이 마련되었고,
제단 앞에서는 황소들이 제물로 희생되어 대지를 덮었도다.
아우구스투스 자신은 빛을 발하는 아폴로 신전의 하얀 입구에
자리를 하고서 인민들이 바치는 제물들을 살펴 가려 하늘로 치솟은
기둥에 봉헌하도다. 패배한 족속의 백성이 긴 행렬을 지어 들어왔는데,
그들의 다양한 말들만큼이나, 그들의 의복과 무구도 각양각색이었도다.
이 자리에는 노마데스 종족과 부드럽게 흘러 내리는 옷의 아프리카인을
이 자리에는 렐레게스 족, 카라스 족, 활의 명수 겔로누스 족을 불의 신
은 섬세하게 다듬는구나. 이미 에우프라테스 강이 잔잔한 물결과 함께
흘러가고 있고 저 대지의 끝에 거주하는 모리누스 족과 두 개의 갈라진
하구를 향해 흘러가는 레누스 강과 야생의 길들여지지 않은 다하이 족
과 다리를 못마땅해 하는 아락세스 강이 파여졌도다.[5]

---

5) At Caesar, triplici invectus Romana triumpho
Moenia, dis Italis votum immortale sacrabat,
maxima ter centum totam delubra per urbem.
laetitia ludisque viae plausuque fremebant;
omnibus in templis matrum chorus, omnibus arae;
ante aras terram caesi stravere iuvenci.
ipse sedens niveo candentis limine Phoebi

(베르길리우스, 『아이네이스』 제8권, 714~728행)

드디어 마지막 장면이다. 여기에서는 악티움 해전에서 승리한, 아니 전 세계의 지배자로 로마가 등장하는 모습이 그려지고 있다. 이는 아우구스투스가, 아니 카이사르가 로마에 세 번의 개선식과 300의 신전을 전 로마에 세우겠노라는 서원으로 상징된다. 로마인에게 3이라는 숫자는 시간적으로 영원함을 상징한다. 아우구스투스는 실제로 300의 신전을 다 짓지는 못했고, 82개의 신전을 세웠다고 한다. 어찌되었든 공간적으로 승리의 환호와 축제의 즐거움으로 가득 차 있는 로마 거리와 이 거리를 따라 끌려오는, 로마인이 보기에 야만인들, 패배한 이민족, 오늘날 북아프리카의 베두인 족, 아시아의 스키타이의 한 부족인 겔로니 족(오늘날 우크라이나), 소아시아의 카라스 족, 서유럽 끝에서 끌려오는 오늘날 벨기에에 거주했던 모리니 족의 표현을 통해서, 서방을 가르고 있는 라인 강과 동방의 세계를 부드럽게 적시고 있는 에우프라테스 강과 남방의 나일 강과 북방의 저 길들여지지 않은 야만의 아락세스 강(오늘날의 아르메니아 지역의 강으로 카스피해로 흘러들어간다)으로 지상의 동서남북을 아우르는 제국으로 로마를 위치시키고 있다.

---

dona recognoscit populorum aptatque superbis
postibus; incedunt victae longo ordine gentes,
quam variae linguis, habitu tam vestis et armis.
Hic Nomadum genus et distinctos Mulciber Afros,
Hic Lelegas Carasque sagittiferosque Gelonos
finxerat; Euphratesibatiammolliorundis,
extremique hominum Morini, Rhenusque bicornis,
indomitique Dahae, et pontem indignatus Araxes.

15

HUMANITAS

로마의 사회적 최소 공통성에 대하여

"고쳐야 할 것은 고쳐야 한다(mutatis mutandis)!"(로마 격언)

이를 실천하지 못해서 로마-공화국은 몰락했다. 그런데 로마-공화국의 몰락이 단순히 사회개혁 실패에서 기인했을까? 물론 개혁 실패에 있을 것이다. 하지만 더 근본적인 원인이 있지 않을까? 단도직입적으로 묻자. 로마의 사회개혁은 왜 성공하지 못했나? 일차적으로는 전 인민(populus totus)의 동의와 합의에 기초한 공통-의견의 수렴이 없었다. 그러나 당시 로마 상황에서 공통-의견의 수렴은 구조적으로 불가능했다. 로마는 단일 종족, 단일 언어, 단일 역사에 기초해 성립된 국가가 아니었고, 또한 이러한 상황에서 로마를 하나로 묶어주는 힘은 외세와 대립 속에서 생겨난 통합 이외에, 내적으로 귀족과 평민을 통합할 수 있는, 소위 공통의 이해와 가치에 대한 합의와 이를 실현할 수 있는 별도의 실천-프로그램도 없었기 때문이다. 즉, 공통화-프로그램이 없었기 때문이다. 최소 공통성(loci minimales)의 상실! 이것이 근본적으로 로마의 사회개혁 실패의 원인일 것이다.

'이것만은 고쳐야 한다. 그렇지 않으면, 공동체 전체가 붕괴된다'는 공통-준거로 작동하는 공통 가치와 이념에 대한 합의에 기반해서 사회적 개혁을 주도했다면, 개혁은 성공했을 것이다. 그러나 로마인은 그들 자신을 한 공동체의 구성원으로 묶어주는 가치와 이념 체계를 창출하지 못했다. 한 공동체의 구성원임을 보장해주는 최소한의 공통성을 그들은 확보하지 못했다. 그래서 한 나라 사람이지만 실은 딴 나라 사람들과 함께 살고 있는 지경에 이르게 되었다. 이런 로마를 내적으로 통합해낼 수 있는 프로그램에 대해서 고민했어야 했다. 그러나 로마는 고민하지 않았다. 공동의 소유, 공동으로 참여해서 운영하는 공동의 나라(res publica res populi)를 유지하고 지키기 위한, 곧 사회 통합을 위한 공통화-프로그램(Intergration)이 절대적으로 요청되었음에도, 이를 통해서 최소 공통성 확보를 위한 노력을 로마는 하지 않았다. 공통화-프로그램! 독자 여러분에게는 조금 낯선 개념일 것이다. 이 개념은 실천과 실현이 더디고 힘들어서 그렇지, 실은 어려운 말이 아니다. 예를 들어 설명하면 쉽겠다.

> 유구한 역사와 전통에 빛나는 우리 대한 국민은 3.1 운동으로 건립된 대한민국 임시 정부의 법통과 불의에 항거한 4.19 민주 이념을 계승하고, 조국의 민주 개혁과 평화적 통일의 사명에 입각하여 정의 · 인도와 동포애로써 민족의 단결을 공고히 하고, 모든 사회의 폐습과 불의를 타파하며, 자율과 조화를 바탕으로 자유 민주적 기본 질서를 더욱 확고히 하여 정치 · 경제 · 사회 · 문화의 모든 영역에 있어서 각인의 기회를 균등히 하고, 능력을 최고도로 발휘하게 하여, 자유와 권리에 따르는 책임과 의무를 완수하게 하여, 안으로는 국민 생활의 균등한 향상을 기하고 밖으로는 항구적인 세계 평화와 인류 공영에 이바지함으로써 우리

들과 우리들의 자손의 안전과 자유와 행복을 영원히 확보할 것을 다짐하면서 1948년 7월 12일에 제정되고 8차에 걸쳐 개정된 헌법을 이제 국회의 의결을 거쳐 국민투표에 의해서 개정한다.(1987. 10.29. 개정 헌법 전문)

대한민국 헌법 전문이다. 한 공동체가 추구하고 실현해야 할 가치와 이념을 균형 있게 잘 잡아낸 글이다. 예컨대, 이런 공통의 가치와 덕목에 대해서 로마는 숙고했어야 했다. 한 사회의 통합에 요청되는, 누구나 동의하고 인정할 최소한의 공통 가치를 도출해내기 위해서, 그들은 예컨대, 근본적으로 나란 무엇인가? 너와 나, 우리는 누구이고, 어떤 관계인가? 개인은 어떻게 성립하는가? 공동체는 어떻게 개인과 양립할 수 있는가? 이러한 문제들에 대해서 그리고 무엇이 행복인가?, 어떻게 사는 것이 의미 있는가? 등의 물음을 던졌어야 했다. 그러나 그들은 하지 않았다. 그런데 이러한 문제 제기는 인문학의 중심에 서 있는 물음이다. 그러나 이러한 인문학적 고민을 로마인들은 하지 않았다. 아니 하긴 했다. 그러나 너무 늦었다. 공화국이 몰락하기 직전에 혹은 공화국이 완전히 몰락하는 중에 키케로가, 혹은 공화국이 황제의 나라가 되어, 자유로운 공화국에 대한 그리움과 동경에서 예를 들면, 퀸틸리아누스와 타키투스가 묻기 시작했다.

공화정에서 황제정으로의 정체 변화로 자유로운 정치-연설가를 기르는 수사학은 실제 배움터인 광장에서 추방되어 학교 교실로 축소되고 만다. 이 축소는 이 변화에 따라 정치-연설가가 연설의 자유, 표현의 자유를 박탈당했다는 데에 그 원인이 있다. 이러한 현실 변화에 대해 퀸틸리아누스는 수사학의 몰락 원인을 다룬 것으로 추정되는

『타락된 연설의 원인에 대하여』를 저술하였지만, 아쉽게도 전해지지 않는다. 하지만 그는 『수사학 교육』에서 연설의 타락을 비판한다. 하지만 퀸틸리아누스는 사회-정치 제도의 변동을 문제 삼지는 않는다. 황제의 후원을 받고 있는 퀸틸리아누스에게는 어려운 일이었다. 이와는 대조적으로 타키투스는, 제정기에는 이전 시대와 비교해서 진정한 정치-연설가가 나오지 않고 연설다운 연설이 나오지 않는데, 그 원인이 어디에 있는지를 다른 각도에서 탐구한다. 이 탐구의 결과가 『연설가에 대한 대화』라는 작품이다. 자유-연설이 사라지게 된 원인과 관련해서 타키투스는 퀸틸리아누스와는 달리 잘못된 교육에 원인이 있는 것이 아니라 정치 제도에 있다고 생각한다. 이 점에서 퀸틸리아누스와 타키투스 사이에 있는 근본적인 차이가 드러난다. 퀸틸리아

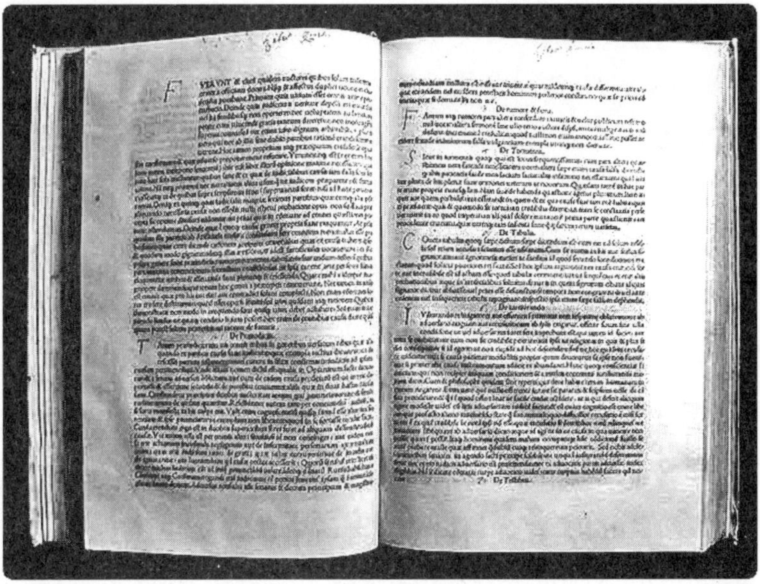

1482년 8월에 출판된 퀸틸리아누스의 『수사학 교육』(Bononiensis, 22 Oct. 1482). Folio. a—q8r12; [140] ff.)

누스는 교육을 통해 수사학의 몰락을 막을 수 있고 더 나아가 언젠가 정치 제도도 공화정으로 복원할 수 있다고 믿는 반면, 타키투스는 교육을 통한 개선을 신뢰하지 않았다. 수사학의 몰락은 잘못된 교육에 있는 것이 아니라 표현의 자유를 박탈한 일인-황제정에 있다고 확신했기 때문이다. 로마-공화국의 부활을 위한 이와 같은 방식의 학문적 반성과 탐구가 있었지만, 기원전 509년에 세워져 약 500년을 지속했던 로마-공화국은 역사의 무대에서 사라지고 만다.

하지만 완전히 사라진 것은 아니었다. 도서관에, 책 속에 살아 있었다. 로마-공화국의 몰락 이후 공화국 전통은 다시 부활하는데, 바로 르네상스 인문주의자들을 통해서였다. 이렇게 시작한다. 인간은 불쌍한 존재이고, 구원의 대상이며, 따라서 구원자 중심일 수밖에 없는 중세의 신본주의 세계관에서 "인간이란 경이롭고 위대한 무엇이다. 존경 받아야 하는 동물이다. 자신과 본성상 친연 관계인 악마(daimon) 일반을 알아볼 수도 있다. 그러나 인간은 스스로가 마치 신인 양, 신의 경지로도 승천할 수 있다"(피치노, 『플라톤 신학 주석』 1 137). 이렇게 인간에 대한 이해의 근본적인 전환-배경에는 플라톤의 영혼론이 깊게 자리잡고 있다. 개인(individuum)의 자각을 본격적으로 문제 삼은 사람은 페트라르카다. '자신에게로 돌아갈(ad se redire)' 것을 권했던 페트라르카의 생각은 신플라톤주의자 플로티누스의 사상에 뿌리를 두고 있지만, 거슬러 올라가면, 이는 아우구스티누스의 입장이다("밖으로 나가지 마라, 너 자신으로 돌아오라, 진리는 네 안에 있다," 『참된 종교에 대해서』 29, 202). 또한 "만약 로마라는 나라가 어떻게 세워지고, 어떤 입법가가 있었으며, 어떤 제도가 확립되었는지를 읽는다면, 우리는 놀랄 이유가 전혀 없을 것이다. 수백 년 동안, 어떤 탁월한 덕성이 이 나라를 지켜주었고, 먼 훗날 이 공동체로부터 세계 제국이 탄생했는지에 대해서 말이다(마키아벨리, 『로마사 논고』 제1장)"라는 문장에서 "읽는다면"의 목적어는 리비우스의 『로마사』이다. 리비우스를 읽으면서 마키아벨리는 공화정의 부활을 꿈꾼다. 또한 르네상스는 종교적 '관조의 삶(vita contemplativa)'이 중시되었던 천상의 세계에 머물던 인간을 정치적 실천을 중요하게 여기는 '활동의 삶(vita activa)'의 현장으로 끌어내린 시대였다. 이러한 전환을 가능케 한 힘의 원천은 예컨대 키케로와

PLATE XIV

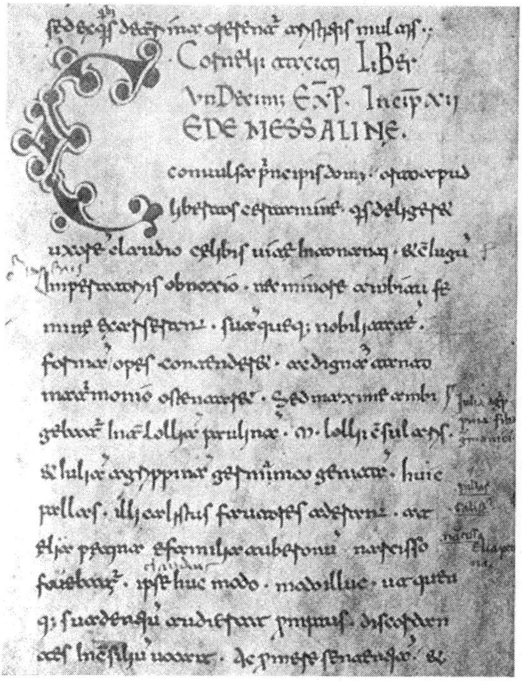

타키투스, 『역사』, 피렌체 메디치-라우렌치아 도서관 68. 2,fol 6. 뒷면.

같은 고대의 인문학자였다. 그는 삶의 한복판에서 '사람답게 사는 법(humaniter vivere)'에 대한 고민의 체계를 세운 사람이었다. 그의 관심사는 인간과 인간 사이에서 벌어지는 사건이며, 그의 최대 화두는 '인간답게 사는 것과 그 방법'이었다. 그래서 그는 인간의 이해와 삶의 양식과 관련해서 공동체 안에서 살아야 하는 시민이 알고 있어야 하는 공통의 가치에 대한 고민을 전개한다. 몰락하는 로마-공화국을 바라보면서 말이다. 아마도 다시 일어날 공화국을 위해서였던 것 같다. 예를 들면 이렇다.

인간 본성(natura humana), 인간조건(condicio mortalis), 인간성(natura hominis), 온유함(mansuetudo), 수양(cultus), 교양(doctrina), 지위(dignitas), 신의(fides), 경의(pietas), 정의(iustitia), 명예(honestas), 권위(gravitas), 덕성(virtus), 정직(integritas), 기지(lepos), 유머(facetiae), 세련(elegantia), 학식(eruditio), 교양(urbanitas), 지혜(sapientia), 절제(moderatio), 겸손(modestia), 공정(aequitas), 자비(clementia), 동정심(misericordia), 호의(benevolentia), 사교성(facilitas), 융통성(mollitudo), 통큼(liberatlitas).

이 덕목들은 르네상스를 거치면서 교양 시민이 배워 지녀야 할 공통 정신으로 재구성된다. 자기 검증성(probitas), 박애정신(misercordia), 관용정신(liberalitas), 교양(urbanitas)으로 말이다. 이 덕목들은 르네상스 인문학자 로렌초 발라(Lorenzzo Valla, 1406~1457)의 노력으로 다시 살아난다. 발라는 키케로의 시민론에 이성(ratio) 혹은 합리를 추가해 신으로부터 인간 이성 혹은 판단이 독립된 차원을 가지고 있음을 주장한다. 시민의 공통 정신과 르네상스의 인문 정신인 이성과 합리성에 기반해 발전해온 이러한 인문 정신이 소위 영국의 신사(Gentry)정신, 프랑스혁명 정신, 미국의 독립 정신이다.

그렇다. 결론은 인문학이었다. 로마-공화국의 몰락과 부활의 열쇠를 쥐고 있었던 것은, 바로 인문학이었다. 한 공동체를 통합하고 묶어주는 공통화-프로그램이 없어서 로마-공화국이 망했기에 그렇다. 그렇다면 이 대목에서 한 가지 묻자! 우리를 하나로 묶어주는 최소 공통성은 무엇일까? 유구한 단일 혈통 민족의 역사? 아니면 한국어? 이러한 요소는 외부 세계에 대해서 우리를 구별시켜 주고 우리의 현재를 가능케 하는 소중한 자산이다. 이것만으로는 급속도로 양극화-양분화 되고 있는 우리사회를 화합하고 통합하지 못한다. 예컨대 프랑스혁명 정신이 내포하고 있는, 자유, 평등, 박애와 같은 인류 보편의 최소 공통 가치에 대한 합의가 도출되어야 한다. 아니, 이러한 합의는 이미 있다. 우리의 헌법 전문을 보라! 우리에게 필요한 최소 공통 가치를 얼마나 명백하게 제시하고 있는가? 그렇다면 문제는 어디에 있는 것일까? 우리는 이러한 공통 가치가 시민의 가슴에 뿌리내리는, 곧 내면화 과정이 없었다. 그렇다면 이러한 공통-가치를 사회적으로 구체화하고 실현의 전제로 요청되는, 그러니까 그 가치를 시민의 가슴속에 내면화시키는 공통화-프로그램인, 인문학에 대해서 진지한 고민해야 할 때가 바로 지금이 아닐까?

16

HUMANITAS

로마의 문법 교육에 대해서

정복당한 그리스가 사나운 정복자 [로마]를 사로잡았고 야만스런 라티움에 학문을 가져다 주었다.[1](호라티우스, 『서간문』 2.1.156~157행).

"Carpe Diem(오늘을 즐겨라)"으로 우리에게 잘 알려진 로마의 시인 호라티우스(Horatius, 기원전 65년~8년)의 말이다. 이 말은, 로마가 힘으로 그리스를 정복했지만 역으로 그리스의 학문과 문화에 의해서 지배당했던 로마의 현실을 언급할 때 늘 인용되는 구절이다. 이 글에서는 정복당한 그리스가 정복자 로마를 어떻게 정복했는지를 소개하고자 한다. 이를 위해서 로마인의 교육을 담당했던 그리스 출신 노예들에 대한 이야기를 하고자 한다. 소수의 지식인을 제외하고, 로마인들이 자식의 교육에 관심을 갖게 된 것은 아주 우연한 사건에서 비롯되었다.

문(법)학을 로마에 처음으로, 내가 생각하기에는, 도입한 사람은 아리

1) Graecia capta ferum uictorem cepit et artes
intulit agresti Latio.

스타르쿠스의 학문적 맞수였던 크라테스 말로테스였다. 크라테스는 아탈로스 왕의 사절로 로마 원로원을 방문했는데, 이 시기는 제2차 포에니 전쟁이 끝나고 제3차 포에니 전쟁이 막 시작하는 그 사이였다. 그러니까 [시인] 엔니우스가 임종했던 즈음에 [로마에 온 셈이다]. 그는 [로마 근교의] 팔라티움 지역의 하수구에 빠지게 되었는데, 이때 그만 정강이가 부러졌다고 한다. 그는 사절 기간과 동시에 부러진 다리가 다시 붙는 동안 내내 많은 청중을 대상으로 강연을 지속적으로 했고 성실하게 강의에 임했는데, 이것이 우리 로마인이 모방하게 되는 모범 선례가 되었다.[2](수에토니우스, 『로마의 문법학자들』 제2장)

이렇게 스토아 철학의 대가였고 당대 지중해 세계의 최고 인문학자였던 크라테스(기원전 3세기)의 강연에 감동을 받은 로마인들의 마음속에서 문법(grammatica)과 문학에 대한 관심이 싹트게 되었고, 이러한 관심은 자식의 교육열로 이어졌다. 로마인들의 교육열은 날로 높아져만 갔는데, 이는 다음 인용에서 잘 나타난다.

이후 문(법)학에 대한 호의와 관심이 높아져 갔는데, 아주 저명한 인사

2) Primus igitur, quantum opinamur, studium grammaticae in urbem intulit Crates Mallotes, Aristarchi aequalis, qui missus ad senatum ab Attalo rege inter secundum ac tertium Punicum bellum sub ipsam Ennii mortem, cum regione Palatii prolapsus in cloacae foramen crus fregisset, per omne legationis simul et valitudinis tempus plurimas acroasis subinde fecit assidueque disseruit, ac nostris exemplo fuit ad imitandum. Hactenus tamen imitati, ut carmina parum adhuc divulgata vel defunctorum amicorum vel si quorum aliorum probassent, diligentius retractarent ac legendo commentandoque etiam ceteris nota facerent; ut C. Octavius Lampadio Naevii Punicum bellum, quod uno volumine et continenti scriptura expositum divisit in septem libros: ut postea Q. Vargunteius Annales Ennii, quos certis diebus in magna frequentia pronuntiabat; ut Laelius Archelaus Vettiasque Philocomus Lucilii satyras familiaris sui, quas legisse se apud Archelaum Pompeius Lenaeus, apud Philocomum Valerius Cato praedicant.

들도 자신들이 몸소 [문법]학에 대해 뭔가를 저술하는 것을 결코 꺼려 하지 않았다. [문(법)학을 배우려는 학생들로] 가득 찬 문(법)학 학교가 20곳이 넘게 성업했던 시기가 로마에 있었다고 전한다. 문(법)학 선생들의 몸값과 강의료도 천정부지에 이르렀다고 한다. 예컨대 라이비우스 멜릿수스가 이름을 빗대어 '판의 애인'이라 놀려댄 루타티우스 다프니스는 70만 냥(세스테르티우스)에 퀸투스 마르쿠스 카툴루스에게 팔렸다가 [노예신분에서] 풀려났다고 하고, 루키우스 아풀레이우스는 로마 출신으로 기사 신분에 [로마에서] 내노라하는 갑부였던 아이피키우스 칼비누스로부터 연간 40만 냥을 받고 오스카에서 [문법]을 강의하기로 했다고 한다. 이는 곧 문법이 속주에까지 확산되고 있음을 보여준다. 아주 저명했던 [문법] 학자 중 몇몇은 국외에서 가르치기도 했는데, 특히 알프스 이남 지역에서 그랬다고 한다. 이들 중에 옥타비우스 테우케르와 페스켄누스 이악쿠스와 옵피우스 카레스를 손에 꼽을 수 있다. 특히 옵피우스 카레스는 죽기 직전까지 교편을 놓지 않았는데, 이미 제대로 걷지도 보지도 못할 지경이었음에도 [문(법)학을] 가르쳤다고 한다.[3](수에토니우스, 『로마의 문법학자들』 제3장)

인용은 이제 문법과 문학이, 즉 인문학이 '돈이 된다'는 것을 로마

---

3) Posthac magis ac magis et gratia et cura artis increvit, ut ne clarissimi quidem viri abstinuerint quo minus et ipsi aliquid de ea scriberent utque temporibus quibusdam super viginti celebres scholae fuisse in urbe tradantur; pretia vero grammaticorum tanta mercedesque tam magnae, ut constet Lutatium Daphnidem, quem Laevius Melissus per cavillationem nominis Panos agasma(Panos agapema) dicit, DCC.(septingentis) milibus nummum a Q. M.(M.) Catulo emptum ac brevi manumissum, L. Apuleium(Appuleium) ab Eficio (Aeficio) Calvino equite Romano praedivite quadringenis annuis *conductos(conductum) multos edoceret(ut Oscae doeceret). Nam in provincias quoque grammatica penetraverat, ac nonnulli de notissimis doctoribus peregre docuerunt, maxime in Gallia Togata, inter quos Octavius Teucer et Pescennius Iaccus (Pescennus Iacchus) et Oppius Chares – hic quidem ad ultimam aetatem et cum iam non ingressu modo deficeretur sed et visu.

인들이 알게 되었음을 잘 보여준다. 그러자 어떤 이들은 남의 책을 자신의 이름으로 출판하는, 이른바 도작(盜作) 행위까지 서슴지 않았다. 요즈음 문제가 되고 있는 이른바 표절 시비의 원조에 해당하는 사건이 로마에서 벌어지는데, 이렇다.

> 모든 [연관] 부분을 [체계화해서] 문법을 정립시키고 성장시킨 사람은 루키우스 아일리우스 라누비누스와 그의 사위 세르비우스 클로디우스이다. 두 사람은 모두 기사 신분이었고 로마 출신이었는데, 그들은 학문에 있어서 박학다식했으며 공공 활동에 있어서도 다양하고 활발한 행보를 보였다. [장인] 아일리우스에게는 두 개의 별칭이 있었다. 하나는 프라이코니우스인데, 그의 아버지가 공보직(公報職)을 수행했다 해서 얻은 칭호이고, 다른 하나는 스틸로(Stilo, 철필)이다. 이 칭호는 부탁한 이가 상류 귀족이면 누구이든지 간에 연설문을 대필해주었다 해서 얻은 별명이다. 그의 귀족파에 대한 열렬한 지지는 메텔루스 누미디쿠스의 국외 추방 길을 동행했다는 점에서 잘 드러난다. [사위] 세르비우스는 장인의 저술을 자신의 저작인 양 도작(盜作)하려 들었다가 발각된 사람이었다. 이로 말미암아 그는 [가는 곳마다] 문전박대(門前薄待) 당했으며, 창피함과 혐오감을 못 이겨 로마를 떠나 낙향했다. 그는, 발가락 통풍(通風)에 걸렸는데, 통증을 참다 못해 발가락에 독을 [약으로] 발랐다가 중독되어 치명상을 입었고, 신체 일부가 마비되어 반신불수로 거의 반사(半死)의 상태로 생을 유지했다고 한다.[4](수에토니우스,

4) [3] Instruxerunt auxeruntque ab omni parte grammaticam L. Aelius Lanuvinus generque Aelii Ser. Cloduis, uterque eques Ro. multique ac varii et in doctrina et in re p. usus. Aelius cognomine duplici fuit; nam et Praeconinus, quod pater eius praeconium fecerat, vocabatur, et Stilo, quod orationes nobilissimo cuique scribere solebat; tantus optimatium fautor, ut Metellum Numidicum in exilium comitatus sit. Servius cum librum soceri nondum editum fraude intercepisset, et ob hoc repudiatus pudore ac taedio secessisset ab urbe, in podagrae morbum incidit; cuius impatiens veneno sibi perunxit pedes et enecuit ita, ut parte ea corporis quasi praemortua viveret.

『로마의 문법학자들』 제3장)

사실 로마인이 교육에 관심을 가지게 된 이유는 따로 있었다. 오랜 전쟁을 끝낸 로마를 이끌 사람으로 전쟁 기술에 뛰어난 능력의 소유자보다는 말 기술(oratio)로 사회적 갈등을 조정하고 사회를 이끌고 갈 수 있는 자들이 사회적으로 요청되는 계제에 로마가 들어섰기 때문이었다. 자연스럽게 '말 잘하는 사람(orator)'이 출세하는 세상이 되어버린 것이었다. 이러한 시대의 변화에 부응해서 로마인들은 자식의 출세를 위해서 교육에 전폭적인 투자를 하기 시작했다. 일부 돈 많은 유력가 집안은 그리스에서 최고의 학자를 독선생으로 모시기도 했다. 이와 관련해서, 가장 비싼 사교육을 받은 사람은 아마도 키케로일 것이다.

> 그런데 내가 (아마도 키케로) 철학 공부를 하게 된 것은 갑작스러운 일이 아니었네. 나는 어린 시절부터 결코 모자라지 않은 노력과 정성을 철학 공부에 쏟아 부었다네. [공부의] 진척 상황이 아주 보잘것없다고

로마의 교실 풍경

로마인들의 필기구

생각했으나 실은 가장 많은 철학 공부를 나는 한 셈이었네. 왜냐하면 나의 연설은 철학자들의 견해에 기초해 나오는 것들이고 그 안에는 가장 학식 높은 분들의 우정이 깃든 것들이기에 그렇다네. 그 시절 우리 집은 철학자들로 백화만발(百花滿發)했다네. 저 최고의 선생님 디오도투스, 필론, 안티오쿠스, 포시도니우스가 나의 스승이셨다네.[5](키케로, 『신들의 본성에 대하여』 제1권, 6장)

그러나 대부분의 로마 시민들은 자식들의 교육을 그리스 출신 노예에게 맡겼다. 자식의 교육을 노예에게 맡긴다는 것은 어찌 보면 이상하게도 보이겠지만, 어쩔 수 없는 현실이었다. 로마 정신의 가난함

5) [6] Nos autem nec subito coepimus philosophari nec mediocrem a primo tempore aetatis in eo studio operam curamque consumpsimus et, cum minime videbamur, tum maxime philosophabamur; quod et orationes declarant refertae philosophorum sententiis et doctissimorum hominum familiaritates, quibus semper domus nostra floruit, et principes illi Diodotus, Philo, Antiochus, Posidonius, a quibus instituti sumus.

때문이었다. 어찌 되었든, 이렇게 교육에 대한 로마인의 관심이 높아짐에 따라 이른바 '치맛바람' 현상도 나타나는데, 이는 다음과 같다.

> 또한 책 제목이 『억지에 대해서(*Peri alogias*)』인 저술에서 오르빌리우스가 부모들의 극성과 [반대로] 지나친 무관심으로 인해 교사들이 겪어야 했던 부당함에 대해서 불만을 토로한 데에서도 [잘 드러난다].[6](수에토니우스, 『로마의 문법학자들』 제9장))

그런데 재미있는 것은 교육열이 높아짐에 따라 로마의 학교에서는 진풍경이 펼쳐졌는데, 다름 아닌 노예 출신의 교사가 자식을 두들겨 패도 부모들이 이를 수긍하고 인정했던 점이다. 다음은 당시 로마 교사의 폭력이 어느 정도인지를 보여준다.

> 오르빌리우스의 신랄함은 학생들을 다룰 때에도 유감없이 위력을 발휘했다고 한다. 예컨대 호라티우스는 그를 '미친 몽둥이(狂木)'이라 부른다. 아울러 도미티우스 마르수스도 쓰기를, "누가 되었든 오르빌리우스는 몽둥이와 채찍으로 [휘갈겨] 큰 대(大)자로 눕혔다네. (수에토니우스, 『로마의 문법학자들』 제9장)

정복당한 노예가 정복한 주인을 다시 정복하고 있는 순간인 셈이다. 어마어마한 변화이다. 눈에 넣어도 아프지 않을 자식들을 노예가 큰 대(大)자로 때려 눕혀도 로마인들은 이를 받아들일 수 밖에 없었

6) Librum etiam cui est titulus Perialogos(Peri alogias) edidit continentem querelas de iniuriis quas professores neglegentia aut ambitione parentum acciperent.

다. 왜냐하면 그들은 자신의 자식들을 직접 교육할 만한 역량의 소유자가 아니었기 때문이었다. 그들은 정신의 양식인 인문학을 자신들의 언어인 라틴어로 연구해본 적이 없었고, 따라서 자신들의 아이들에게 읽힐 만한 라틴어 텍스트도 전무한 상태였다. 그래서 그들은 정신 문화의 선진국인 그리스의 텍스트를 받아들일 수 밖에 없었다. 그러다 보니 그리스인을 노예가 아닌 선생으로 모시는 것은 또한 당연한 일이었다. 이는 로마가 정신적으로 너무 가난했기 때문에 비롯된 일이었다.

이렇게, 역설적이지만, 로마의 정신적 가난을 극복하는 데 앞장섰던 사람들은 정복당한 그리스 출신의 노예였다. 이러한 그들의 공적 때문에 노예 출신 교사를 대하는 로마인들의 태도도 변하는데, 이는 로마인들이 노예 출신이었지만 로마의 교육에 큰 기여를 한 플라쿠스를 기리기 위해 그가 죽은 뒤, 도시의 광장에 세워 준 기념 동상에서 잘 드러난다. 이에 대한 전거는 다음과 같다.

> 마르쿠스 베리우스 플라쿠스는 해방 노예의 후예로 특히 강의 방식으로 명성을 휘날렸다. 학생들의 재능을 훈련시키기 위해서 경쟁 체제를 도입했는데, 학생들로 하여금 글을 작성하도록 주제를 미리 제시하였을 뿐만 아니라 상품(賞品)을 걸어 우승자가 가져가도록 했다고 한다. 상품은 어떤 미장(美裝)의 희귀 고서였다. 이런 [명성] 덕분에 아우구스투스는 그를 자기 손자들의 선생으로 삼았다. 그러자 그는 학교 전체를 팔라티움으로 이사했다. 그러나 이후 더 이상 다른 학생들은 받지 못했다. 당시는 팔라티움의 일부였던 카툴루스의 집 안마당에서 강의가 이루어졌고, 강의료는 년간 10만 세스테르티우스를 받았다. 세월이 준 인생의 몫을 다 채우고 티베리우스 황제 때에 세상을 하직했다. 프라이네

스테 도시에 있는 광장의 가장 높은 곳에 동상이 세워졌고 주변에 반원형의 의자가 마련되었고, 그 곳에는 플라쿠스의 강의 계획표가 대리석 벽에 새겨져서 강의 일정을 알리고 있다.[7](수에토니우스, 『로마의 문법학자들』 제17장)

---

7) M. Verrius Flaccus libertinus docendi genere maxime claruit(inclaruit). Namque ad exercitanda discentium ingenia aequales inter se committere solebat, proposita non solum materia quam scriberent, sed et praemio quod victor auferret. Id erat liber aliquis antiquus, pulcher aut rarior. Quare ab Augusto quoque nepotibus eius praeceptor electus, transiit in Palatium cum tota schola, verum ut ne quem amplius posthac discipulum reciperet; docuitque in atrio Catulinae domus, quae pars Palatii tunc erat, et centena sestertia in annum accepit. Decessit aetatis exactae sub Tiberio. Statuam habet Praeneste, in superiore fori parte circa hemicyclium, in quo fastos a se ordinatos et marmoreo parieti incisos publicarat.

17

HUMANITAS

로마의 수사학 교육에 대해서

못돼먹은 까마귀(코락스)에, 못돼먹은 새끼로군!(섹스투스 엠피리쿠스, 『선생들에 대항하여』, 제2권 99)

이 말은 그리스 사람들이 로마 교육의 중추를 담당했던 수사학(rhetorica)을 시작했다는 코락스와 그의 제자 티시아스에게 퍼부은 욕설이다. 처음부터 욕설을 들어먹으면서 시작한 수사학은 로마로 수입되어서 교육 과정으로 정착되는데, 이 과정은 두 단계로 구성되었다. 먼저, 프로김나스마타(progymnasmata)라는 과정이 있다. 이는 우리의 초등학교에 해당하는 교육과정이다. 이 과정에서 학생은 듣기, 읽기, 쓰기, 말하기의 기초를 배운다. 수업은, 우화(fabula), 동화, 역사(historia)에서 발췌한 이야기를 짧게 재구성해서 교사가 학생에게 구술하면, 학생은 이를 듣고서 그대로 재생-발표하는 방식으로 진행된다. 이 훈련을 통해서 학생은 듣는 훈련을 하고 동시에 줄거리를 재구성하는 연습을 한다. 줄거리 재구성 연습은 텍스트를 단순하게 반복하는 재생 훈련에 그치는 것이 아니라, 이야기의 논증 구조(argumenta) 분석 훈련 과정으로 이어진다. 듣기 훈련에 이어, 학생은 사실묘사 혹은 사건 재구성 훈련(narratio)을 한다. 사건 재구성 훈련에서는 사실을 객관적으로 분명하고도 간략하게 서술-묘사하여 사건을 실제처럼 생생하게 재현(representatio)하는 훈련을 한다. 이 과정을 거치면, 학생은 말하고자 하는 주제와 화제를 보편적 관점(thesis)에서 취급하는 훈련 과정으로 나아가게 된다. 이 과정에서 학생들은, 예를 들면 공통적으로 통용되는 주제와 개념(loci communes)을 추출하는 훈련을 하는데, 이 과정을 통해서 학생은 보편적으로 사고할 수 있는 방식을 체계적으로 배운다. 이와 병행해서 학생은 구체적인 사건(hypothesis)을 취급하는 훈련도 함께 받는다. 이 과정을 통해서 학생들은 구체적인 사건과 행위 안에 담겨있는 보편적인 주제와 내용을 분석하고 추출해, 이를 자신의 연설과 대화 중에 자신의 주장을 강화시키거나 혹은 남의 주장을 반박하는 데에 직접 적용하는 연습을 한다. 이와 같은 교육과정을 거치면서 학생은 원칙과 상식에 입각해 자신의 주장을 펴고 사안에 대해서 비판적으로 접근할 수 있는 판단 능력을 습득하게 된다. 이는 오늘날에도 그대로 유지되고 있는데, 예를 들면 미국 대학의 에세이 쓰기, 프랑스 대학의 '바칼로레아', 독일 대학의 '아비투어'가 바로 그 예이다. 우리나라에서도 근래에 도입된 '논술'도 실은 이 목적을 구현하기 위한 시험 제도이다.

프로김나스마타 과정을 마치고 나면, 김나스마타(gymnasmata, 중등교육) 과정에서 공부하게 된다. 이 과정에서 학생은 자신이 앞으로 담당하게 될 공적 역할, 곧 공인(公人) 역할의 수행에 필요한 능력과 삶을 영위하기에 필요한, 그러니까 직업인으로서 습득해야 할 기술을 배우게 된다. 주로 공적 자리에서 '말 잘하는 법'을 배우는 것인데, 곧 연설하는 법을 배운다. 교육 방식은 가상의 광장에서 혹은 가상 법정에서, 가상의 원로원 의원으로서 혹은 가상의 변호사로서, 가상의 주제를 놓고 가상 논쟁을 벌이는 과정으로 구성된다. 이는 두 분야로 나뉘는데, 하나는 가상 청중과 가상 의원을 설득시키는 훈련(suasoria)을 하는 연습이다. 이 연습에서 학생들은 주로 정책 제안-설득이나 반박-설득을 연습한다. 다른 하나는 논쟁훈련(controversia)인데, 이는 자신의 주장과 의견이 상대방의 주장이나 의견과 충돌하거나 경쟁할 때, 남의 의견을 어떻게 반박해야 하는지를 연습하는 과정이다. 이 과정은 일종의 모의토론 연습으로, 학생은 주로 가상의 모의법정 논제들을 다룬다. 이 문제를 다루는 중에 학생은 집중적으로 일반화능력(Verallgemeinungsfähigkeit)을 획득하기 위해 노력한다. 이 능력은 특히 법정 연설에서 절대적으로 필요한 능력이기에 그렇다. 당시 로마의 수사학자들은 이 능력을 두 개의 전문영역으로 나누어 설명하는데, 이에 대해서는 이미 앞에서도 잠깐 언급했다. 하지만 이해를 돕기 위해서 예를 들어 설명하고자 한다. 그러니까, 저 두 영역 중의 하나가 일반조항(thesis)을 다루는 분야이고, 다른 하나가 구체사건(hypothesis)을 다루는 분야이다. 일반조항은 시간과 인물이라는 특정표지의 제한을 받지 않는 보편 차원에서 논의되는 주제들이다. '감각적 사실은 진리로 받아들일 수 있는가?' 혹은 '법은 자연에서 기원하는가 아니면 관습에 속하는가' 식의 문장이 소위 일반조항의 예에 속한다. 반면에 구체사건이란 특정시간과 특정인물의 규정을 받는 것이다. '오레스테스가 어머니 클리타임네스라를 살해한 것은 정당하고 적법한가?' 식의 문제제기가 한 예이다. 그런데 구체사건은 법률의 '일반조항'에 의해서 해석되고 평가되는데, 이 해석-평가의 작업이 바로 '구속' 여부를 따지는 과정이다. 이 작업-과정이 실은 구체사건 안에 자리 잡고 있는 보편적, 일반적, 추상적 규범과 가치를 찾아내고 발견하는 일에 해당한다.

그런데 법정 공방은 원고와 피고의 공격과 방어로 이루어진다. 그래서 학생들은 김나스마타 과정에서 '말로 싸우는 방식'에 대한 훈련을 하게 되는데, 이 과정은 다음과 같다. 우선, 원고와 피고의 법정 공방 사이에는 전선(戰線)이 형성되는데, 이 전선은 크게 네 가지로 구분된다. 사건-확정(factum) 자체를 놓고 벌이는 사건이 일어났는지 아닌지, 사건에 연관되었는지 아닌지를 논하는 추정단계(coniectura)가 첫 번째이고, 사건이 확정되면 그 사건의 정의 혹은 이름 붙이기를 놓고 다투는 정의단계(definitio)가 두 번째이며, 이어 사건 혹은 행위가 정당한지 아닌지 적법한지 아닌지를 논하는 성격규정단계(qualitas)가 세 번째이고, 재판 진행의 일정이나 책임전가 여부 가능성 및 법률 조항 해석 문제를 놓고, 그러니까 사건 자체가 아니라 사건 밖의 조건이나 이유 때문에 공방이 전개되는 전가단계(translatio)가 네 번째이다. 이 네 단계 전선에서 벌어지는 법적 공방 일반을 다루는 이론을 로마인들은 쟁점구성론(ars status)이라 칭한다. 이와 같은 교육 과정을 통해서 학생들은 법정에서 자신의 사건이든 의뢰인의 사건이든, 주어진 법정 사건에서 자신과 의뢰인을 지켜 줄 수 있는 능력을 획득하게 된다.

공정함과 평등을 원칙으로 하는 정의의 여신상

결론적으로 로마의 학생들은 프로김나스마타와 김나스마타라는 교육 과정을 통해 한 시민으로서, 한 사회인으로서, 직업인으로서 어떻게 살아가야 하는지에 대한 기본 소양을 배우고 익혔다. 이렇게 앞에서 언급한 과정 및 방식으로 로마의 교육을 책임지게 될 학교가, 그러니까 오늘날 '로스쿨'에 해당하는 교육 기관인 '수사학 학교'가 로마에 설립된 해는 기원전 93년이었다. 그런데 이 학교의 교육 방식은 설립 초기부터 사회적 물의를 일으켰다. 이에 대한 역사학자 수에토니우스의 말을 들어보자.

> 루키우스 플로티우스 갈루스. (중략) '어린 시절 기억에 따르면 라틴어로 [수사학]을 가르쳤던 최초의 선생이 플로티우스라 불리는 사람이었다네. [학생들은 죄다] 이 선생에게 몰려갔으며 이 선생의 지도하에 모

두 학생들은 각기 최선을 다해 [연습]과 훈련을 받았다네. 나도(아마도 키케로) 그 때 이 선생의 제자가 되기를 간절히 바랐으나 [어른들이] 허락하지 않아 무척이나 가슴 아팠다네. 당시 최고의 학덕을 지니셨던 어른들의 권위에 눌려 어찌할 수 없었다네.[1](수에토니우스, 『로마의 문법학자들』 제26장)

인용은 로마에서 처음 세워진 수사학 학교가 흥행에 성공하여 '대박을 터뜨렸음'을 전해준다. 그런데 인기 절정의 '수사학 학교'에 대해서 사회 일각에서는 우려의 목소리도 동시에 커졌다고 한다. 이유인 즉, "라틴어 수사학 강의는 사람을 만드는 교육 혹은 인간이 되게 하는 데 가치 있는 학식"[2](『연설가에 대하여』 제3권 93장~94장)을 가르치지 않고 단지 혀의 훈련만 제공하고 뻔뻔함만 키우는 기술만을 가르치는 나쁜 교육이라고 한다. 그래서 기원전 92년에 수사학 학교의 폐교 명령이 내려지는데, 이 명령-고시를 내린 사람이 수에토니우스가 말하는 소위 '최고의 학덕'인 크라수스다. 본인 스스로가 가장 뛰어난 변호사였고, 그래서 변호사를 양성하는 학문이었던 수사학을 옹호한 학자였던 크라수스였기에, 그의 폐교 명령은 얼른 보기에 이상하다. 하지만 폐교 고시의 배경에는 당시 갈루스의 수사학 학교의 교육 방식이 공화정의 장래를 위태롭게 하고 어린 학생들의 내면 세계를 말살하는 것이라는 판단이 자리잡고 있었다. 당시 갈루

---

1) L. Plotius Gallus. De hoc Cicero in epistola ad M. Titinnium sic refert: Equidem memoria teneo, pueris nobis primum Laline docere coepisse Plotium quendam. Ad quern cum fieret concursus, quod studiosissimus quisque apud eum exerceretur, dolebarn mihi idem non licere. Continebar autem doctissimorum hominum auctoritate, qui existimabant Graecis exercitationibus ali melius ingenia posse.

2) doctrinam aliquam et humanitate dignam scientiam

스의 학교에 몰려들었던 학생들은 오로지 혀 놀림을 통해서 큰 돈을 벌 수 있는 변호사가 되는 길에만 관심을 쏟아 부었기 때문이었다. 이는 로마-공화국과 로마의 공동체 정신을 무너뜨리고 어린 학생의 영혼을 말살하는 결과로 이어질 수도 있는 상황이었다. 어찌 되었든 크라수스의 우려는 현실로 입증되었다. 실제로 인문 교육은 황폐화되었으며, 이는 로마 공화국의 몰락과 직결되었기 때문이다. 어쩌면 이 문제는 법정수사학의 태생적 한계일지도 모르겠다. 그러면, 법정수사학이 처음 태동했을 때로 돌아가 보자. 여러분의 생각은 어떤가. 적어도 크라수스의 폐교 고시가 결코 상식에 어긋난 결정은 아닐 것이다.

> 연설의 기술에 대한 열정을 가진 한 젊은이(아마도 티시아스)가 코락스를 찾아 와, 자신의 첫 번째 소송에서 이기게 해주는 조건이라면, 그가 얼마로 정하든 수업료를 그에게 다 지불하겠노라고 약속했다. 그들 사이엔 합의가 이루어졌다. 이어 그 젊은이가 충분한 능력을 발휘하게 되었을 때, 코락스는 수업료를 요구했다. 하지만 젊은이는 거절했다. 결국 그들은 함께 사건의 판결을 위해 둘 다 법정에 출두하였다. 사람들이 말하는 바에 따르면, 그때 코락스가 먼저 다음과 같은 논증을 이용했다고 한다. 그는 자신이 이기든 지든, 그 청년이 수업료를 지불해야만 한다고 확언했다. 만약 그가 이기면, 그가 이겼기 때문에 그 청년은 수업료를 지불해야만 한다. 그리고 그가 지더라도, 합의한 내용에 의거해서 그 청년은 수업료를 지불해야만 하는데, 상대방이 첫 번째 소송에서 이기게 해주는 조건이라면 그에게 수업료를 지불하겠노라고 합의했었고, 이제 그가 바로 지금 소송에서 이겼을 경우에 그는 약속을 이행해야만 하기 때문이다. 재판관들은 코락스가 옳다고 탄성을 질렀다. 그러나 젊은이는, 발언권을 얻자, 아무 것도 바꾸지 않고 똑같은 논증을

사용했다. “제가 이기든, 제가 지든, 저는 코락스 선생에게 수업료를 지불하지 않아도 됩니다. 제가 이기면, 제가 이겼기 때문에 수업료를 지불하지 않아도 되고 그리고 제가 지더라도 합의된 내용에 의거해서 수업료를 지불하지 않아도 되는데, 제가 저의 첫 번째 소송에서 이기게 되는 조건에서만 선생님에게 수업료를 지불하겠노라고 약속했기 때문입니다. 이제 제가 바로 지금 소송에서 진다면, 저는 그 수업료를 지불하지 않아도 되는 것입니다”라고 말했다. 그러자 그 두 사람이 기술적으로 만들어낸 연설이 똑같은 논증의 힘을 갖고 있었으므로, 배심원들은 결정을 내리지 못하고 혼란에 빠진 배심원들은 그 두 쪽 다 법정에서 내쫓으며 이렇게 호통을 쳤다. “못돼먹은 까마귀(코락스)에, 못돼먹은 새끼로군!”(코락스는 일반명사일 경우 그리스말로 “까마귀”를 뜻한다)[3](섹스투스 엠피리쿠스, 『선생들에 대항하여』, 제2권 97~99)

---

3) 섹스투스 엠피리쿠스, Math 2.97.1−2.99 νεανίας γὰρ πόθῳ ῥη τορικῆς κατασχεθεὶς προσῆλθεν αὐτῷ τὸν ὁρισθησόμενον ὑπ´ αὐτοῦ μισθὸν δώσειν ἐπαγγελλόμενος, ἂν τὴν πρώ την νικήσῃ δίκην. συμφωνίας δὲ γενομένης, καὶ τοῦ μει ρακίου ἱκανὴν ἕξιν ἐμφαίνοντος ἤδη, ὁ μὲν Κόραξ ἀπῄτει τὸν μισθόν, ὁ δ´ ἀντέλεγεν. ἀμφότεροι δὲ παρελθόντες εἰς τὸ δικαστήριον ἐκρίνοντο, ὅτε καὶ πρῶτόν φασι τὸν Κόρακα τοιαύτῃ τινὶ χρῆσθαι ἐπιχειρήσει, λέγοντα ὡς ἐάν τε νικήσῃ ἐάν τε μή, λαβεῖν ὀφείλει τὸν μισθόν, νι κήσας μὲν ὅτι ἐνίκησεν, λειφθεὶς δὲ κατὰ τὸν τῆς συμφω νίας λόγον· ὡμολόγησε γὰρ αὐτῷ ὁ ἀντίδικος ἀποδώσειν τὸν μισθὸν ἐὰν τὴν πρώτην νικήσῃ δίκην, ἣν αὐτόθεν νι 2.98 κήσας ὀφείλει τὴν ὑπόσχεσιν χρεολυτεῖν. θορυβησάντων δὲ τῶν δικαστῶν ὡς δίκαια λέγοντος αὐτοῦ, παραλαβὼν κήσας ὀφείλει τὴν ὑπόσχεσιν χρεολυτεῖν. θορυβησάντων δὲ τῶν δικαστῶν ὡς δίκαια λέγοντος αὐτοῦ, παραλαβὼν τοὺς λόγους ὁ νεανίας τῷ αὐτῷ ἐπιχειρήματι, μηδὲν μεταθείς, ἐχρῆτο· ἐάν τε γὰρ νικήσω φησὶν ἐάν τε νικηθῶ, οὐκ ὀφείλω τὸν μισθὸν ἀποδοῦναι Κόρακι, νική σας μὲν ὅτι ἐνίκησα, λειφθεὶς δὲ κατὰ τὸν τῆς συμφωνίας λόγον· ὑπεσχόμην γὰρ ἀποδώσειν τὸν μισθὸν ἐὰν τὴν 2.99 πρώτην νικήσω δίκην, λειφθεὶς δὲ οὐκ ἀποδώσω. εἰς ἐποχὴν δὴ καὶ ἀπορίαν ἐλθόντες οἱ δικασταὶ διὰ τὴν ἰσο σθένειαν τῶν ῥητορικῶν λόγων ἀμφοτέρους ἐξέβαλον τοῦ δικαστηρίου, ἐπιφωνήσαντες τὸ ἐκ κακοῦ κόρακος κακὸν ᾠόν.

18

HUMANITAS

이상적 연설가에 대하여

마치 혀와 심장을 분리하는 것과 같이, 한 무리는 지혜만을, 다른 무리는 말하기만을 가르친다.(키케로, 『연설가에 대하여』 제3권 61장)

말, 말, 말! 말로 흥하고 말로 망하는, 그야말로 말의 시대다. 이 말 많은 '말'에 대해서 로마를 대표하는 원로 지성이 기원전 91년 9월, 이탈리아의 투스쿨룸에 모여 나누었던 대화를 소개하고자 한다. 먼저, 이 대화의 주인공인 크라수스(기원전 140~91년)는 '말의 힘'에 대해서 다음과 같이 자신의 입장을 피력한다.

한 걸음 더 나아가 [무고한] 탄원자에게 구원의 힘을 주고, 절망에 빠진 이에게 용기를 북돋워주며, 안전을 제공하고, 위험으로부터 벗어나게 해서, 국가의 울타리로 사람들을 지켜주는 일처럼, 그렇게 군주의 품위를 보이고 관대하며 후덕한 경우가 있다면 도대체 무엇인가? 한편 자신을 보호할 수 있기도 하고 경우에 따라선 흉악한 모리배들을 공격할 수도 있으며 상처 입은 자신의 복수를 위해서 사용할 수 있도록 몸에 항상 지니고 다녀야 하는 무기로 [말]보다 더 중요한 필수품이 있다면 과연 무엇인가? 자 그러면, 머릿속이 온통 광장과 법정과 민회와 의

회의 일로 가득 차 있지 않도록 여가 중에 할 수 있는 일로 재치와 기지로 가득 찬 대화와 어떤 종류의 화제에도 세련되게 참여할 수 있는 것보다도 더 교양인의 품격에 어울리고, 더 유쾌한 일이 있다면, 그것은 무엇일까? 바로 이 점에서, 곧 우리가 서로 대화를 나누고 우리의 생각을 말로 표현할 수 있다는 점에서 우리 인간이 특히 다른 짐승들보다 우월한 존재이기 때문일세. 따라서 이 점에 대해서 놀라는 것이 당연한 일인데, [말하기 능력을] 대수롭지 않게 여기는 사람이 도대체 누구인가? 무엇보다도 바로 이 능력 때문에 인간이 짐승보다 우월한데, 이 능력에서 [다른] 사람보다 더 뛰어난 이가 되는 일에 최선을 다해야 하는 일에 대해 [이의를 제기할 사람이 도대체 누구인가?] 흩어진 사람들을 한자리에 모으고, [그들을] 야만의 거친 삶에서, 이곳 로마처럼, 사람답게 살 수 있는 문화와 문명의 세계로 이끌 수 있었던, 또한 국가가 이미 세워졌을 때, 입법과 사법 그리고 법에 입각한 권한과 법이 보장한 권리에 대한 규정과 틀을 마련하고자 할 때, 어떤 다른 힘이 가능했을까?[1](키케로, 『연설가에 대하여』 제1권 32~33장)

크라수스에 따르면, 말은 우선 생존을 위해 갖추어야 할 무기이자 필수품이다. 또한 말은 삶을 아름답게 채워주는 교양을 담고 있는 창고이다. 아울러 말은 인간이 다른 동물과는 달리, 사람답게 살 수 있

1) [32] Quid tam porro regium, tam liberale, tam munificum, quam opem ferre supplicibus, excitare adflictos, dare salutem, liberare periculis, retinere homines in civitate? Quid autem tam necessarium, quam tenere semper arma, quibus vel tectus ipse esse possis vel provocare integer vel te ulcisci lacessitus? Age vero, ne semper forum, subsellia, rostra curiamque meditere, quid esse potest in otio aut iucundius aut magis proprium humanitatis, quam sermo facetus ac nulla in re rudis? Hoc enim uno praestamus vel maxime feris, quod conloquimur inter nos et quod exprimere dicendo sensa possumus. [33] Quam ob rem quis hoc non iure miretur summeque in eo elaborandum esse arbitretur, ut, quo uno homines maxime bestiis praestent, in hoc hominibus ipsis antecellat? Vt vero iam ad illa summa veniamus, quae vis alia potuit aut dispersos homines unum in locum congregare aut a fera agrestique vita ad hunc humanum cultum civilemque iura describere?

도록 문화와 문명을 가능케 해 준 힘이고, 마지막으로 말은 국가라는 제도가 성립하기 위한 기본 매개-토대이다. 따라서 말은 잘 해야 하고, 말 잘함(oratio)에 대한 공부(bene dicendi)도 또한 장려해야 한다는 것이 크라수스의 입장이다. 그러나 이러한 크라수스의 주장을 그의 장인이었던 스카이볼라(기원전 168/160~87(?))는 다음과 같이 일축한다.

> 처음에 사람들은 산과 숲에 흩어져 살고 있었는데, 그들이 도시의 성벽을 울타리로 삼아 안전하게 보호받을 수 있게 된 것은 그들이 달변가의 언술에 길들여졌기 때문이지, [그렇게 살지 않으면 안 된다는] 현자들의 지혜에 의해서 강제되었기 때문이 아니라는 자네의 주장에 도대

로마 정치가 키케로의 스승으로,
이상적 연설가 모델을 처음으로 제안한 크라수스
(독일 괴팅엔 대학 고고학 연구소 소장)

체 누가 동의할 수 있을까? 혹은 국가의 수립이나 보존과 관련해서 진실로 유익한 나머지 제도들의 확립이나 현자들과 용기 있는 강직한 사람들에 의해서가 아니라 달변가와 유창하게 입만 잘 놀리는 사람들에 의해서 이루어졌다는 [자네의 주장에 누가 동조할 수 있을까]? 저 로물루스가 목동들과 이방인(異邦人)들을 결집시켰던 [힘이] 혹은 사비니인들과 혼인을 맺게 했던 [힘이] 혹은 인접 부족들의 도전을 제압했던 [힘이] 신중한 판단과 탁월한 지혜가 아니라 진정 혀에 있다고 자네는 믿는가? (중략) 국가의 기틀을 마련하는 데 많은 공적을 남겼던 이들의 저 탁월한 활동 중에서 혀가 머물렀던 자리는 도대체 어딜까? 또 어떤가? 왕들을 축출할 때, 비록 축출 자체만 놓고 보면, 그것은 브루투스의 정신이 한 일이지 혀가 수행한 것이 아님을 우리는 분명히 알고 있네. (중략) 사실 나는 달변가들이 국가에 이득보다는 손해를 끼친 더 많은 사례들을 제시할 수 있네, (중략) 거두절미하고, [다음 사례만 들겠네]. 나는 그라쿠스 형제의 연설을 들은 적이 있었네. 내 생각엔, 크라수스여, 자네 둘을 뺀 나머지 모든 사람들 중에서 가장 뛰어난 능변가들이 이 형제들일세. 그런데 이들의 부친 되는 분은 아주 사려 깊고 신중했으며 과묵한 양반이었네. 종종 다른 방식으로도 국가 안전에 큰 기여를 했지만 특히 켄소르(감찰관)로 활약할 때, 큰 공적을 남겼지. 그러니까 해방 노예 출신의 자유민들을 로마의 시민으로 받아들일 때, 이 양반은 혀의 어떤 능란함도 사용하지 않았네. 단지 고개를 단 한 번 끄덕였을 뿐이고 단 한 단어로 이 일을 관철해냈다네. 만약 그가 이 문제를 해결하지 못했다면, 지금 우리가 간신히 넘어지지 않도록 붙들고 있는 이 나라는 이미 오래 전에 무너져 버렸을 것일세. 그러나 그의 아들들을 보게나. 달변에다가 연설에서 [유용한] 온갖 무기들을 재능과 학습을 통해서 혀에 장착한 저들이 한 짓들을 말일세. 그들이 물려받은 나라는 조상들의 땀과 피로 얼룩진 무기로 얻어낸 전승(戰勝)을 통해서든 조상의 지혜를 통해서든 번영을 누리고 있었다네. 이런 나라를, 자네가 말하는 그 잘난 국가의 운전 기술인 저 언술로 산산이 쪼개어 파

탄지경으로 내몬 장본인이 저들일세.[2](키케로, 『연설가에 대하여』 제1권 36~38장)

소위 "말 잘한다는 사람"(orator)에 대한 스카이볼라의 통렬한 비판이다. 실제 로마 역사를 살펴보면, 로마를 망친 사람이 말만 잘하는 사람들이었기에. 그리고 사람들로 하여금 사람답게 모여 살도록 한 힘은 말이 아니라 지혜이기에. 누구의 주장이 더 큰 설득력을 가지고 있을까? 당연히 크라수스보다는 스카이볼라의 입장에 동조하는 독자 여러분이 더 많을 것이다. 하지만 판단을 잠시 유보하고, 크라수스의 해명을 들어보자.

---

2) [36] Quis enim tibi hoc concesserit aut initio genus hominum in montibus ac silvis dissipatum non prudentium consiliis compulsum potius quam disertorum oratione delenitum se oppidis moenibusque saepsisse? aut vero reliquas utilitates aut in constituendis aut in conservandis civitatibus non a sapientibus et fortibus viris, sed a disertis ornateque dicentibus esse constitutas? [37] An vero tibi Romulus ille aut pastores et convenas congregasse aut Sabinorum conubia coniunxisse aut finitimorum vim repressisse eloquentia videtur, non consilio et sapientia singulari? Quid? In Numa Pompilio, quid? In Servio Tullio, quid? In ceteris regibus, quorum multa sunt eximia ad constituendam rem publicam, num eloquentiae vestigium apparet? Quid? Exactis regibus, tametsi ipsam exactionem mente, non lingua perfectam L. Bruti esse cernimus, sed deinceps omnia nonne plena consiliorum, inania verborum videmus? [38] Ego vero si velim et nostrae civitatis exemplis uti et aliarum, plura proferre possim detrimenta publicis rebus quam adiumenta, per homines eloquentissimos importata; sed ut reliqua praetermittam, omnium mihi videor, exceptis, Crasse, vobis duobus, eloquentissimos audisse Ti. et C. Sempronios, quorum pater, homo prudens et gravis, haudquaquam eloquens, et saepe alias et maxime censor saluti reipublicae fuit: atque is non accurata quadam orationis copia, sed nutu atque verbo libertinos in urbanas tribus transtulit, quod nisi fecisset, rem publicam, quam nunc vix tenemus, iam diu nullam haberemus. At vero eius filii diserti et omnibus vel naturae vel doctrinae praesidiis ad dicendum parati, cum civitatem vel paterno consilio vel avitis armis florentissimam accepissent, ista praeclara gubernatrice, ut ais, civitatum eloquentia rem publicam dissipaverunt.

설령 누군가가 단지 법정이나 재판정 혹은 민회 혹은 의회에서 유창하게 말할 줄 아는 사람 정도의 [의미로] 연설가를 좁게 규정한다 할지라도, 이 연설가 자신에게 많은 몫을 할당해야 하고 [많은 분야에서] 양보해 주어야 함은 어쩔 수 없을 것이오. 즉 공동체 전반과 공적 활동 일체에 대한 철저한 이해와 파악 없이, 법률, 관습, 법, 인간 본성에 대해서 아는 것이 전혀 없는 상황에서 뭔가를 말한다는 것은 불가능하기 때문이오. 이러한 것에 대한 지식 없이는 법정에서 아주 사소한 주장 하나도 제대로 지켜낼 수 없다는 점을 [연설가 또한] 잘 알고 있지요. (중략) 그런데 만약 연설가의 본질을 단지 [효율적으로] 잘 구성하고, [적합하게] 표현하며, 말해야 할 바를 제대로 찾아내어 말하는 능력으로만 한정한다면, (중략) 만약 말해야 할 사람이 어떻게 말해야 할지와 무엇을 말해야 할지를 정확히 꿰뚫어 보지 않는다면, 언변의 탁월함은 도저히 발휘될 수 없기에 드리는 말씀이오. (중략) 예를 들어 불멸의 신들에 대해서, 경건에 대해서, 화합에 대해서, 우의에 대해서, 시민이면 누구에게나 공통인 권리에 대해서, 인간이면 누구에게 공통인 권리에 대해서, 어느 종족에게나 공통인 권리에 대해서, 공평함에 대해서, 절제에 대해서, 큰 도량의 마음에 대해서, 모든 종류의 덕에 대해서 말해야만 하는 경우가 실제로 매우 자주 생기는데, 이 주제들을 연설로 다루려는 순간, 이 주제들 모두 그야말로 학자들 자신만의 고유 전문 논의이지, 연설가와는 아무런 관련이 없다는 아우성이 모든 종류의 학교에서 모든 학파의 교실에서 일어날 것이 분명할 텐데, (중략). 물론 학자들이 여가를 즐기기 위해서 위에 언급한 주제들에 대해서 좁은 구석에 모여 앉아 벌이는 갑론을박에 대해서는 나도 반대하지는 않소. 하지만 연설가가, 학자들의 재미없고 건조한 어떤 전문적인 논의 방식이 아니라, 재미와 무게를 모두 담아낼 수 있는 방식을 통해서 같은 주제를 [연설로] 풀어낼 수 있는 권한과 자격을 인정하고 부여할 것이오. (중략) 그러니까, 이러한 문제에 대한 연구와 탐구에 전력을 기울인 학자들만의 고유한 어떤 학문 영역이 있다는 점을 부정하자는 것은 결코 아니오. 다만 이상적인 연설가(orator perfectus)란 어떤 주제에 대해서든 깊고 풍부하게, 다양한 방식으로 표현할 수 있는 자라는 것을 주장하고자 할 뿐이오.[3](키케로, 『연설가에 대하여』 제1권 45~58장)

한마디로 요약하자면, 크라수스의 해명은 이렇다. 물론 지혜가 말보다 중요하고 우선인 것은 당연하지만 말과 지혜를 분리해서 다루어서는 안 된다는 것이다. 왜냐하면 "이렇게 전문 지식인에게는 대중적인 설득력이, 달변의 연설가에게는 세련된 교양이 부족"(『연설가』 제13장)하기 때문에. 크라수스는 이렇게 된 현실의 원인을 지혜와 말하기를 따로 분리해서 가르쳐 온 당시 교육 전통에서 찾고 있다. 말과 지혜가 따로 노는 것이 아님에도, "마치 혀와 심장을 분리하는 것과 같은 저 이상하고 백해무익한, 그래서 비난 받아 마땅한 분열이 생겨났다. 한 무리는 지혜만을, 다른 무리는 말하기 만을 가르치고"[4](『연설가에 대하여』 제3권 61장)

있다고 한다. 이와 같은 잘못된 교육 전통은 교정되어야 하는데, 이를 위한 하나의 시도로 크라수스는 조심스럽게 이상적 연설가(orator perfectus)라는 교육-모델을 세상에 내놓고 있다. 크라수스가 제안하

3) [45] Tum ille "non sum" inquit "nescius, Scaevola, ista inter Graecos dici et disceptari solere; ... Haec ego cum ipsis philosophis [tum] Athenis disserebam; cogebat enim me M. Marcellus hic noster, qui [nunc aedilis curulis est et] profecto, nisi ludos nunc faceret, huic nostro sermoni interesset; ac iam tum erat adulescentulus his studiis mirifice deditus. [58] Iam vero de legibus constituendis, de bello, de pace, de sociis, de vectigalibus, de iure civium generatim in ordines aetatesque discriptorum dicant … [59] Numquam enim negabo esse quasdam partis proprias eorum, qui in his cognoscendis atque tractandis studium suum omne posuerunt, sed oratorem plenum atque perfectum esse eum, qui de omnibus rebus possit copiose varieque dicere.

4) Hinc discidium illud exstitit quasi linguae atque cordis, absurdum sane et inutile et reprehendendum, ut alii nos sapere, alii dicere docerent.

는 이상적 연설가란 이런 이다. 그는 편협한 특정 분파의 전문지식이 아니라 모든 영역을 두루 꿰뚫어 볼 수 있는 보편 지식인이고, 공동의 문제에 대해서 공동체의 구성원에게 요구되는 사회적 역할과 의무에 최선을 다하는 시민이자 정치가이지만, 말을 함에 있어서는 주어진 자리와 주제에 맞게 절제와 품위를 지킬 줄 아는, 그러니까 멋이 무엇인 줄을 아는 교양인이다. 말의 힘이 고대 로마 시대보다 더 맹위를 떨치고 있는 현대에도 '이상적 연설가' 모델이 아직도 유효한지는 잘 모르겠다. 하지만 한 가지 분명한 것은 말로 일어난 자는 말로 망할 수 있지만, 지혜로 일어난 자는 지혜로 망하지는 않는다는 점이다.

19

HUMANITAS

라틴어의 가난함에 대해서

아들아, 너마저!(kai su, teknon!)(수에토니우스, 『황제열전』 아우구스투스 편 제82장)

라틴어는 로마의 동남쪽에 위치한 라티움(Latium) 지역의 말이었다. 계통상으로는 산스크리트어, 그리스어, 게르만어와 함께 인도-유럽어군에 속한다. 라틴어는 현대 서구의 주요 언어의 모태가 되는 말이면서 동시에 학문, 종교, 문화의 배경에서 아직도 맹주 노릇을 단단히 하고 있는 고전어(古典語)이다. 서구의 근대어인 이탈리아어, 프랑스어, 스페인어, 포르투갈어, 루마니아어 등이 라틴어에서 유래했다. 물론 직계는 아니지만, 독일어, 영어의 발전에도 결정적인 기여를 했다. 또한 예컨대, 법학, 의학, 신학은 물론, 문학, 사학, 철학은 물론 자연학에서 사용되고 있는 주요 개념과 술어의 대부분이 라틴어라는 점도 굳이 언급할 필요가 없는 사실이다. 비록 지금은 사어(死語)가 되었지만, 그럼에도, 이제는 부잣말인 라틴어도 처음부터 부자는 아니었다. 역사가 수에토니우스의 말을 들어보자.

> 로마에서 글을 다루는 학문(ars grammatica)이 처음부터 제자리를 잡은 것은 아니다. 이 학문이 제대로 대접을 받기까지는 상당한 시간이 흘러야 했다. 그 때는 나라[의 문화]가 척박했고 끊임 없이 전쟁을 치러야 했기에, 자유교양 학문에 큰 힘을 쏟아 부을 만한 여유가 없었기 때문이다. 이 학문의 초창기 모습은 따라서 특기할 만한 사항이 없다. (중략) 그들이(아마도 로마에서 활약했던 학자들) 공적 자리든 사적 모임이든 그리스어와 라틴어, 두 언어로 강의했다는 사실은 공히 잘 알려진 사실이다. 그들이 할 수 있었던 일들은 고작 그리스 작가의 [작품]을 [해석-]번역하는 정도였다. 설령 라틴어로 뭔가를 저술했다 할지라도 청중 앞에서 큰 소리로 낭독하는 수준에 머물렀다.[1](수에토니우스, 『문(법)학자와 수사학자에 대해서』 제1장)

라틴어가 가난했던 시절에 대한 보고이다. 이 시절에 로마 학자들이 할 수 있던 일은 그리스 작가를 모방하고 번역하는 수준이었다고 한다(훈민정음이 처음 창제된 시절, 한글 텍스트 대부분이, 『월인석보』, 『두시언해』 등의 언해본이라는 점에서 우리 한글의 초기 상황과 유사하다 할 수 있다). 라틴어가 가난함은 또한 다음의 사실에서 여실히 드러난다. 당시 로마의 교육을 담당했던 사람들은 라틴어를 구사하는 로마인들이 아니었다. 로마의 학교를 장악했던 교사들 대부분이 그리스 출신 노예들이었다. 그리스 노예들이 로마의 학교를 장악할 수 있었던 근본적인 이유는 라틴어로 된 작품이 없었기 때문이었

---

1) Grammatica Romae ne in usu quidem olim, nedum in honore ullo erat, rudi scilicet ac bellicosa etiam tum civitate, necdum magnopere liberalibus disciplinis vacante. Initium quoque eius mediocre extitit, siquidem antiquissimi doctorum, qui idem et poetae et semigraeci erant, Livium et Ennium dico, quos utraque lingua domi forisque docuisse adnotatum est, nihil amplius quam Graecos interpretabantur, aut si quid ipsi Latine composuissent praelegebant.

다. 이는 단적으로 라틴어 최초의 문학 작품이 노예 출신인 리비우스 안드로니쿠스가 라틴어로 번역한 『오딧세이아』(기원전 272년 작품)라는 점에서 잘 나타난다. 로마인이 그토록 사기와 기만의 대명사로 여겼고, 그토록 혐오했던 영웅 오디세우스의 귀향 이야기가 라틴어로 된 첫 번째 문학 작품이었고, 이 작품이 로마의 학교에서 교재로 사용되었다는 점은 라틴어가 초기 시절에 얼마나 가난했는지를 잘 보여준다. 아닌게 아니라, 라틴어의 가난함(egestas linguae Latinae)은 그리스어와 비교해 보면 여실히 드러난다. 로마인은 라틴어로 접할 수 없었던 세계를 그리스어를 통해서 알게 된다. 이 앎은 무엇보다도 학문적 경이로움으로 로마인을 사로잡았다. 하지만 이 앎은 앎의 차원에서만 머문 것은 아니었다. 로마인이 그리스어를 통해서 알게 된 새로운 앎은 로마라는 국제-도시에서 벌어지는 온갖 종류의 사건-사고를 해결하고자 할 때 요청되는 인문학적 사유 방식도 제공하였다. 제국과 대도시의 경험이 없었던 로마인은 이러한 사태를 이미 경험한 그리스인에게서 인간과 삶에 대해 사유하는 방식을 배우지 않으면 안 되었기 때문이었다. 이렇게 그리스어는 학문적 관점에서뿐만이 아니라 생활의 유용함에 있어서도 콘텐츠의 양과 질에 있어서도, 모든 면에서 라틴어를 압도해 버렸다.

이러한 이유에서, 대부분의 로마 지식인의 그리스어 숭배는 대단했다. 대표적으로, 카이사르가 브루투스에게 칼에 맞아 죽는 순간에도 그리스어로 "아들아, 너마저!"(kai su, teknon!, 수에토니우스, 『황제열전』 아우구스투스 편 제82장)라고 했다는 데에서도 잘 나타난다. 그리스 정신의 세계의 담지자이며 매개자인 그리스어가 구축한 의미 세계가 라틴어 의미 세계를 압도했기 때문에, 곧, 라틴어의 가난함 때문에 일어날 수 밖에 없었던 현상이었다. 이런 사정을 자연학자이자 시인인 루크레티우스는 다음과 같이 표현하고 있다.

> 나도 결코 모르는 바가 아니다. 그리스인들이 발견한, 눈에 보이지 않는 세계를 라틴어 시문(詩文)으로 눈으로 볼 수 있도록 선명하게 새겨내는 일이 어려운 일임을 말이다. 특히 처음 접하게 되는 사태와 말의 빈약함 때문에, 자주 나는 단어들을 새롭게 만들어서 [시작(詩作)을] 수행해야만 하기에 말이다.[2](루크레티우스, 『사물의 본성에 대하여』, 제1권 136~139 행)

라틴어의 빈약함에 때문에 겪는 어려움은 자연학자에게서만 나타나는 현상은 아니었다. 말을 주 도구로 삼고 있고, 말로 먹고 산다 할 수 있으며, 말에 삶을 싣고자 하는 집단인 시인들에게서 발견할 수 있다. 대표적으로 시인 호라티우스의 입장을 살펴보자.

> 만약 어쩔 수 없이 전혀 알려진 바가 없는 것들을 새롭게 말을 만들어 표시해야 하는 경우라면, (중략) 중용의 절도를 지킨다는 조건으로 신조어를 자유롭게 제조할 수 있는 허가권을 얻을 수 있을 것이오. 새로이 생겨 난 말과 새롭게 만든 말들도 곧 신뢰를 얻을 것이오. 그리스어 원천에서 절도를 지키면서 새로운 단어들을 길어온다면 말이오. 로마인이 카이킬리우스와 플라우투스에게 허용한 [신조어] 제조권을 베르

---

2) Nec me animi fallit Graiorum obscura reperta 136
difficile inlustrare Latinis versibus esse,
multa novis verbis praesertim cum sit agendum
propter egestatem linguae et rerum novitatem;

길리우스와 바리우스에게선 박탈하는 이유는 도대체 무엇이지요? 이미 카토와 엔니우스의 혀(lingua)가 조상들의 말을 풍요롭게 만들었고(ditaverit) 사물들의 이름을 처음 만들어 주었다는 점은 [당연한 사실로 여기면서], 내가 약간의 새로운 단어를 만들 수 있다 해서, 내가 질투와 시기를 받아야 한다면, 도대체 그 이유는 무엇인가요? 지금 우리가 느끼고 있는 의미를 살려낼 수 있도록 말을 새롭게 만드는 일은 시

라틴어로 학문하기의 모범을 보여준 루크레티우스의 『사물의 본성에 대하여』
(1483년에 지롤라모 디 마테오가 필사한 수고본)

인의 특권이고, 이는 [항상] 허용되었고 언제나 허용될 것이오. 마치 곤두박질치며 기울어 가는 한 해를 따라 숲을 채웠던 잎들이 떨어지듯이, 그렇게 처음에 있던 단어들도 그렇게 시들어 사라지고, 젊음의 힘이 그러하듯이, 새로운 단어들이 태어나서 자라 번성하고 만발하는 것이 순리일 것이오.[3](호라티우스, 『시학』 46~59행)

시인답게 호라티우스는, 자고 나면 새롭게 다가오는 세계에 대한 느낌을 표현하는 문제에 대해서 논의하고 있다. 그런데 로마인들은 사실 늘상 새롭게, 항상 다르게 나타나는 감정의 양상, 즉 서정(抒情)의 세계를 라틴어로 규정해 표현해 본 적이 없었다. 결국 호라티우스는 자기만의 고유한 느낌을 표현하는 데에도 그리스어에 의존할 수밖에 없음을 인정하고 있다. 역시 라틴어의 빈약함 때문에 생겨난 문제이다. 결국 '라틴어의 가난함'을 해결하기 위해 로마인이 취한 방법은 그리스 고전 텍스트의 라틴어 번역이었다. 언어와 언어 사이의 경쟁력이 문제가 아니라, 사유와 사유 사이에 있는 경쟁력에서 라틴어는 그리스어를 감당해내지 못했기 때문이다. 한 치에 불과할지 모르

---

3) In uerbis etiam tenuis cautusque serendis
dixeris egregie, notum si callida uerbum
reddiderit iunctura nouum. Si forte necesse est
indiciis monstrare recentibus abdita rerum, et
fingere cinctutis non exaudita Cethegis
continget dabiturque licentia sumpta pudenter,
et noua fictaque nuper habebunt uerba fidem, si
Graeco fonte cadent parce detorta. Quid autem
Caecilio Plautoque dabit Romanus, ademptum
Vergilio Varioque? Ego cur, adquirere pauca
si possum, inuideor, cum lingua Catonis et Enni
sermonem patrium ditauerit et noua rerum
nomina protulerit? Licuit semperque licebit
signatum praesente nota producere nomen.

겠지만, 한 치를 더 깊게 따질 수 있는 사유와 한 길을 더 내다볼 수 있는 관조의 힘 때문에 로마인은 그리스인의 사유와 반성의 결과를 직접 수용키로 한다. 호메로스 이후, 수많은 시인과 철학자, 역사가가 세워놓은 그리스어에 축적된 삶에 대한 반성과 세계에 대한 시각과 인간에 대한 이해는 어느 한 순간, 어느 하루 아침에 나온 것이 아니었기 때문이다. 이러한 이유에서 로마인은 번역을 통해서 그리스 고전을 직접 수용한다. 그렇다면 고전의 번역이란 점에서 아마도 로

라틴어로 학문과 지혜를 증명하고 가르치고 있는 미네르바 여신 상

마가 최초의 르네상스 시대일 것이다. 대표적인 사람이 키케로다. 그는 라틴어로 학문(學問)할 수 있는 토대를 마련하기 위해서 부단히 노력했던 사람이다. 그는 라틴어로 된 개념이 학문을 구성하는 개별 문장들의 술어로 사용할 수 있을 때에 비로소 라틴어의 빈약함이 극복될 수 있음을 정확히 간파한 인문학자(?)였기 때문이었다.

이러한 과정을 통해서 라틴어의 빈약함은 극복되었다. 하지만 하루 아침에 이루어진 것은 아니었다(non uno die!). '라틴어의 가난함은', 라틴어가 독자적인 문명 혹은 문화의 담지자이자 주체로 그리고 자족적인 체제의 언어로 성장했을 때, 비로소 극복되었기 때문이다. 그러니까 라틴어로 세계를 분석할 수 있고, 이렇게 분석된 세계를 라틴어로 재현시킬 수 있으며, 이렇게 재현된 세계가 보편적인 접근을 허용하는 동시에 독자적이면서 고유한 역사를 담아낼 수 있을 때, 라틴어는 생존 능력을 갖추게 되었던 것이다. 또한 라틴어를 사용하는 사람들이 삶의 현장에서 필요로 하는 지식과 앎을 다른 외부 언어 세계가 아닌 라틴어 자체 세계 안에서 생산-조달할 수 있는 자족(自足)적 학문 체계를 갖추었을 때, 라틴어는 자립할 수 있었다. 라틴어로 자연과학이든, 철학이든 자유로이 학문 활동을 할 수 있을 때, 라틴어는 독자적인 생명력을 확보할 수 있었다. 이를 위한 루크레티우스의 노력을 보라! 또한 라틴어로 삶의 아픔과 기쁨을 정밀하고 세밀하게 그대로 그려낼 수 있고, 이러한 묘사의 배경을 반성하고 따질 수 있는 개념 체계를 확보할 때, 라틴어는 자족적인 체제의 언어가 되었다. 예컨대, 호라티우스와 키케로의 고민을 보라! 이러한 노력을 통해서 라틴어는 고전어(lingua classica)로 영구히 살아 남을 수 있는 생명력(vis vitae)을 확보하였다. 비록 이 말을 사용하는 사람들이 더 이상 존재하지 않는다 할지라도, 그 말만은 텍스트를 통해서 살아 남았다. 구어로서의 기능은 비록 소멸했지만, 세상을 보는 거울이면서 저울 역할을 담당하는 고전어로서 라틴어는 아직 살아있다. 아니 라틴어만 살아 있는 것이 아닐 것이다. 라틴어로 그려낸 로마인과 그들의 삶이 살아있는 셈이다. 이렇게 한 언어가 살아 남는다는 것은, 그 언어를 사용했던 공동체가 살아 남는다는 것을 뜻한다. 그렇다면 결론을 대신해서 잠깐! 자고 일어나면 급변하는 한국의 일상과 세계화의 경쟁 체제 아래에서 한국어로 살아가는 사람들이 겪고 있는 한국어의 빈약함에 대해서 심각하게 그리고 본격적으로 고민을 해야 하는 순간이 바로-지금이 아닐까? 그러니까 한국어가 풍요롭게 되는 법에 대해서 말이다.

20

HUMANITAS

라틴어의 풍부함에 대해서

마치 나뭇잎들처럼, 그렇게 낱말들도(ut folia, sic verba)(호라티우스, 『시학』 60~62행)

이 말은 라틴어가 어떻게 변화해왔는지를 압축해서 보여주는 표현이다. 라틴어 변화를 가장 잘 보여주는 작품은 *Thesaurus linguae Latinae*로 『라틴어 대사전』인데, 이 사전에 대해서 살펴보도록 하자. 사전의 외적 규모부터 살펴보자. Thesaurus라는 이름을 풀이하면, 이 단어는 '보물'을 뜻하는 희랍어 thesauros에서 왔다. Lexica 혹은 Dictiones라는 단어를 쓰지 않고 Thesaurus라 이름을 붙인 것 자체가 이 사전이 지니는 가치를 대변한다. 그 가치는 이 사전의 규모를 기술하는 데 동원되는 수치에서 확인된다. 사전 기술을 위해 작성된 기초 카드만 1,000만 장, 144권의 출판물, 1900년부터 시작해서 100년이 지난 지금에도 끝나지 않은 출판, 14개국 21개의 학회로 구성된 출판 편집위원회, 10개국에서 파견된 최고의 전문 집필진 20명, ….

『라틴어대사전』의 기초가 마련된 것은 16세기다. 16세기에 출판이 본격화되면서 필사본에 대한 엄밀한 고증과 비교 작업이 요청되었는데, 이때 편집자는 크게 두 가지 문제에 직면한다. 하나는 전승 과정 중 잘못 표기된 단어의 처리이다. 잘못 베낀 단어 중에는 유일하게 전해져 내려오는 표현(hapax legomena)도 많이 있었다. 이 때문에 이 단어들은 틀렸다고 함부로 지우거나 교정해서는 안 되는 것들이다. 다른 하나는 단어들이 올바르게 표기되어 전해져 왔다 해도, 의미 변화로 인해 텍스트 이해가 안 되는 경우다. 예를 들어 원래는 일상어였는데 학술전문어로 사용된 경우와 사회 문화의 변동으로 생겨난 의미 변화의 경우도 이해가 되지 않는다고 해서 함부로 텍스트를 고쳐서는 안 되는 것이다. 이런 사정 때문에 당시의 서양고전 문헌학자들은 한 단어가 형태적으로 시대와 지역에 따라 어떻게 변화해가는지 그리고 그 단어의 의미 변화가 어떻게 나타나는지를 보여 주는 사전을 꿈꾸어 왔다. 이 꿈이 구체화되어 나온 것이 바로 *Thesaurus linguae Latinae* 사전이었다. 이 대사전의 목표는 크게 두 가지이다. 하나는 개별 단어에 나타나는 문법적, 혹은 언어학적 특이 사항들을 모두 기술해 주는 것이고, 다른 하나는 그 개별 단어의 일생사(fatum verbi)를 기술하는 것이다. 한 개인의 전기라고 생각하면 된다. 사전의 개별 항목은 한 단어가 어떻게 태어나서, 누구를 만나고, 어떻게 성장하고, 어떻게 형태와 의미가 변하고, 시대와 공간의 어떤 영향을 받고, 어떤 다른 단어로 대체되었는지, 혹은 축소되었는지 그리고 어떻게 생을 마감했는지에 대한 기술을 담고 있다. 이러한 사전이 세상에 등장한 해는 1531년이고, 이 사전을 편찬한 사람은 사전학의 시조인 로베르트투스 스테파누스(R. Stephanus)였다. 그러나 서양고전 문헌학이 더욱 엄밀해지고 체계화됨에 따라, 스테파누스의 사전은 더 이상 학자들의 욕구를 충족시키기에는 많이 부족한 저술이었다. 그래서 학자들은 자신들의 학문적 욕구를 충족시켜 줄 수 있는 사전 프로젝트를 기획하는데, 이 기획의 최초 제안자가 볼프(F. Wolf)였다. 이를 실현시키기 위해 그는 독일, 네덜란드, 프랑스, 영국, 이탈리아 등지를 돌아다니며 서양고전 문헌학자들을 설득하고 규합하는 동시에 기존 자료 수집, 개별 단어 항목 기술, 용례 사용 등에 대한 이론 준비도 함께 하였다. 이러는 중에 사전 기술 방법론과 관련해서 쾰러(G. Koeler)가 중요한 제안을 하는데, 이는 다음과 같다. 모든 개별 단어는 크게 세 분야, 즉 형태, 의미, 통사적 관점으로 나누어 기술하자는 것이다. 개별 항목 서술은 먼저 형태에 관하여 서술하고, 여기에서 해당 단어의 원형, 글자체, 문법적 특이 현상, 곡용, 활용, 시대 표기를 동반한 변이형 그리고 음절 장단을 표기하고, 의미 기술은 일반(보편)적인 것이 특수(개별)적인 것보다, 고유한 의미가 비유적인 의미보다, 구체적이고 감각으로 확인할 수 있는 것들을 추상적이고 지적인 이해를 필요로 하는 것의 앞에 기술하자는 것이다. 아울러 그는 개별 항목의 의미 분야를 서술함에 있어서 지켜야 할 세 가지 규칙을 제시하는데, 첫째, 어원은 반드시 서술해 주어야 한다는 것이고, 둘째, 용례 사용은 시간 순으로 해주어서 단어 사용의 빈도와 의미 변화가 어떻게 일어나는지를 알 수 있도록 해주어야 한다는 것이며, 셋째는 의미를 나누고 분류할 때 통사적 특징을 고려해야 한다는 것이다. 마지막으로 용례 사용과 관련이 있는 통사 부분에 대한 쾰러의 제안은, 한 단어의 생태적 통사 환경을 기술해주어야 한다는 것이다. 즉 한 단어가 어떤 단어와 동반 사용되는지와 문장의 어떤 태로 나타나는지를 기술하자는 제안인 셈이다. 예를 들어 명사 혹은 실사(substantivum)와 동반하는 형용사, 동사 혹은 술어(praedicatum)와 함께 사용되는 부사나 전치사를 같이 표기해주고, 술어와 목적어 관계도 반드시 기술해주자는 것이다. 정반대로 드물게 나타나는 경우도 반드시 서술해주자고 한다. 예를 들면, 신탁이나 속담, 혹은 격언이 이런 경우에 해당된다. 생략된 용례(elleipsis)와 문체적 효과를 노리고 반복되나 문장에서 제거해도 문장 이해에 해를 끼치지 않은 부분을 지니고 있는 용례(pleonasmos)들 그리고 더 이상 사용되지 않

리비우스의 텍스트에 등장하는 단어들의 용례를 정리해 보관해 놓은 상자들. 현재 뮌헨에 보관

는 용법도 표기하자고 제안한다.

이러한 논의 중에 1858년에 『라틴어 대사전』과 관련해서 중요한 학회가 빈(Wien)에서 열린다. 이 회의에서 함(K. Halm)은 작업 범위를 기원후 6세기 중반까지로 한정하고, 중점적으로 기원후 2세기까지의 문헌은 하나도 빠짐없이 다루자는 의견을 제안한다. 아울러 한 단어의 운명을 기술하는 데 필요로 하는 산스크리트어, 그리스어, 라틴어를 모어로 하는, 고이탈리어 등 로망스 제어에 대한 언급을 표제어 기술에 포함시키자고 제안해 큰 호응을 얻는다. 이는 어떻게 해서 라틴어가 변해가고, 혹은 사어로 되어가는지를 보여주는 중요한 증거이기 때문이다. 빈 회의 이후 『라틴어 대사전』 프로젝트는 여러 문헌학자들에 의해 지속적으로 추진되었지만 누구보다도 뵐핀(E. Woelfin)에 의해 주도되었다. 이런 노력들에 힘입어 몸젠(Th. Mommsen)의 주도하에 베를린, 괴팅엔, 라이프치히, 뮌헨, 빈에 소재하는 5개의 학술원이 참여하는 『라틴어 대사전』 위원회가 1893년 10월 21일에 구성된다. 이렇게 구성된 위원회는 1858년 빈 회의의 내용을 기초로 프르젝트 계획을 세분하고 구체화하는데, 예를 들면 자료 수집 및 정리, 출판 기획, 집필에 참여할 편집자 모집 등의 학술적인 활동뿐만 아니라, 행정적인 업무, 예를 들면, 재정 문제 등에 대한 규칙과 내규를 확정하고, 전쟁, 자연 재해, 어떤 예외 상황이 발생하더라도 프로젝트를 추진하겠다고 천명한다. 이 천명은 독일의 토이브너(Teubner) 출판사와 맺은 출판 계약에 잘 나타나 있다. 어떤 내외의 상황 변화에도 출판 계약은 유효하다고 되어 있다. 이는 어떠한 상황 변화에도 『라틴어 대사전』 프로젝트는 진행되어야 한다는 의지를 엿볼 수 있다. 이 의지는 실제로 양차 대전으로 치른 현대사의 역경, 나치즘, 파시즘, 좌우 이념 투쟁에 의한 정치적 요동, 사회 체제의 성격 변화에 따른 혼란을 극복하고 『라틴어 대사전』 프로젝트를 오늘날까지 밀고 나온 힘이었다. 이 원칙은 1949년 국제 위원회로 확장될 때 부분적으로 수정되지만, 본질적인 부분, 즉 개별 항목 기술

15./16. 5. 99

CHEN Süddeutsche Zeitung Nr. 110 / Seite 59

Ein Leben für die toten Wörter

Peter Flury verwaltet zehn Millionen Lateinvokabeln – und findet das richtig spannend

Von Nico Richter

Wer unter Lateinstunden leidet oder dies einmal getan hat, möge wissen: Es könnte noch viel schlimmer sein. In München arbeitet ein Herr, der seit 25 Jahren damit beschäftigt ist, zehn Millionen Lateinvokabeln zu verarbeiten, da braucht also der Schüler mit seinem Wortschatz von ein paar hundert Stück gar nicht um Mitgefühl heischen. Der bayerische Wissenschaftsminister Hans Zehetmair sagte es am Montag: Peter Flury ist seit einem Vierteljahrhundert an der Akademie der Wissenschaften Chefredakteur des „umfassendsten lateinischen Wörterbuchs aller Zeiten". Sämtliche aus der

MENSCHEN IN MÜNCHEN

Antike bekannten Texte sind, nach Wörtern geordnet, auf einzelnen Karteikarten gesammelt. Die Kärtchen werden von 20 Wissenschaftlern aus zehn Nationen zu einem Wörterbuch verarbeitet, das die Geschichte und Bedeutungen jedes bekannten lateinischen Begriffs erklärt.

Vielleicht sollte man Flury ein bißchen bemitleiden, den Nachlaß einer toten Sprache verwalten zu müssen. Erstens deshalb, weil er sich nach jedem Durchblättern des verstaubten Vokabelarchivs in der Münchner Residenz erst mal die Hände waschen muß, und zweitens, weil jeder, der wie er mit Latein zu tun hat, permanent gefragt wird, „warum ihr so was Abseitiges macht".

Peter Flury (61) bringt sozusagen als Qualifikation mit, daß er Schweizer ist und deswegen nicht nur bei Skiausflügen mit Kollegen die Langläufer anführt, sondern auch mit „Nüchternheit und Geduld" gesegnet ist, worauf er nicht ohne Selbstironie hinweist. Vermutlich braucht man diese Eigenschaften für ein Wörterbuch, an dem seit mehr als 100 Jahren gearbeitet wird – 50 weitere Jahre wird es dauern, bis es vollendet ist. Wenn ausreichend neuer Stoff beisammen ist, veröffentlicht der Verlag wieder ein Heft, weswegen der *Thesaurus linguae Latinae* nun schon von A bis P vorliegt. Seit dem 19. Jahrhundert wartet die Wissenschaft auf dieses Werk, weil es jedes Wort in jeder denkbaren Bedeutung erklärt, mittlerweile wird es an 1256 Abonnenten in 23 Ländern der Welt geschickt. Sogar in Japan soll das Interesse an Latein zunehmen, angeblich, um die Europäer besser zu verstehen.

Das immense Sprach-Puzzle, das wird beim Anblick der archivierten Wortmassen klar, kann nur einer bewältigen, der diese Sprache liebt. Flury lernte Latein zunächst von seinem Vater, einem Pfarrer aus Graubünden, begeisterte sich dann für antike Erzählungen und schrieb schließlich Jahre später eine Doktorarbeit über „Liebe und Liebessprache bei Menander, Plautus und Terenz". Dabei stellte er verblüfft fest, daß die als so rational bekannten Römer sich durchaus als leidenschaftliche Liebhaber zeigen konnten.

Flury ist ein nüchterner Mensch, der schon nach einem Tag froh war, daß er die Feierlichkeiten seines 25. Dienstjubiläums hinter sich hatte. Leidenschaft packt ihn hingegen, wenn es um seine Wörter geht, „die bis heute fortleben". Seine schönste Aufgabe in all den Jahren war es, den Abschnitt *osculum* zu redigieren: Kuß. Eigentlich heißt *osculum* „kleiner Mund", weshalb der junge Goethe seinen Angebeteten etwas von „Gewähr mir ein Mäulchen" schrieb. Die lateinischen Dichter stellten mit dem *osculum* allerhand Wortspiele an, bis es zu Kuß wurde, dabei „wurde es richtig spannend", freut sich der Gelehrte Flury wie ein kleines Kind – „es ist einfach ein Genuß, hier Einblick zu kriegen in das Leben eines Wortes".

Der Mann kann allerdings gut verstehen, daß andere ihn fragen: „Was interessiert uns das noch heute?" Als er noch Lateinlehrer war in Graubünden, vor seiner Zeit in München, erklärte er seinen Schülern, man müsse Latein nur machen, wenn man Spaß daran habe. Seine drei Kinder haben allesamt eine Karriere ohne Altertum geplant, und er selbst macht im Sommer auf der Schweizer Alm Urlaub, „wo noch mit der Sense gemäht wird", wobei er dann das Lateinische „im Handumdrehen vergißt".

Dennoch ist das Wörterbuch sein Lebenswerk, bei jedem erscheinenden Teilheft fühlt er sich wie der Bauer, der die „Ernte einfährt". Viele können es nicht verstehen, daß ihn das langwierige Unternehmen nicht frustriert. Die Fertigstellung im Jahr 2050 wird man ohne ihn feiern; wenn Flury in Rente geht und dann 30 Jahre dabei war, wird er die Buchstaben L und O fertiggestellt haben, „und man wird allmählich zum Schluß des P kommen". Akademiepräsident Heinrich Nöth verglich das Lexikon am Montag mit einer „Riesenschildkröte", was vielleicht auf den Chefredakteur selbst zutrifft: „Manchmal zur Tarnung scheinbar in tiefes Nachdenken versinkend, um sich darauf nur um so zielsicherer in Bewegung zu setzen."

In Zürich studierte Flury zunächst ein Jahr Mathematik, bevor er sich doch für Altphilologie entschied. Wenn er sich daran erinnert, sagt er, als wolle er nicht nur der Mathematik, sondern auch allen Dauerspöttern des Lateinischen trotzen: „Für mich steckt in diesen Vokabel-Zetteln einfach viel mehr Leben drin."

MACHT AUS ZEHN MILLIONEN *Karteikarten das größte lateinische Wörterbuch aller Zeiten: Peter Flury in seinem Zettel-Archiv.* [illegible]

죽은 언어를 위해 산 인생을 바친 피터 플레리.
그는 한평생 ≪P≫편만을 기술하다 세상을 떠난 학자로, 위 신문 기사는 이러한 그를 기리는 글

방식에 대한 합의는 지금까지 지켜지고 있다.

이러한 합의에 기초해 『라틴어 대사전』 프로젝트는 본격화되었고, 사전이 편찬되면서 새로이 밝혀진 사실이 많은데, 재미있는 몇 사례를 소개하고자 한다. 프랑스어로 귀를 뜻하는 oreille라는 단어가 어떻게 생겨났는지도 『라틴어 대사전』 사전 집필 중에 밝혀진다. 이 단어는 원래 라틴어 귀의 애칭 auricula에서 온 것인데, 이를 프랑스에 퍼뜨린 것은 엠피리쿠스의 의학서다. 그러니까 이 의학서가 널리 전파되는 중에 auriculae라는 단어가 갈리아인들의 '귀'에 해당하는 말을 밀어내고 그 자리를 차지한 예이다. 이렇게 『라틴어 대사전』에는 이런 종류의 로망스 제어와 관련된 사실들을 다 기록하고 있다. 그래서 로망스 연구에 자료로서 결정적인 자리를 차지하고 있다. 또 다른 예를 하나 더 보자. 영어 city는 원래 라틴어 civitas에 기원한다. city에 해당하는 라틴어는 urbs 혹은 oppidum이다. 그런데 어느 때부터인가 알프스 산맥 넘어 서부 유럽지역에선 urbs라는 말 대신 국가, 정부를 뜻하는 civitas라는 말이 도시의 의미로 사용되고 있었다. 이는 다음과 같이 해명된다. 이미 로마 초기부터 civitas라는 단어가 urbs 의미로 사용되었고 구어에서는 그 시절에 urbs라는 단어와 경쟁 관계에 있었다(Plautus, *Merc*. 635). 그리고 이탈리아 북부 지역과 스페인에서는 urbs 대신에 civitas가 주요어로 사용되고 있었다는 사실도 밝혀진다. 그러다가 프랑스에서는 도시 근교를 뜻하는 villae라는 단어에 대비되고, 고성 혹은 읍내를 뜻하는 의미로 축소 전락한다 (예, La cite de Paris, the city of London). 이는 의미사적 관점에서 본 한 접근 방식이다. 또한 라틴어로 구원자라는 말은 servator

혹은 conservator이다. 그런데 재미있는 것은 성경이 등장하면서 구원자의 의미로 새로이 salvator라는 단어가 들어온다. 이 단어는 유일하게 예수 그리스도에게만 부여되었는데, 이를 통해 우리는 성경을 집필했던 사람들의 의식을 엿볼 수가 있다. 그들은 이런 단어 선택 전략을 통해 성과 속의 세계를 분리했다. 이것도 『라틴어 대사전』 덕분에 밝혀진 것이다. 이런 사실 때문에 『라틴어 대사전』은 사전학적인 의미를 넘어서서 종교학, 문명발전사를 연구하는 사람들에게도 중요한 전거로 간주되고 있다. 이외에도 무수히 많은 사례들이 있다. 이런 크고 작은 새로운 발견들은 우리가 현대 로망스어 혹은 영어를 통해 알고 있는 인구(印歐)어 단어의 의미에 대한 잘못된 모습과 오해를 교정하고 바로잡는 데 기여하고 있다. 이 발견들 중 가장 중요한 것은, 모든 단어는 개별의 고유한 역사를 가지고 있다는 것, 그래서 모든 개별 단어들을 독자적 단위로 인정하고, 자율체로서 자격을 부여해야 한다는 것이다. 그리고 모든 단어들의 의미 변화를 꿰뚫어 설명해주는 보편적 규칙은 발견되지 않는다는 것을 확인시켜 준 것도 『라틴어 대사전』의 기여다. 이를 델츠(Josef Delz)는 다음과 같은 말로 요약한다. "마치 나뭇잎들처럼, 그렇게 단어들도 변한다."[1](호라티우스, 『시학』 60~62행) 이상의 사례 분석을 통해서 우리는 『라틴어 대사전』이 서구인의 과거와 현재를 저장하고 그것을 비추어주는 거울(speculum)임을 확인한다. 한 단어의 개별 역사는 이 단어에 의해 표

---

1) Vt siluae foliis pronos mutantur in annos, 60
prima cadunt, ita uerborum uetus interit aetas,
et iuuenum ritu florent modo nata uigentque.

상되는 실제 세계의 역사이기에.

『라틴어 대사전』을 소개하면서 내게 찾아 들었던 부러움과 희망으로 이제 이 글을 갈무리하자. 우리도 이런 종류의 사전을 가질 수 있

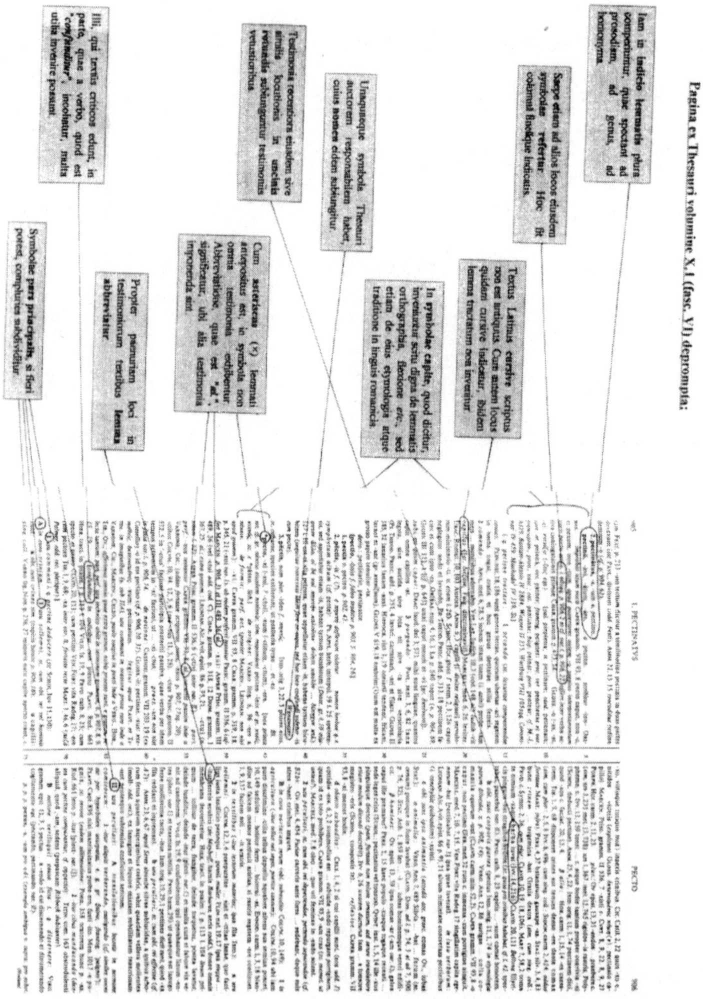

pecto(빗질하다) 동사의 전 생애를 보여주는 사진(토이브너출판사 『라틴어 대사전』 소개서에서)

기를 말이다. 낱말 하나만 보더라도 거기에 우리의 역사와 문화가 온전히 드러나는 그런 거울을 말이다. 소위 『한국어 대사전(*Thesaurus linguae Coreanae*)』을 말이다.

21

HUMANITAS

르네상스에 대하여

단지 라틴어 단어들이 굴러 가면서 내는 소리에 들어 있는 뭔가 모를 어떤 달콤함이, 조화로운 공명이 나를 사로 잡아 버렸다.(페트라르카)

전승된 고전 원전 문헌 중 원저자의 필체로 기록된 것은 거의 찾아보기 힘들다. 설령 원저자의 기록이라 하더라도, 우리는 원저자의 필체를 알고 있지 못하므로, 그것이 원저자의 기록인지 아닌지를 확인할 방법이 없다. 그래서 고전 문헌학자는 전승된 문헌에 대하여 원저자의 기록-저술이 아니라는 가정 하에 문헌 작업을 진행한다. 만약 주어진 문헌이 필사본이라면, 최소한 필사-모본이 있었다는 것은 당연한 일일 것이다. 그래서 고전 문헌학자들은 필사-모본을 찾기 위해 문헌을 추적한다. 한편으로 문헌 추적은 앞선 시대의 모본에만 국한되는 것은 아니다. 필사-손자본도 추적하게 된다. 예컨대 도서관이나 박물관 혹은 고문서 보관소의 목록집이나 문서고를 뒤지다 보면 다양한 종류의 판본을 발견하게 된다. 이러한 과정을 통해서 발견된 문헌(필사본)은 처음 보기에는 아무런 연고 없는 고아처럼 보이지만, 조금 자세히 연구하면 어딘가에는 일가 친척이 있는 텍스트들이고, 어딘가에는 친척 관계에 있는 다른 텍스트의 내용을 비교해 주어야 하는 경우가 대부분이다. 이러한 사정 때문에 서양고전 문헌학자들은 '주어진 텍스트'를 소위 '원전'으로 인정하지 않는다. 그도 그럴 것이 '주어진 텍스트'는 한편으로 원전이라 보기에는 힘들게 만드는 많은 종류의 오류로 가득 차 있고, 다른 한편으로 이런 종류의 오류를 교정하려는 시도 때문에 원전과는 전혀 다른 모습으로 원문이 바뀐

오 폰 코르벤(O. von Corven)의 〈고대 알렉산드리아 도서관〉

경우가 있었으며, 원문에는 없던 문장이 삽입(interpolatio)된 경우도 비일비재하기 때문이다.

그런데 전승된 문헌의 이러한 상태를 처음 발견하고, 의심하면서 교정하려는 노력은 최근의 현상이 아니었다. 기원전 3세기 헬레니즘 시대에 이미 시도되었다. 알렉산드리아 도서관을 중심으로 문헌 간의 비교와 교정 작업이 진행되었는데, 이러한 작업은 이후 로마에 그리고 중세에도 있었다. 고전학자들의 연구에 따르면, 특히 알렉산드리아 도서관에서 활동했던 고전 문헌학자의 연구와 작업 수준이 매우 전문적이었고, 그들이 발견하고 개발한 문헌 다루는 방법과 이를 토대로 한 연구 성과가 매우 높은 수준에 도달했다고 한다.

어찌 되었든, 주어진 고전 문헌을 고전 원전으로 인정하지 않고, 고전 문헌학적 자의식을 가지고 문헌학적 방법을 통해서 고전 원전 복원을 시도했던 시대가 르네상스다. 이 시대를 연 학자가, 소위 '인문주의의 시조'로 알려진 프란체스코 페트라르카(1304~1374)다. 그는 오늘날 우리가 자주 사용하는 '르네상스(renascens, 다시 태어난)'라는 표현을 처음 사용한 사람이다. 이 'renascens'라는 말의 의미는 두 가지이다. 좁은 의미는 고전 원전의 복원을 뜻하고, 넓은 의미는 인문주의(humanitas)의 부활을 뜻했다. 또한 인문주의는 두 영역으로 나뉘어 이해되어 왔다. 하나는 구체적 학문 방법론으로 그리고 교양-교육(paideia)으로서 인문학(studia humanitatis)을 지칭했고, 다른 하나는 그리스어 philanthrophia(인간사랑, 인본주의, 박애주의)에 해당하는 정신을 가리켰다. 이 정신은 서양 사회가 신 중심의 사고 방식에서 이제는 인간 중심의 사고로 전환할 수 있는 계기를 구체적으로 제공한다는 점에서 중요하다. 원래 이 정신은 테렌티우스(기원전 195 혹은 185 추정~159)의 희극에서 찾을 수 있다. 등장인물 중 한 노예가 "나도 한 사람이고 한 인간이다. 인간인 한, 인간사 그 어떤 것도 나와 무관하지 않다고 생각한다(Homo sum, humani nihil a me alienum puto)"라는 대사로 주인에게 신분상 노예이지만 평등한 인간으로 대해줄 것을 요구하는 데에서 인본주의는 역사의 무대에 중요한 논제로 등장하는데, 이를 인문학(humanitas)으로 확장·발전시킨 사람이 키케로다. 키케로 인문학의 특징은 교육을 통해서 시민이 배워 지녀야 할 네 덕목을 제시하는 것을 목적에서 잘 드러난다. 자기 검증성(probitas), 박애정신(misercordia), 관용정신

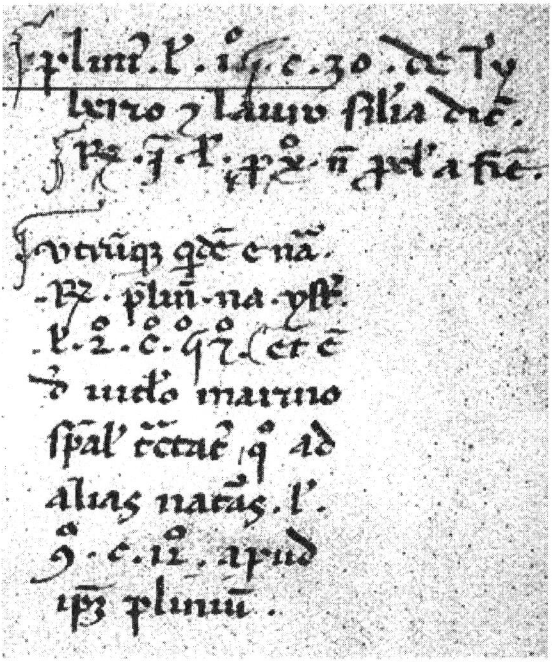

페트라르카의 필체

(liberalitas) 마지막으로 교양(urbanitas)이 바로 그것들이다.

페트라르카는 이와 같은 키케로의 인문 정신을 되살리고자 했다. 이때 그에게 절실하게 필요했던 것은 고전 원전 문헌이었다. 고전에 대한 그의 사랑은 참으로 대단했다. 이는 페트라르카의 인생 역정에 잘 나타나 있다. 페트라르카의 아버지는 원래 변호사였다. 그래서 그는, 아들이 변호사가 되기를 원하였다. 페트라르카도 아버지의 뜻을 존중해 법학 공부를 시작하였다. 그러나 그의 유전자는 법학자의 그것이 아니었다. 그의 유전자는 고전 문학에 심취할 수 밖에 없도록 되어 있었다. 이런 종류의 유전자를 가진 사람에게 '원가 계산'이나 '이자 상승률' 논의는 그야말로 재미없는 일이었다. 이쯤 되면 흔히 영화에서 자주 보는 그런 장면이 떠오를 것이다. 페트라르카는 아버지 몰래 고전 라틴 작품들을 읽고 따지면서 공부했던 것이다. 자연스런 과정이겠지만 이도 얼마 가지 못해 발각되고, 분노에 사로잡힌 아버지는 그의 소중한 고전 작품들을 불에 던져버렸다고 한다. 이에 어린 페트라르카는 대성통곡과 함께 눈물을 터트렸다고 한다. 그러자 아버지는 별수 없이 화염으로부터 두 권의 책을 살려냈는데, 그 한 작품이 베르길리우스의 작품이었고, 다른 한 작품이 키케로의 수사학 저서 중의 한 작품(*De invetione*)이었다. 이쯤 되면 페트라르카의 유전자가 정말 이상하다 할 수 있는데, 그 이유는 다음과 같다. 그 시절에는 고전 라틴어를 체계적으로 교육할 만한 사람도 드물었고, 설령 있다 하더라도 페트라르카가 자유롭게 배울 수 있는 처지도 아니었기에, 즉 고전 라틴 세계에 미칠 만한 어떤 외적 동기가 있었던 것도 아니었을 것이기에 그렇다. 그러니까 자발적으로 고전에 미쳤다는 것이기에 말이다. 이러한 사정을 놓고 볼 때, 그의 유전자가 확실하게 고전에 미쳤다고 보는 것이다. 그는 어린 시절 라틴어를 처음 들었을 때 다음과 같이 느꼈다고 전한다. "사실 그 나이에 나는 아무것도 이해하지 못했다. 단지 라틴어 단어들이 굴러 가면서 내는 소리에 들어 있는 뭔가 모를 어떤 달콤함이 그리고 조화로운 공명-화음이 나를 사로잡아 버렸다."[1)]

고전에 대한 페트라르카의 사랑(philia)은 다음의 행적에서도 잘 드러난다. 그는 문헌을 수집하기 위해 여행을 많이 떠난다. 주로 프랑스 남부 지방으로 갔는데, 그는 이 곳에서 많은 필사본을 발굴한다. 이 과정 중에 그가 얻은 많은 필사본 중에는 선물로 받은 것도 있고, 본인이 직접 필사한 것도 있고, 구매한 것도 있었다. 어찌 되었든 페트라르카는 이렇게 수집한 필사본을 모아 개인 도서관을 세운다. 이 도서관은 고대 알렉산드리아 도서관을 염두에 두고 건립한 것인데, 이 도서관은 나중에 베네치아 공공 도서관으로 확장 · 발전했다. 이렇게 모은 문헌을 그는 철저하게 고증하고 검증하였는데, 이때 그의 검증 방식은 다음과 같다. 문헌과 문헌들의 비교(collatio)가 그것인데, 이 비교를 통해서 양 문헌이 서로 다른 단어나 표현을 가지고 있을 경우, 이를 철저하게 기록하고, 이를 필사본 교정에 활용하였다. 이때 중요한 것은 그가 필사본에 기재되어 있는 문제의 텍스트를 마구 지우고 그 위에 새로운 교정을 기록한 것이 아니라는 점이다. 대신에 그는 텍스트의 외곽 여백에 정성스럽게 기록해 놓았다. 그가 이

1) et illa quidem aetate nihil intelligere poteram: sola me verborum dulcedo quaedam et sonoritas detinebat.

렇게 한 데에는 물론 필사본을 접하게 될 다른 사람을 위하여 문제가 되는 자리의 해석과 이해에 도움을 주기 위한 의도도 한 몫하고 있지만, 더 근본적으로는 오류 교정과 관련해서 다른 사람에게도 판단의 기회를 제공하기 위한 뜻이 결정적으로 작용했다. 이렇게 페트라르카가 난외에 교정 제안을 기록한 필사본은 100년 후 마찬가지로 고전 문헌학사에 중요한 족적을 남긴 로렌초 발라(1407~1457)의 손에 들어간다. 발라는 페트라르카의 기록을 비판적으로 검토하는데, 마찬가지로 문제가 있는 대목을 발견할 경우, 자신의 교정 제안을 페트라르카의 기록 옆에 보충한다. 이러한 연속-교정 작업은 고전 문헌학에서 매우 중요한 의미를 갖는데, 이는 곧 본격적인 문헌 편집의 중요한 지침 내지 방법으로 발전했기 때문이었다. 소위 필사본 교정학 혹은 문헌에 대한 비판적 편집학(textcriticism)의 첫 계단을 놓은 사람이 페트라르카라 하겠다.

페트라르카에 이어 등장한 인문학자가 보카치오(1313~1375)이다. 그는 파리 출신으로, 아버지는 이탈리아 상인이었고 어머니는 프랑스 출신이었다. 단편 이야기 묶는 재주가 탁월했던 그는 우리에게도 잘 알려진 『데카메론(*Decameron*)』의 저자이다. 그는 페트라르카를 열정적으로 존경하고 흠모했던 사람이었다. 하지만 페트라르카처럼 문헌복원에 관심을 두지는 않았다. 대신에 그는 번역에 집중하였다. 그리고 많은 여행을 하였기에 중요한 필사본을 많이 발견하였다. 예컨대 그는 타키투스의 역사 저술(*Ann*. XI-XVI, *Hist*. I-V)을 몬테 카시노(Monte Casino) 수도원에서 발견한다. 이 문헌과 관련해 후대 학자들은 보카치오가 훔쳤다고 주장한다. 소위 그가 훔쳤다고

전하는 작품 중에는 언어학적으로 중요한 바로(Varro)의 *De lingua Latina*(Cod. Laur. 50.10)도 속한다. 그러니까 그가 한 번 왔다 가면 뭔가 중요한 문헌이 사라졌다는 것이다. 하지만 이에 대해서는 아직도 논란 중이다. 어찌 되었든 보카치오의 고전 문헌학에의 기여는 두 가지이다. 하나는 1360년에 피렌체로 필라토를 초청해서 호메로스를 번역하도록 한 것인데, 이 번역은 라틴 서쪽 세계에 중세 이후 최초의 호메로스 라틴어 번역이었고, 이를 통해 그리스어를 본격적으로 가르치는 계기를 마련하였다. 다른 하나는 보카치오가 사람들에게 소위 필사본이 학문적 가치 이외에 재산적 가치가 있는 물건임을 일깨우는

보카치오의 초상

보카치오가 『데카메론』을 지었다는 이탈리아의 라벨로 해안가

데 중요한 역할을 했다는 것이다. 이는 많은 왕들, 공국의 권문세가들, 교회의 수장들, 돈 많은 유력가들로 하여금 책을 모으게 하는 계기를 제공하였다.

페트라르카와 보카치오! 그들은 중세 사회에서는 중요하게 다루어지지 않았던 인간 자신에 대한 가치와 덕목을, 그리스-로마 고전 필사본의 발굴-정본화-주석-번역(interpretatio et translatio) 작업을 통해서 재발견하고, 고전어를 가르치고, 고전텍스트를 모방하고 경쟁함(imitatio et aemulatio)으로써 인간에 대한 가치와 덕목을 실현하고 보장할 수 있는 새로운 사회로 나아갈 수 있는 길을 열었다.

그들의 노력은 당장 정치적 투쟁으로 직결된 것은 아니었지만 나중에 새로운 공동체를 구성하고자 하는 노력으로 구체화되었기 때문이다. 결론적으로 이렇게 새로운 공동체와 새로운 인격체, 곧 시민을 길러냈던 방식들이, 고전에 그리고 고전 일반을 관장하는 인문학에 뿌리를 두고 있다면, 삶과 문화 그리고 역사 자체가 인문학의 또 다른 모습이 아닐까 싶다.

22

HUMANITAS

근대의 탄생

이것은 세계가 어떻게 새로운 방향으로 일탈하게 되었는지에 관한 이야기다. 변화를 일으킨 것은 혁명도, 성문 앞의 무자비한 침입군도, 미지의 대륙에의 상륙도 아니었다. 이런 장엄한 사건들의 경우, 역사학자와 예술가는 대중의 상상력을 자극하고 쉽게 기억할 수 있을 만한 이미지를 제공해왔다. 바스티유 감옥의 함락, 로마 약탈, 그리스 배에서 내린 헐벗은 에스파냐 선원들이 신세계에 깃발을 꽂는 장면 등이 그러하다. 그러나 이와 같은 세계사적인 변화의 상징적인 장면들은 현혹적인 이미지에 불과할 수 있다. (중략) 지금으로부터 약 600년 전에 문제의 변화가 일어났을 때, 결정적인 순간은 한 외딴 장소의 벽 뒤에 처박혀 가만히 숨죽인 채 거의 눈에 띄지도 않게 지나갔다. 어떤 영웅적인 행위도, 이 위대한 변화의 현장을 후세에 증언해줄 관찰자도 없었다. 천지개벽할 변화의 순간이면 으레 나타나는 기적도 일어나지 않았다. 어느 날, 상냥하지만 약삭빠르고 기민해 보이는 인상의 한 30대 후반의 덩치 작은 사내가 한 도서관의 서가를 둘러보았다. 그는 그곳에서 아주 오래된 필사본 하나를 발견하고 꺼내 들었다. 책을 살펴보고 그는 매우 흥분해서 다른 사람에게 그 책을 필사하도록 지시했다. 이것이 전부였다. 그러나 이것으로 충분했다.(스티븐 그린블랫, 『1417년, 근대의 탄생: 르네상스와 한 책 사냥꾼 이야기』 19~20쪽, 이하 『1417년』)

사내는 포조 브라촐리니(Poggio Bracciolini, 1380~1459)였고, 책은 루크레티우스(Lucretius, 기원전 98/96~55/53년)의 『사물의 본성에 관하여(*De rerum natura*)』였다. 『1417년』은 사내와 책이 세계를 어떻게 변화시켰는가, 혹은 세계를 어떻게 근대화시켰는가를 다룬다. 책의 원제목은 *THE SWERVE: How the World became Modern*이다. 따라서 『일탈: 세계는 어떻게 근대화되었는가?』 정도가 서명에 어울릴 것이다. 물론 사소한 투덜거림으로 보일 수도 있겠다. 하지만 결코 작은 문제는 아니다. 왜냐하면 사소한 차이로 보일 수도 있겠지만, 『1417년, 근대의 탄생: 르네상스와 한 책 사냥꾼 이야기』라고 책의 제목을 붙이게 되면, 『1417년』을 문헌학의 관점에서 접근해야 하는 텍스트로 여기게 만들기 때문이다. 하지만 내가 생각하기에, 저자 그린블랫의 관심은 문헌학적 전통의 추적보다는 '일탈' 개념의 지성사적 탐구에 더 가깝게 놓여있는 것으로 보인다. 즉, '일탈' 개념이 서양 근대화에 어떤 영향력을 행사했는지를 밝히는 것이 책의 근본적인 저술 동기로 파악되기에. 물론 책이 포조라는 어느 문헌 사냥꾼의 삶을 중심으로 기술되었지만 말이다. 사정이 이와 같다면, 책의 원래 제목의 취지를 살려서 '일탈' 개념을 강조하는 쪽으로 번역서의 제목을 붙였으면 좋았을 것이다. 이것이 첫 번째 아쉬움이다.

'일탈!', 책은 이 개념이 근대를 만드는 과정에서 어떤 역할을 수행했는지를 문헌 전거를 통해서 설득력 있고 내용적으로도 새로운 풍부한 정보를 제공하고 있다. 이 점에서 나는 책이 저자가 원했던 바의 소기의 목표를 달성했다고 판단한다. 특히, 딱딱한 학술서 방식이 아닌 잔잔한 전기(biography) 스타일은 전문적인 학자뿐만이 아니라 일반 독자에게 편안한 독서 여행을 제공하고 있다. 이 점에서 번역자 이혜원 선생의 공을 높이 사고 싶다. 하지만 번역자가 '일탈'에 대한 해제 내지 역주를 보충해 주었으면 좋았을 것이다. 이것이 책에 대한 두 번째 아쉬움이다. 물론 역자도 책 말미의 역자 후기에서 "서양사나 철학을 전공하지 않았다"고 밝히고 있다. 따라서 나의 요구가 무리한 청일 수도 있을 것이다. 하지만 '일탈' 개념을 어떻게 이해하느냐에 따라 책의 가치와 의미에 대한 평가와 판단이 달라질 수 있기에 '일탈' 개념에 대한 정확한 이해는 중요하다. 이런 이유에서 일탈 개념에 대해 '약간의(paulum)' 보충을 하고자 한다.

'일탈', 이 개념은 원자 개념과 함께 에피쿠로스(Epikuros, 기원전 341~271년) 철학의 씨앗-생각 가운데에 하나이다. 하지만 이 개념을 에피쿠로스 자신이 명시적으로 표현했다는 것에 대해서는 아무도 확정할 수 없다. 남아 있는 전거가 없기 때문이다. 다만, 이 말을 에피쿠로스의 생각이라고 우리가 추정할 수 있는 것은 루크레티우스가 『사물의 본성에 관하여』 제2권 216행~293행의 일탈에 대한 전거 덕분이다. 다음과 같다.

이것도, 이 문제에 대해서 자네가 깨닫길 염원하네.
원자들이 아래로 똑바로 허공을 통해서 자기 자신의 무게로 움직일 때,
규정을 받지 않은 시간과 규정을 받지 않는 장소의 공간에서
약간의 벗어남이 생긴다는 것을 말이네.
이를 자네가 단지 약간 이동된 움직임이라고

말할 수 있을 정도의 벗어남이 말이네.
만약 원자들이 벗어나지 않는다면, 모든 것은, 빗방울이 그러하듯이,
심연의 빈 허공으로 수직으로 떨어져 버리고, 따라서 원자들에게는
어떤 충돌도 생겨나지 않을 것이고, 어떤 부딪힘도 일어나지 않을 것이며,
결론적으로 자연은 어떤 것도 생성시키지 못했을 것이네.
(루크레티우스, 『사물의 본성에 관하여』 제2권, 216행~224행)

인용에서 읽을 수 있듯이, 루크레티우스에 따르면 '일탈'은 자연의 생성 원리이다. '일탈'에 해당하는 라틴어 원문은 'declinare'(제2권 221행)이다. 이 단어는 '기울다'를 뜻한다. 해서, '일탈'이라는 번역어가 적당한지는 잘 모르겠다. 한국어 일탈(逸脫)은 한자어의 어원적 의미가 어떤지에 관계없이, 특정의 목적과 규정된 노선으로부터 벗어나는 것을 일컫는 다소 도덕적인 뉘앙스를 담고 있기 때문이다. "청소년들의 일탈 행위를 막아야" 식의 문장이 한 예이다. 반면에 루크레티우스의 declinare는 일체의 목적과 규정이 없는 상태에서 원자 자신의 무게 때문에 생겨나는 움직임, 따라서 어떤 외적인 제한과 조건이 가해지지 않은 진공의 공간에서 생겨나는, 즉 원자 자체의 물리적 힘 때문에 일어나는 물리적 힘 자체의 혹은 무-규정적 혹은 무-목적적 운동을 지칭하는 개념이다. 보충하자면, 원자는 어떤 목적을 가지고 움직이는 무엇이 아니라는 점, 그 움직임은 다른 외적 요인이나 힘에 의해서 일어나는 것이 아니기에, 그것에 접근할 때에는 그 자체의 움직임에 주시하면 충분하다는 것이다. 그것 자체로는 사실, 아무것도 아닌(nihil) 그냥 움직이는 것이고, 다만 자신의 무게 때문에 약간 빗겨나는 것이고 벗어나는 무엇이라는 것이다. 따라서 일탈 개념 자

체는 어떤 중요한 의미를 품고 있는 무엇이 아니다. '일탈' 개념은 그 자체로는 아주 대단한 비밀 혹은 우주를 설명하는 엄청난 비결을 지닌 무엇이 결코 아니라는 얘기다. 그야말로 '아무런 의미 없는' 개념이다. 아니 어떤 특정의 의미 내지 가치를 부여해서는 안 되는 개념이 바로 일탈일 것이다. 물론, 근대 물리학의 관점에서 보면, 일탈이 그야말로 아무 의미 없는 움직임은 아니다. 왜냐하면 원자는 자체의 무게를 가지고 있기 때문이다. 그런데 이 무게의 힘이 운동의 방향을, 즉 일탈의 기울기를 결정하기에. 루크레티우스는 이 기울기에 '약간의(paulum)'라는 규정을 준다. 아마도 이 '약간의'에 무게의 힘이 반영되고, 이 힘에 비례에서 기울기를 잴 수 있다는 생각을 할 수 있을지도 모르겠다. 그래서 'paulum'에 대한 의미를 드러내기 위해서 많은 학자들이 지금도 매달리고 있다(이와 관련해서는 이준엽(2009)의 「에피쿠로스 학파에서의 빗겨남의 경로에 관한 연구」 서울대학교 석사논문을 참조하시오). 이 빗겨남의 경로에 대한 연구가 근대 물리학의 주요 주제가 되었고, 이것이 나중에 운동을 설명하는 법칙의 해당 대상이 되었기 때문이다. 하지만 에피쿠로스나 루크레티우스가 기울기의 경로를 계산하는 법칙의 규명에 관심을 가졌는지에 대해서는 여전히 논란거리이고, 과연 이것이 고대 자연학자들의 화두였는지는 확실치 않다. 나중에 다시 언급하겠지만, 한 가지 확실한 점은 루크레티우스에게는 근대 과학자들이 자연 현상을 관찰하고 기술할 수 있었던 표현 방식과 표현 기제가 없었다는 것이다. 어쩌면, 이것이 고대와 근대의 차이일지도 모르겠다. 하지만 바로 이 대목일 것이다, 세계의 근대화의 해명과 관련해서 왜 루크레티우스의 '일탈' 개념이 중요한지가 드러나는 것이! 원자가 그 자체의 무게로 인해 움직이는 것이고 그 움직임이 일탈이기에, 그것에 접근함에 있어서도 마찬가지로 자연의 모든 움직임을 특정의 목적 규정 없이 특정의 의미 내지 가치 부여 없이, 즉 특정의 '색안경'을 끼지 않고, 있는 그대로 주어진 그대로 보고 접근하려는 노력에서 비롯된 학문이 근대의 자연과학이라면 말이다. 여기에서 의미란 특정 철학의 혹은 특정 종교의 이념 따위의 색안경을 가리킨다. 그렇다면 원자의 움직임을 바로 특정의 가치 내지 이념이라는 색안경을 벗고 배제하고서 자연을 있는 그대로 바라보자는 것이 루크레티우스의 '일탈' 개념에서 읽어내야 하는 비결일 것이다. 이에 따라서 사물을 들여다보니, 다시 말해 있는 그대로 보니 원자들이 그냥 일탈의 방식으로 움직이고, 이것이 사물의 본성이라는 소리다. 따라서 일탈 개념은 뭔가 심오한 비결도 아니고, 마법의 주문도 아니다. 일탈은 그저 자연의 움직임에 대한 단순한 이름에 불과할지도 모르겠다.

'일탈'!, 이런 단순한 개념이 세계를 근대화시켰다니! 그 비밀은 도대체 어디에 숨어 있는 것일까? 답은 의외로 간명하다. 일탈 개념 자체 안에 숨어 있기에. 일탈 개념의 진정한 의미는 그것이 아무런 의미도 없고, 그 어떤 가치도 부여하지 말자는 데에서 찾아질 수 있기 때문이다. 그런데 자연을 있는 그대로 보자는 인식, 이에 기반해 발견된 것이 소위 근대 과학이 규명하려는 객관의 세계이기에. 따라서 이런 객관 법칙의 세계에 입문하기 위해서는 따라서 일체의 선입견과 편견, 다시 말해 인간적인 감정과 논리로부터 벗어나야 한다는 얘기다. 그런데 루크레티우스에 따르면, 이를 가장 방해하는 것이 죽음에 대한 공포이다. 그래서 그는 종교를, 이를 악용하고 조장하는 것으로 비판한다. 자연을 있는 그대로 보지 못하게 만드는 것이 종교이기 때문이란다. 루크레티우스의 일갈이다.

> 인간의 삶이 무거운 종교에 눌려
> 모두의 눈앞에서 땅에 비천하게 누워있을 때,
> 그 종교는 하늘의 영역으로부터 머리를 보이며
> 소름끼치는 모습으로 인간들의 위에 서 있었는데,
> (중략)
> 그리하여 입장이 바뀌어 종교는 발 앞에 던져진 채
> 짓밟히고, 승리는 우리를 하늘과 대등하게 하도다.
> (루크레티우스, 『사물의 본성에 관하여』, 제1권 62~79행)

인용에서 "승리는 우리를 하늘과 대등하게 하도다"라는 구문에 눈길이 간다. 오만(hybris)의 극치이다. 무엇보다도 '신(神)'을 맨 앞자리에 놓는 서양 고대인에게는 특히나 그렇게 보였을 것이다. 하지만 이 선언은 르네상스 이후의 자연을 자연 그대로 관찰하고 싶어했던, 하지만 교회의 힘에 눌려 있었던 자연과학자에게는 구원의 메시지였을 것이다. 이런 이유에서, 루크레티우스의 저 '승리' 선언은 참으로 대담하고 대단하다 하겠다. 어쩌면, "신은 죽었다"는 니체의 선언보다 더 위대할 것이다. 이런 대담함 덕분에 루크레티우스의 작품에 대한 평가는 작품이 출판된 당대에도 그리 호의적이지 않았다. 대표적으로 키케로의 말이다.

> 그것과 동시에 경외심과 종교 생활 역시 소멸될 수 밖에 없는데, 그것들이 없어지면 삶의 동요와 크나큰 혼란이 뒤따르게 될 것입니다. 게다가 나(키케로)로서는, 신들을 향한 경건함이 사라지고 나면, 인간 종족에 대한 신뢰와 연대감 그리고 가장 탁월한 덕인 정의 역시 사라지고 말 것이라 확신합니다.(키케로, 『신들의 본성에 대하여』 제1권 3장~4장)

그래도 키케로의 입장은 유보적이다. 일단, 종교를 무시하는 입장과 무시해서는 안 된다는 입장에 대해서 둘 다 들어보자는 태도를 취하기 때문이다. 이로부터 『사물의 본성에 관하여』가 출판되었을 당시의 로마의 분위기를 짐작해볼 수 있다. 사실, '내전(bellum civile)'의 위협에 시달려야 했기에 일반 시민은 이 책의 출판 사실에 대해 별 관심도 없었을 것이다. 한데, 정국이 안정되자, 『사물의 본성에 관하여』를 읽는 사람이 생겨난다. 흥미로운 점은 이 책에 대한 호감과 반감이 분명하게 갈린다는 것이다. 호감을 표하는 대표적인 인물이 오비디우스다. 그의 『변신 이야기』 시작 대목이다.

> 바다도 대지도 만물을 덮고 있는 하늘이 생겨나기 전
> 자연은 전체가 한 덩어리였고 한 모습이었다네. 이를
> 사람들은 카오스라 불렀지. 원래 그대로 투박하고 어떤 질서도
> 어떤 체계도 갖추지 못한 채 무거운 덩어리로, 마찬가지로 이 안에서
> 서로가 서로에게 으르렁대는 만물의 씨앗(원자)들이 한데 뒤엉켜 있다네.
> (오비디우스, 『변신이야기』 제1권 5~9행)

물론, 오비디우스(Ovidius, 기원전 43년~서기 17년/18년)가 『사물의 본성에 관하여』를 어느 깊이로 참조했는지는 문헌학적으로 검

증해야 할 물음이다. 하지만 오비디우스가 루크레티우스가 표방하는 유물론을 지지하는 것은 명백해 보인다. 단적으로 오비디우스의 '카오스(chaos)'는 모든 것이 뒤섞여 있는 '혼돈'을 뜻하고, 따라서 태초의 우주는 무질서하고 체계가 잡히지 않는 물질 덩어리이기 때문이다. 그에 따르면, 우주는 신이 창조한 것이 아니다. 이런 생각은 미리 존재하는 무엇인가로부터 다른 형태의 무엇인가가 나온다는 생각, 다시 말해 "ex nihilo nihil" 곧 "아무것도 없는 것에선 아무것도 나오지 않는다"는 에피쿠로스와 데모크리토스의 유물론적인 세계관에 그 뿌리를 두고 있다. 요컨대, 이런 세계관은 무(無, nihil)로부터 세계를 창조한 유일신을 찬양하는 기독교의 세계관과는 근본적으로 다르다. 이런 이유에서, 서양 세계가 기독교화 되면 될수록 『사물에 본성에 관하여』에 대한 혐오는 커져갔다. 당연히 그 중심에는 기독교의 교부들이 서 있었다. 자연과학에 대해서 호의적인 입장을 가지고 있었던 예수회조차도 루크레티우스에 대해서는 치를 떨 정도였기 때문이다. 다음은 17세기 이탈리아 피사 대학의 예수회 소속의 젊은 성직자의 기도문이다.

> 원자로부터는 아무것도 나오지 않는다네.
> 세상을 이루는 모든 물체는 그 형태의 아름다움 속에서 빛나니,
> 이런 물체들 없이는 세상은 단지 거대한 혼란일 뿐이라.
> 태초에 신께서 이 모든 것을 만드셨고 만드신 것이 또 뭔가를 낳으니,
> 아무것으로부터도 나오지 않는 것은 아무것도 아님을 유념하라.
> 오 데모크리토스여, 원자로는 어떤 다른 것도 만들지 못하노라.
> 원자는 아무것도 만들지 못하고 따라서 원자는 아무것도 아니어라.
> (『1417년, 근대의 탄생』, 쪽수 313~314)

이 구절들을 아침마다 암송했다고 한다. 이런 이유에서 참으로 오랜 시간이 흘러야 했을 것이다. 『사물에 본성에 관하여』가 수도원의 포도주 창고에서 발견되어 다시 빛을 보게 된 것은! 내 생각에, 책이 담긴 불온한 내용 때문이었을 것이다. 서양고전 문헌 가운데에는 이처럼 텍스트가 전하는 내용의 위험 때문에 소위 '책 자체가' 사라진 경우도 많고, 그 중 일부 부분이 삭제된 경우도 많다. 대표적으로 위-롱기누스(Ps. Longinus, 서기 1세기)의 『숭고론(*De Sublimitate*)』이 한 예다. 어찌 되었든, 『사물의 본성에 관하여』도 비슷한 운명에 처했지만, 운명은 문헌의 생존을 허락했다.

『1417년』의 주인공이자 근대 세계로의 문을 연 인물로 소개되는 포조가 『사물의 본성에 관하여』의 필사본을 독일의 풀다(Fulda) 수도원에서 발견한 해는 1417년이었다. 포조는 문헌 사냥꾼이자 서간문 작가이면서 단편이야기 묶는 재주가 뛰어난 사람이었다. 포조는 글씨를 아름답게 썼던 것으로 유명하다. 그의 필체는 필사자들 사이에서 새로운 서체(stilus)의 한 유형으로 자리 잡을 만큼 유려했다. 여기에서 서체란 이런 비교는 엄격한 의미에서 성립하지 않겠지만 예컨대 동양에서 '안진경체', '구양순체', '왕희지체' 식의 서체 스타일과 유사하다. 문헌학적으로 그가 중요한 인물인 이유는, 그가 다른 선대 인문학자들과 마찬가지로 판독하기 쉬운 텍스트를 생산하려고 시도했다는 점, 필사 중에 생긴 오류들을 교정하려고 시도했다는 점들에서 찾을 수 있다. 이는 예를 들면, 포조가 흥미롭게도 이런 교정 과정을 'emendare(교정하다)'라 정의하는데, 이는 나중에 문헌학의 정식 전문어로 자리잡았다는 데에서 잘 드러난다. 대략 500년이 지나 파울 마아스(Paul Maas)는 이를 emendatio(교정)라 부른다. 그는 또한 타고난 문헌 사냥꾼이었다. 그는 책을 찾아서 자주 외국을 방문했다. 방문할 때마다 중요한 성과를 올렸다. 특히 1416년 장크트 갈렌(Sankt-Gallen) 수도원에서 그가 수사학자 퀸틸리아누스의 『수사학 교육』 전집을 발견한 것은 기념비적인 사건이다. 이어 1417년에 그는 독일의 풀다 수도원에서 문제의 루크레티우스의 『사물의 본성에 관하여』의 필사본을 발견한다(*Codex Laurentianus* 35.30). 이 필사본은 서기 9세기에 필사된 것으로 추정되는 것으로 발견 당시로서는 유일본(codex unicus)이었다. 만약 이 필사본이 발견되지 않고 먼지 속으로 사라졌다면 루크레티우스의 작품은 이름만 전해졌을 것이다 만약 문헌 자체가 사라졌다면, 아마도 그린블랫이 말하듯이, 세계 역사도 현재의 모습은 결코 아니었을지도 모른다. 왜냐하면 이 작품은 계몽주의 시대에 중요한 텍스트로 사용되었고, 아울러 예를 들면 뉴턴 같은 자연과학자들에게 매우 큰 영향을 끼쳤기 때문이다. 더욱이 포조가 발견한 필사본은 문헌 계보 구성과 관련하여 매우 중요한 문건이다. 『사물의 본성에 대하여』를 전하는 다른 필사본들 모두가 포조가 발견한 필사본이 가지고 있었던 전승 오류를 유지하고 있었고, 이 오류들의 유전 관계를 이용해 약 400년 후에 독일의 문헌학자 라흐만(Lachmann)이 문헌계보도를 작성할 수 있는 계기를 제공했기 때문이다. 그러니까 이 발견은 소위 문헌계보학(stemma codicum)의 탄생(이와 대해서는 안재원(2012)의 "왜 정본인가"[『정신현상문화』를 참조하시오.])을 예비한 사건이라 하겠다. 4

백 년 뒤에 위용을 자랑하며 서양 학문의 무대에 주인공으로 등장하게 될 서양고전 문헌학(이에 대해서는 안재원(2008)의 "서양고전 문헌학의 방법론"(『규장각』 32집)을 참조하시오.)도 실은 이렇게 『사물의 본성에 관하여』를 발견하고서 포조가 필사본의 난외에 남긴 아주 작은 기록들로부터 시작했다는 점을 강조하고자 한다[(이에 대해서는 루돌프 파이퍼(1972)의 『인문 정신의 역사』(정기문 옮김, 2011, 도서출판 길)를 참조하시오.)].

만약 이 필사본이 포조에 의해서 발견되지 않고 먼지 속으로 사라졌다면, 세계의 모습은 과연 어떻게 되었을까? 이에 대해서는 아무도 답할 수 없을 것이다. 그럼에도 불구하고, 『사물에 본성에 관하여』가 세계를 근대화시키는 데 큰 역할을 했다는 것은 결코 부정할 수 없는 사실일 것이다. 특히 계몽주의 시대로의 길을 여는 데에 불을 밝힌 책이 『사물의 본성에 관하여』였기 때문이다. 이런 말로 말이다.

> 정신에 자리잡은 종교에 두려움과 어둠을
> 태양의 빛과 낮의 빛나는 햇살이 아니라,
> 자연의 관찰과 추론으로 몰아내야 한다.
> (루크레티우스, 『사물의 본성에 관하여』 제1권 146행~148행)

가히, 기독교계가 싫어할 만하다. 하지만 그들이 싫어한 이유는 『사물의 본성에 관하여』의 내용 때문만은 아니었다. 실은 루크레티우스에 감동한 볼테르나 홉스와 같은 계몽주의 사상가들이 벌인 반(反)종교 운동 때문이었다. 어쨌든, 이성과 합리성을 모든 행위의 원리이자 기준으로 삼는 서양의 근대는 이렇게 시작했다. 물론, 요즘이야 이 근대성을 의심하는 사람이 많지만 말이다. 이런 의미에서, 『사물의 본성에 관하여』는 출판 당시에 당대의 지성과 대중에게 충격을 가한 책이 아니다. 또한 재발견되었을 당시에 당장 세계를 흔든 책도 아니었다. 이런 이유에서 책은 오히려 시대를 넘어 새로운 시대를 만든 무엇인 셈이다. 그렇다면 루크레티우스는 도대체 무슨 생각에서 이런 문제작을 지었을까?

물론, 책의 내용에 대한 지적 소유권은 원천적으로 에피쿠로스에게 있다. 그리고 이를 라틴어로 옮긴 이가 루크레티우스다. 그래서 루크레티우스의 주요 생각들을 간추려 보고자 한다. 그는 번잡하고 심지어 생명의 위험을 감수해야 하는 정치 활동에는 일체 참여하지 않고, '숨어 사는(lathe biosas)' 은둔의 삶을 즐기면서 학문에 몰두했다. 아마도 이런 생활 덕분일 것이다, 『사물의 본성에 관하여』가 탄생할 수 있었던 것은! 하지만 이 때문에 욕도 들어 먹어야 했다. 정치에 참여하지 않는다고! 이에 대한 그의 반박은 이렇게 재구성될 것이다. 그러니까, 모든 운동은 언제나 연결되어 있다. 새로운 운동이 고정된 순서에 따라 이전 운동으로부터 생겨나기 때문이라 생각하는 사람이 있다. 대개 소위 기계론적 세계관을 가진 사람이 이런 입장을 취한다. 이것이 소위 운명-결정론이다. 이에 반해 인과의 사슬로 짜인 운명의 고리를 끊을 수 있으며 무한한 이전의 원인으로부터 일탈이 가능하다는 게 루크레티우스의 생각이다. 그는 이 일탈을 이끄는 원리가 쾌락의 힘이라 주장한다. 물론, 사물에 있어서 원자의 무게들도 인간 의식에서 마찬가지로 끊임없이 일탈하며, 그것을 따르는 것이 사물의 본성이며, 이를 임의적으로 제한하고 구속하는 것은 자유를 억압하는 것인데, 이는 쾌락이라는 최고 목적에 반하는 것이다. 사물의 본성이 따라서 쾌락을 추구한다는 것! 쾌락이라는 최고 목적 때문에 인간은 정해진 노선으로부터 일탈할 수 있으며, 여기에서 자유의지가 생겨난다고! 쾌락을 최고 목적으로 보았을 때에 이를 방해하는 일체의 인위적인 제도는, 예컨대 종교는 인간의 자유의지를 제약하는 장치에 불과하다는 것. 그런데 현대적인 관점에서 보면, 이런 자유의지를 가지는 존재가 개인이다. 반전은 여기서부터다. 그에 따르면, 원자는 '더 이상 쪼개지지 않는 무엇'이다. 그리스어로는 atomos, 라틴어로는 individuum이다. 그리스어 atomos는 근대에 와서는 자연과학의, 특히 화학의 핵심 개념으로 자리잡는다. 원자가 그것이다. 반면에 라틴어 individuum은 법철학과 소위 사회과학의 핵심 개념으로 자리 잡는다. 개인이 그것이다. 따라서 눈길을 끄는 것은 라틴어 번역이다. 그러니까, '더 이상 쪼개지지 않는 무엇'의 정의(definition)를 인간에게 적용하고, 그 근사치를 구해보자. 한 사회 속에서 더 이상 쪼개지 않는 것, 다시 말해 다른 것으로 대체되지 않는 것을 추적하면, 결국 그것은 곧 개인이기 때문이다. 이렇게 해서 다른 무엇으로도 대체될 수 없는 존재인 개인이 탄생한다. 인권 개념도 이를 바탕으로 성립한다. 이 인권 개념은 나중에 국권에 의해서도 대체될 수 없는 개념으로까지 상승한다. 여기까지가 국가 개념과 대립적 지평에서 동등성과 대등성을 갖는 개인 개념의 성립 과정에 대한 이야기다. 한데, 역사는 참으로 역설적이다. 가장 비정치적인 것이 가장 정치적인 것이기에! 정치로부터 가장 멀리 거리를 취하려 한 철학자의 생각이 실은 정치의 가장 중요한 중심을 차지하기에 말이다. 이와 관련해서는 프랑스혁명 이후의 근대의 모든 정치 운동이 개인의 자유와 인권의 확립을 위한 투쟁이었다는 사실 정도만 언급하겠다. 따라서 적어도 세계의 근대화가 한편으로 개인주의를 기본 특징으로 내세운다고 한다면, 위에서 언급했듯이, 그린블랫은 원자와 개인의 상관성에 대한 해명을 했어야 한다. 하지만 이에 대한 해명이 충분하지 않다는 점이 세 번째로 아쉬운 대목이다. 물론, 일탈 개념이 '근대의 탄생'에 얼마나 큰 기여를 했는지를 제시하는 것이 이 책의 저술 동기라는 점은 인정한다. 서양의 자연과학자들이 루크레티우스의 『사물의 본성에 관하여』를 읽고서, 특히 '일탈' 개념의 영향을 받아서 자연 세계를 객관적으로 설명하려는 시도를 하게 했다는 그의 지적 역시 타당해 보인다.

이런 저런 아쉬움 때문에 나는 세계의 근대화와 관련해서 더 정확하게는 서양 근대의 탄생과 관련해서 일탈 개념이 세계의 근대화에 끼친 영향에 대한 그린블랫의 해명은 절반의 성공 밖에 거두지 못했다고 생각한다. 여기에서 '절반의'라는 한정적 수식어를 단 이유는 다음과 같다. 단적으로 서양의 근대화가 단지 루크레티우스의 '일탈' 개념의 영향을 받아서 촉발된 것으로 설명하는 것은 뭔가 부족한 것으로 보이기 때문이다. 하지만 루크레티우스의 『사물의 본성에 관하여』가 종교 그러니까 기독교라는 색안경으로부터 벗어나 자연을 자연 그대로 관찰하게 유도하고 동시에 동기와 용기를 부여한 것은 사실이지만, 이미 앞에서 언급했듯이, 있는 그대로의 자연을 그 자체의 규칙과 원리에 따라서 그러니까 자연을 인간의 역사적 자연 언어가 아닌 자연을 자연 그대로 객관적으로 표현할 수 있는 표현 기제와 표현 방식을 가지고 있지는 않았기 때문이다. 따라서 세계의 근대화를 설명하기 위해서는 자연을 자연 그대로의 방식에 따라서 표현할 수 있는 표현 방식과 표현 기제의 개발 과정에 대한 해명도 필수적이었다. 하지만 이에 대한 해명을 『1417년』에서는 찾아볼 수가 없다. 물론, 이 문제는 저자에게 해명을 직접 요구할 수 있는 물음은 아닐 것이다. 사정이 이러함에도, 루크레티우스의 『사물의 본성에 관하여』와 근대의 탄생에 대한 물음을 해명하고자 할 때에, 이 양자 사이의 연속성과 불연속성은 반드시 짚고 넘어가야 할 사항이었다. 다시 말해 루크레티우스의 한계, 즉 서양의 고대 과학과 세계의 근대 과학의 차이가 어디에서 발견되는지는 한 번쯤은 검토해 보아야 할 물음이라는 얘기다. 이에 대한 해명이 없다는 것이 마지막 아쉬움일 것이다.

차이는 이렇다. 최소한 루크레티우스의 『사물의 본성에 관하여』에는 자연을 자연 그대로 표현할 수 있는 표현 방식과 표현 기제가 없었다는 것이고, 근대 과학은 표현 방식과 표현 기제를 가지고 있었다는 데에서 말이다. 이와 관련해서 나도 루크레티우스의 『사물의 본성에 관하여』와 같은 서양고전이 세계의 근대화 아니 서양 근대의 시작에 중요한 기여를 했다는 점을 당연히 인정한다. 하지만 세계의 근대화를 촉발하고 발전시킨 데에는 동양고전도 한 몫 거들었을 것이란 점이 이 서평에서 내가 새로이 제안하고자 하는 주장이다. 보다 체계적으로 전거를 추적해야 하겠지만, 적어도 자연 과학을 위한 표현 방식과 표현 기제를 개발해야 한다는 논의를 촉발시킨 부싯돌 가운데 하나가 중국의 한자였기 때문이다. 그 대표적인 증인이 영국의 프랜시스 베이컨(Francis Bacon, 1561~1626)이었다. 그는 자연의 탐구를 위해서 보편 언어 혹은 근원 언어 혹은 '진정한 문자(real character)' 체계를 개발하자고 제안하면서, 다음과 같이 밝힌다.

> 진정한 문자를 사용하여 글을 쓴 것은 극동의 왕국, 중국에서였다. 진정한 문자는 대체로 글자나 단어가 아니라, 사물이나 개념을 표현한다. 언어가 미칠 수 있는 지역보다 문자가 더욱 일반적으로 이해되었기 때문에, 서로의 언어를 이해하지 못하는 나라나 지역에서 서로의 글을 읽을 수 있었다.(『학문의 진보(*Advancement of Learning*)』, London 1605)

인용은 베이컨의 보편 언어에 대한 기획이 한자 체계의 영향을 받았음을 확인시켜준다. 물론, 베이컨의 보편 언어 기획의 기저(基底)에는 스페인 마요르카 출신 신비주의 신학자였던 라이문두스 룰리우스 (Raymundus Lullius, 1232~1315)의 '조합주의(ars combinatoria)'도 중요한 역할을 수행했다. 하지만 인용에서 확인할 수 있듯이, 한자 체계가 자연학의 부호와 기호 체계 개발과 기획에 상당한 영향력을 행사했을 것으로 보인다. 그런데 보편 언어를 개발하자는 베이컨의 제안은, 그가 주장하듯이, 새로운 학문들이 사용하게 될 기호 체계(Novum Organonon) 혹은 부호 체계의 표준화와 통일화에 대한 연구를 촉진하고 논쟁을 촉발하였다. 참고로 화학, 의학, 수학, 음악은, 자연 언어의 표기 체계가 아닌 그 학문만이 공유하고 있는 표기 혹은 기호 체계를 사용하자는 제안들, 즉 화학의 개별 원소를 표시하는 표기 체계나 수학의 부호 체계 혹은 음악의 기보와 음가를 표시하는 기호를 만들어 사용하자는 제안들이 쏟아져 나오기 시작하는 시기가 17세기부터라는 점을 지적하고자 한다. 그런데 이 제안들은 다름 아닌 16세기말부터 유럽의 지성계를 후끈하게 달구었던 '보편 언어(universal language)' 혹은 '보편 문자(universal character)'논쟁의 소산들이었다는 점을 지적하고자 한다. 이런 맥락에서, 현대 중국학의 대가인 먼젤로는 '중국 문자와 보편 언어'에 대한 연구에서 17세기에 서양의 과학자들이 근대 과학의 기호와 부호를 사용하자는 제안을 하게 된 데에는 사물을 그대로 반영하는 상형문자인 한자가 상당 부분 깊은 영향력을 행사했다고 주장하는데, 이는 나름 설득력이 있다. 물론, 이에 대해서는 보다 체계적인 문헌 조사와 엄밀한 논구가 요청된다. 아무튼, 베이컨의 제안이 존 윌킨스나 조디 달가르노와 같은 그의 후계자들, 화학자 로버트 보일이나 건축가인 크리스토퍼 렌과 같은 학자들과 독일의 라이프니츠(Leibniz, 1646~1716)와 같은 철학자에게로 이어진 것은 사실이다. 또한, 이를 위해서 영국에서는 1662년에 왕립 아카데미가, 파리에서는 1666년 학술 아카데미가, 베를린에서는 1700년에 학술 아카데미가 창설되었다는 점도 역사적 중요한 사실이다. 요컨대 17세기는 베이컨이나 갈릴레이(Galileo Galilei, 1564~1642)와 같은 근대 과학자들이 역사의 무대에 등장해서 자연에 대한 새로운 접근 방식을 모색하였던 시기였고, 이들의 연구를 통해서 근대 학문의 세계가 열리는 시대였기에. 사정이 이와 같다면, 자연의 현상을 탐구하기 위해서, 인간의 역사적 자연어들의 표기 체계가 아닌 새로운 기호 체계를 마련하려는 기획과 관련해서 동양의 사유 체계와 언어 체계가 중대한 영향을 끼쳤다는 것인데, 이 사실 자체에 눈길이 간다. 어쨌든, 이와 같이 새로운 기호와 부호를 사용하는 학문 운동과 학술 아카데미의 창설은 서양의 학문 체계를 이전까지의 기독교 교리 중심의 교육 방식과 그리스-로마의 고전 해석을 중심으로 하는 연구 전통과는 근본적으로 다른 새로운 전통을 만들어 내었다. 이런 학문 운동과 새로운 변화의 중심에 한자(漢字)와 동양의 사유 체계가 자리잡고 있다면, 이는 동서 교류에 대한 연구에 있어 매우 중요한 사건이고 세계의 근대화를 설명하는 대목에서 결코 간과해서는 안 되는 사건일 것이다.

참고로, 한자를 최초로 상형 문자로 이해한 서양인은 가스파르 다 크루스(Gaspar da Cruz, 1520~1570)이었다. 그는 『중국 문물에 대한 보고(*Tratado das cousas da China*)』라는 저술을 남기는데, 안드레 데 부르고스(André de Burgos)가 이 저술을 크루스의 고향인 포르투갈의 에보라(Évora)에서 1569년에 출판한다. 이 책은 마르코 폴로(Marco Polo)의 『동방견문록』 이후에 서양에서 중국에 대해 출판된 최초의 저술 가운데에 하나로 인정받는 문헌이다. 크루스는 한자에 대해서 다음과 같이 보고한다.

> 중국 사람들은 고정된 철자(letter)를 사용하여 쓰지 않는다. 그들은 문자(character)를 사용하며 그것으로 단어를 만든다. 따라서 매우 많은 수의 부호(character)를 가지고 있는데 하나의 부호로 하나의 사물을 상징한다. 예를 들어 오직 하나의 부호로 하늘을 뜻하고 또 다른 부호로 땅을 의미하며 또 다른 부호로 사람을 의미하는 것과 같은 것이다.

중국 문자를 사물을 상징하는 하나의 부호로 인식했던 크루스의 생각은 후안 곤잘레스 데 멘도사(Juan Gonzalez de Mendoza, 1545~1618)에게서도 발견된다. 그는 『중국의 문물과 의례와 견습에 관한 역사(*Histroria de las cosas, ritos y constumbres, del gran Reyno de la China*)』(Rome 1585, 1586년 개정)를 저술한다. 이 저술은 서양의 자연과학의 발전과 관련해서 매우 중요한 텍스트이다. 비록 오늘날의 시각에서 보면 한자에 대한 이해와 그 내용이 조야한 것이 분명하다 할지라도, 결론적으로 이 책은 근대의 탄생의 해명과 관련해서 루크레티우스의 『사물의 본성에 관하여』에 못지 않게 주목을 받아야 책일지도 모르겠다.

"시작이 반이다. 용기를 내어 지혜를 가져라. 시작하라!"(『서간』 제1권 2편, 40~41절) 로마의 시인 호라티우스(기원전 65~8)가 한 말이다. 그가 이 말을 한 것은 친구에게 '철학(philosophia)'을 권하기 위해서다. '지혜(sapere)'에 눈길이 간다. 한 마디로, 시인에게 지혜는 세상으로부터 한 걸음 물러나서 내면을 통찰하고 자기 완성(perfectio)으로 나아가는 수련(praemeditatio)이었다. 시인은 헬레니즘 시대의 지식인 세계에서 유행했던 은둔 자적의 현자(sapiens)인 자족(satis)의 존재가 되길 바랐고, 이는 그의 노래에서 잘 드러난다. 이 자족의 존재는 세속의 잡사(雜事)에 신경 쓰지 않고 자연과의 은밀한 감응을 통해 우주와의 소통에서 오는 즐거움을 누릴 줄 아는 인간이다. 자족에 대한 시인의 생각은 대략 여기까지다. 하지만 자족은 아무나 가능한 것이 아니다. 현자가 되어야 하기에. 어쩌면, 현자가 되기로 마음 먹는 것 자체가 더 큰 도전일 것이다. 세속(mundus)을 버려야 하기에. 이게, 시인이 '용기(aude)'를 강조하는 이유다. 한데, 문제는 기독교가 세속의 권력까지 장악하고 나서부터다. 자연과 우주와의 소통은 이제 특정 훈련(initio)과 교육(theologia)을 받은 사제 집단의 고유 권한으로 축소되어 버렸기에. 단적으로, 계시의 은총(gratia)이 아닌 자연과 사물의 본성(natura)에 의한 통찰과 깨달음은 종종 이단으로 몰렸기 때문이다. 해서, 시인이 권했던 철학으로의 길은 원래도 통행이 뜸한 곳이었지만, 더 황량한 곳이 되고 말았다. 현자가 되려는 시도는 심지어 마녀 재판에 회부되는 일이 되어 버렸기에. 그러나 시간은 흐른다. 물론, 1700여 년의 시간이 흘러야 했지만, 시인이 호소했던 철학으로 가는 길의 통행에 대한 자유를 허(許)하라는 주장이 일각에서 다시 제기된다. 대표적인 이가 임마누엘 칸트(Immanuel Kant, 1724~1804)다. 흥미롭게도, 그는 『계몽이란 무엇인가』(1784)의 첫 문단에서 시인의 sapere aude를 인용한다. 어떤 맥락에서 던진 말일까? 이 말은 바로 칸트 자신에게 한 말이다. 그가 활동하던 시대는, 오랜 세월 세속의 권력을 향유했던 성직자와 계몽사상가들이 세속의 교육 문제를 둘러싸고 주도권 다툼을 치열하게 벌였던 시기였다. 신의 은총이 아닌 자연 본성에서 새로운 길을 찾은 이가 칸트였다는 점을 고려하면, 그에게 진정으로 필요한 힘은, 어쩌면 지혜가 아닌 용기였을 것이기에. 지혜의 경우야, 요컨대, 자연과 사물의 본성에서 새로운 길을 찾으려 했던 이가 칸트가 처음은 아니었고, 이는 프랑스의 계몽사상가들과 라이프니츠, 볼프와 같은 독일의 선배들이 이미 닦아 놓은 길이었기 때문이다. 물론, 시대 상황을 감안한다면, 칸트는 용기 있는 철학자였다. 하지만 믿는 구석이 전혀 없었던 것은 아니었다. 많은 선배와 동료 학자의 지지를 받았고, 서양 고대 사상가들, 예컨대, 비록 무신론자이었지만 루크레티우스의 『사물의 본성에 관하여』의 도움을 받았을 것이기에. 서양 역사에서 17세기에서부터 19세기까지 지속된 교회의 성직자들과 세속의 지식인들 사이에서 벌어진 계몽주의 전쟁을 촉발한 주요 원인으로 지목된 것들 가운데에 하나가 『사물의 본성에 관하여』이기 때문이다(이와 관련해서는, 피터 게이의 『계몽주의의 기원』(주명철 옮김, 1998, 민음사)을 참조하시오). 결론적으로 교회에 의지하지 않고, 더 정확하게는 교회의 구속으로부터 벗어나서 스스로 지혜의 길로 들어설 수 있도록 용기를 시민들에게 부여한 책이 루크레티우스의 『사물의 본성에 관하여』였다는 점은 분명한 사실일 것이다. 그 증거로 당장 『1417년』을 제시할 수 있기에.

23

HUMANITAS

책, 고전에 대한 사랑에 대해서

"천천히 서둘러라!(festina lente!)"(로마 속담)

15세기로 접어들면서 서양 인문학은 '시민 대중'의 바다로 본격적인 항해를 시작한다. 14세기와 15세기의 가장 큰 차이는, 14세기 인문학이 학자들 개인의 헌신적인 노력에 의해서 발전했다면, 15세기 인문학은 공적 제도의 지원을 받으며 육성되었다는 것이다. 예컨대, 로마 교황청이 고전 문헌을 적극적으로 수집하고, 이를 보존하기 위해 도서관을 건립했다는 사실이 이를 잘 말해준다. 물론 피렌체의 메디치가(家)의 후원도 빠트릴 수 없는 일이다. 뿐만 아니라 소수의 귀족 엘리트에게만 한정되었던 고전과 고전어 교육을 일반 대중이 받을 수 있었다는 점 또한 이 세기의 중요한 특징이다. 이때, 저술-출판된 고전 라틴어와 그리스어 문법서의 종류와 수가 이를 잘 확인해준다. 고전어 교육은 단순한 어학 교육으로 끝나지 않았다. 문법(grammatica) 교육을 받은 일반 대중의 궁극적인 목적이 고전 원전의 직접적인 독해와 이해에 있었기 때문이다. 따라서 고전 원전에 대한 주석과 해설과 번역에 대한 일반 시민 대중의 수요도 높아졌는데, 이에 부응하는 많은 주석서와 해설서가 저술된다. 이에 대해서 안토니오 우르케우스 코드루스(Antonio Urceus Codrus)는 다음과 같이 언급한다. "볼로냐(대학의) 주석가(아마도 베르알도)는 매우 탁월한 사람이었는데, 주석하는 규칙들을 보존했을 뿐만 아니라 거의 정립시켰다". 그러니까 우르케우스에 따르면 주석하는 방법의 기초를 닦은 사람이 베르알도인 셈이다. 물론 많은 주석서가 대학 교수들에 의해서 저술되었지만, 15세기에 들어오면 동아리 중심의 연구 모임(예, 피렌체의 studio)의 연구 성과물인 경우도 많다. 이러한 연구 모임을 통해서 학자들은 많은 교류를 나누게 되었는데, 독일, 프랑스, 영국, 등 알프스 이북의 유럽 학자들이 학문 연구를 위해서 이탈리아를 방문한다. 이는 이탈리아 북부 도시를 중심으로 발전했던 인문학과 인문주의가 이제 본격적으로 서부 유럽으로 퍼져 나가고 있다는 것을 의미한다. 예를 들면, 1456년 독일 하이델베르크 대학에 교수로 초청 받은 피터 루데는 자신의 강의에서 다음과 같이 선언한다. "그는 (아마도 살루타티) 인문학을, 즉 시인과 연설가 그리고 역사가들의 작품이 공공 교육을 통해서 읽힐 수 있도록 시작했다." 즉 이탈리아를 중심으로 진행되던 인문학이 서부 유럽으로 확산되고 있음을 말해 주는 발언인 셈이다. 하지만 누가 뭐라 해도 15세기에 서양 문화에 혹은 인류사에 역사적 · 문화적으로 중요한 한 획을 그은 사건은 출판혁명이다. 구텐베르크(1400~1468)의 인쇄기 발명 덕분이었다. 인쇄술의 발전은 대량 생산과 대량 소비를 특성으로 하는 산업화의 최초 모델 역할을 했으며, 책의 보급은 고립 단위로 단절된 하위 문명권과 지역들을 묶어 내었기 때문이다. 인쇄소가 있는 곳에 대학이 서고 연구가 진행되어 책으로 엮어 전파되었다. 그 결과 새로운 정신과 새로운 삶의 양태가, 다시 말해 정치적으로는 민주주의가, 경제적으로 산업화와 시장 경제가, 문화적으로 개인의 발견이 이루어졌고, 사회적으로 시민 사회가 설 수 있었다. 이와 같은 발전의 방법론적 기초를 제공한 것이 곧 인쇄술과 책이었다.

16세기는 인문학과 인쇄술의 만남, 출판의 시대다. 이 만남의 중심에 서 있는 사람이 알두스 마누티우스(1452~1516)다. 로마 남쪽 바시아노에서 태어난 그는 대학에서 인문학을 정식으로 배운 학자다. 그의 스승은 바티스타 구아리노(1435~1505)였다. 구아리노는 그리스어 문법서를 저술한 것으로 유명한 사람이었다. 이런 스승 밑에서 공부를 마친 알두스는 1480년에 페라라라는 지역에서 지역 유지들의 아이들을 교육하는 과외 선생으로 활동한다. 그런데 이 생활이 마음에 들지 않았는지, 1489년에 중대한 결심을 하는데, 그는 교육자로서의 인생을 포기하고 출판가로서의 길을 선택한다. 이를 위해서 그는 페라라를 떠나 당시 상업의 중심지였던 베네치아로 간다. 그는 베네치아에서 안드레아 토렌사노(1451~1529)를 만나게 된다. 1505년에 알두스는 토렌사노의 딸 마리아와 결혼하게 되는데, 장인 토렌사노는 당시 베니스에서 향료업으로 어마어마한 부를 쌓은 사람으로 알두스의 출판 사업을 물심양면으로 지원한다. 이러한 지원에 힘입어 알두스는 1493년에 베네치아에 출판사를 세운다. 이 회사의 사훈은 "천천히 서둘러라!(festina lente!)"였다.

"천천히 서둘러라"라는 사훈을 기치로 내건 알두스 출판사는 수많은 책들을 '천천히' 펴내기 시작한다. 시작은 더딘 것 같았지만, 이 출판사가 펴낸 책의 수가 나중에는 너무 많아 여기에 다 소개할 수 없는 정도다. 대표적인 저자들을 소개하면 이렇다. 헤시오도스(1495), 아리스토텔레스(1495~7), 아리스토파네스(1498), 필로스트라토스, 베르길리우스, 호라티우스, 페트라르카, 마르티알리스, 유베날리스, 페르시우스(1501), 키케로, 루카누스, 투키디데스, 소포클레스, 스타티우스, 헤로도토스, 막시무스, 오비디우스, 카툴루스, 티불루스, 프로페르티우스(1502), 루키아노스, 헤로디아노스, 에우리피데스(1503), 호메로스, 데모스테네스(1504), 아이소포스(1505), 에우리피데스(1506), 소 플리니우스(1508), 플루타르코스, 호라티우스, 살루스티우스, 그리스의 수사학자들(1509), 카이사르(1513), 키케로, 플라톤,

알두스 출판사의 로고

알렉산로스 아프로디시아스, 핀다로스, 칼리마코스(1513), 키케로, 농경에 관한 저술 모음, 헤쉬키우스 사전, 퀸틸리아누스, 수다 사전(1514), 카툴루스, 티불루스, 프로페르티우스, 테르툴리아누스, 루카누스, 겔리우스, 루크레티우스(1515), 루키아노스, 파우사니아스, 수에토니우스, 스트라본, 오비디우스, 프톨레마이오스(1516). 이상은 알두스가 직접 펴낸 작품들의 주요 고전저자의 목록이다. 이때 출판된 작품 대부분이 초판본(editio princeps)인데, 이 초판본들은 이후 약 500년 동안 진행되어 온 모든 서양고전 원전의 개정-편집본이 나올 때마다, 주요 저본으로 지금도 참조되고 있다. 그러나 사회적으로 중요한 것은 아마도 바로 이렇게 출판된 책을 통해서 특정 소수에게 국한되었던 지식이 이제 대중에게 제공되었다는 점일 것이다. 이를 통해서 서부 유럽에는 '정신의 새로운 대륙'이 형성되기 시작한다.

알두스의 출판사가 성공할 수 있었던 이유는 크게 네 가지이다. 첫째, 그는 문헌 편집을 전문가에게 의뢰했다. 예컨대 1509년에 출판된 『그리스의 수사학자들』의 경우, 수사학자인 무수루스라는 전문가에게 맡겼다. 이는 일종의 책임-편집 제도인데, 이를 통해서 가능한 한 오류를 줄였다. 문헌에 나타나는 오류들의 교정에 대한 고민도 방법론적으로 체계화되기 시작했는데, 이 고민들은, 예컨대 알두스의 다음 세대인 윌리엄 칸터와 같은 인문학자에 의해서 다음과 같이 정리된다(『그리스 문헌 교정 방법에 대한 지침 일반』, 1566).

1. 생략된(지워진) 철자와 제거해야 할 철자에 대해서(De litteris omissis et supervacuis),

2. 음절과 단어의 생략과 제거에 대해서(De syllabis et verbis addendisque tollendisque glossis),
3. 난외 주석에 있는 주석 처리에 대하여(marginales notae),
4. 모음의 결합과 분리에 대하여(De conjunctione vocum et disiuntione),
5. 철자와 단어의 위치 이동에 대하여(De metathesi litterarum et verborum),
6. 악센트에 대하여(De accentibus),
7. 동일한 철자나 동일한 단어로 끝나는 경우 생략에 대하여(De homoeartis et homoeteleutis),
8. 줄임말의 해독에 대하여(De abbreviationibus).

이렇게 철저한 검증과 교정을 통해서 출판된 책들이 독자들의 신뢰와 사랑을 받는다는 것은 당연한 일이라 하겠다. 이와 같이 문헌학의 엄격한 교정과 검증 과정의 도입을 통해서 알두스 출판사는 문헌 편집에서 생겨나는 오류 때문에 들어야만 했던, 당시 지식인들의 특히 가톨릭 신부들의 출판 서적에 대한 비난과 오해를 극복할 수 있었다. 사실, 구텐베르크가 인쇄 사업에 실패하게 된 것도 실은 출판본의 오류에 대한 비난 때문이었다. 필사의 경우, 한 번의 실수로 한 개의 오류가 생겨나지만, 책의 경우 한 번의 실수로 3,000개의 오류가 자동적으로 생겨난다는 것이다. 바로 이 문제를 알두스는 잘 알고 있었고, 이를 위해 1500년에 자신의 집에 많은 학자와 전문가들을 초대하고, 이들을 중심으로 고전연구회(sodalitas)를 결성한다. 이 연구회에 모인 대표적인 학자를 소개하면, 암스테르담의 에라스무스, 프랑스 왕립학사인 기욤 뷔데(1467~1540)를 들 수 있다. 참고로 뷔데는 나중에 소위 올빼미 로고의 출판사로 유명한 뷔데 출판사를 파리에 세운 사람이다. 둘째, 책값의 인하였다. 그는 당시 초등학교 교사 한 달 급료의 삼분의 일에 해당하는 가격에 책을 판매하였다. 일종의 박리다매 전략인데, 이 전략은 사업적으로 적중했고, 출판사는 대성공을 거두었다. 또한 알두스는 책의 제작 비용을 낮추고 운반의 효율성을 높이기 위해서 책의 크기를 줄였는데, 누구나 호주머니에 책을 넣어 다니면서 책을 읽도록 하기 위해서였다. 당시 알두스는 책을 오늘날 '펭귄판' 크기로 출판했다. 셋째, 향료가 팔리는 곳이면 책도 팔린

이탤릭체로 출판한 『단테의 신곡』(1502년)

다는 말이 있다. 당시 상업적으로 성공했지만 소위 졸부 소리를 듣던 신흥 상업 세력의 지적 욕구는 대단했다. 왜냐하면 경제적 능력에 대비해볼 때, 사람 대접을 제대로 받지 못하고 있다는 것이 그들에게는 언제나 불만이었기 때문이다. 알두스는 이러한 상업 세력의 지적 욕구를 정확하게 간파하고 있었고, 이들의 욕구를 채워주는 방법이 책에 있음을 잘 알고 있었다. 넷째, 알두스는 책의 내용뿐만 아니라 책 자체를 구입하도록, 그러니까 책 자체가 상품이라는 것을 꿰뚫어 보고 있었다. 책을 편하게 읽도록 도와 주려는 목적도 있었지만, 책을 한번 보면 사지 않았을 수 없도록 만들자는 전략이었다. 해서 눈에 잘 들어오면서도 아름다운 글자체를 알두스는 개발하는데, 이때 그가 개발한 글자체가 소위 이탤릭체이다.

물론 알두스가 최초의 출판가는 아니었다. 최초의 출판가는 독일인인 요한네스였다. 그가 출판사를 처음 차린 곳은 마인츠 지역의 스파이어라는 조그만 도시였다. 아울러 그리스어 인쇄 글꼴을 처음 개발한 사람은 프랑스인 니콜라스 엔손(1402~1480)이었다. 그러나 중요한 것은 알두스가 새로운 시대의 도래를 예감하고, 시대의 전환에 적극적으로 대응해 나갔다는 점이다. 이런 점에서 소위 '블루오션' 이론을 입증한 최초의 CEO가 알두스일 것이다. 물론 그가 사업적으로 대성공을 거두는 데에는 그의 사업가적 기질과 능력이 한 몫 단단히 했을 것이다. 그러나 그가 거둔 성공의 밑바탕에는 사업적인 능력 이외에 더 근본적이고, 더 결정적인 원동력이 따로 있었다. 그것은 바로 사랑이었다. 인문학(studia humanitatis), 책(philobiblia), 고전에 대한 사랑(philologia)이었다. 사업적으로 그가 아무리 수완이 뛰어난 사업가라 할지라도, 그가 아무리 큰 재력가라 할지라도, 책에 대한 사랑이 없었다면, 그토록 뛰어난 학자들이 그에게로 모여 들지는 않았을 것이기에 그렇다.

24

HUMANITAS

고전 문헌학의 성립에 대해서

'여기-오늘(hic et nunc)'에서 '거기-그때(ibi-eo tempore)'로

서양고전 문헌학이 제도적으로 어떻게 완성되었는지를 소개하고자 한다. 이를 위해서 17세기로 가자. 이와 관련해서 두 명의 프랑스 출신, 베네딕도 수도회 소속 사제 문헌학자에 대한 이야기에서부터 말문을 열고자 한다. 리샤르 시몽(1638~1712)과 장 마비용(1632 ~1707)이 그들이다. 시몽은 성경사본학의 시조다. 그는 『구약성경의 판본 역사에 비판적 접근(*Historie Critique du Vieux Testament*)』이라는 저서를 1678년에 출판하고, 1689년에는 신약성경의 사본전승사 연구를 착수하는데, 이러한 연구를 통해서 문헌전승사(Textgeschichte)에 대한 본격적인 연구를 가능케 한 사람이다. 이렇게 시작된 문헌 연구는 그로부터 300년이 지나 파울 마스의 문헌계보도(stemma codicum)론으로, 예컨대 웨스트 같은 서양고전 문헌학자에 의해서 비판본(textcritic)에 대한 학문으로 발전한다. 마비용은 생 제르망 출판사에서 43년 동안 근무한 출판인으로, 이 기간

중에 『고문헌에 대하여(*De re diplomatica*)』를 저술한다. 이 책은 저자 자신의 경험을 일반화한 것인데, 이를 통해서 그는 고문서학의 토대를 마련한 셈이다. 이 저술이 고대 라틴 문헌 필사본의 역사와 진위 문제를 단순한 직감에 기초해 결정하는 것이 아니라 체계적인 비교를 통해서 그 역사와 진위 문제를 해명할 수 있는 방법론을 제공하는 책이기 때문이다. 그러면 18세기로 넘어가자. 18세기 서양고전 문헌학의 핵심은 문헌학이 파리에서 유럽 전역으로 퍼져 나갔다는 데에 있다. 한편으로 서양고전 문헌학은 영국에서 꽃피게 된다. 이러한 발전의 중심에서 서 있었던 사람이 리처드 벤틀리(1662~1742)다. 그는 호메로스 비판본 편집을 준비했는데, 이 과정에서 그는 그리스어의 디감마 현상(digamma aolicum oinos Foinos)을 발견한다. 이 디

"이성과 사태 자체가 백 개의 필사본보다 낫다(ratio et res ipsa centum codicibus potiores sunt)!"는 주장으로 영국 서양고전 문헌학을 반석 위에 올려놓은 벤틀리!

감마는 필사본 어디에도 표기되지 않은 소리다. 그러나 그는 알렉산드리아 주석학자들의 작품과 비문의 연구를 통해서 디감마가 라틴어의 v에 해당하는 발음임을 밝혀낸다. 이는 문헌학, 언어학, 운율의 연구에 있어서 매우 중요한 사건이었다. 하지만 벤틀리는 이와 같은 전문적인 연구에만 몰두하지 않았다. 오히려 독자 여러분의 관심은 다음에 있을 것이다. 그의 학제 간 연구 활동이 바로 그것이다. 그는 당대 유명한 학자들과 함께 매주 한 번씩 일종의 콜로퀴움을 열었다. 이 콜로퀴움에 참여했던 이들은 예를 들면, 로크, 뉴턴 같은 학자들이었다. 이들과 함께 벤틀리는 학제 간 논의를 했는데, 1692년에 화학자 보일이 무신론자라는 이유로 교회의 공격을 받는 사건이 있었다. 보일의 입장은 과학과 신앙은 동반자로, 과학이 신앙이 세운 체계를 무너뜨리지 않는다는 믿음을 가지고 있었다. 그러나 이러한 생각은 버클리를 비롯한 당시 많은 신학자와 철학자들에게는 위험한 생각이었다. 그들은 과학으로 인해 무신론의 확산을 경계했기 때문이었다. 따라서 과학계와 종교계 사이에는 뜨거운 논쟁의 전선이 형성되어 있는 형국이었다. 바로 논쟁 전선에서 벤틀리는 "보일 강좌(Boyle Lecture)"라는 제목으로 강연을 하게 되는데, 이 자리에서 그는 보일의 입장을 옹호하고 정당화한다. 이에 대해서 물리학자 뉴턴은 벤틀리의 증명 시도 중에 일부 수학적 오류는 있지만 전체적으로 보면 벤틀리의 논증과 논거가 타당성이 있는 것으로 평가한다. 벤틀리의 이러한 학제 간 활동은 인문학과 자연과학의 만남이라 하겠다. 물론 이러한 만남이 가능한 것은 기본적으로 벤틀리의 명민한 지적 능력도 작용했겠지만, 근본적으로는 발라, 에라스무스를 거쳐 서양고전 문헌학, 더 나아가 인문학의 배경에 이성주의, 합리주의라는 중요한 원칙이 자리 잡고 있었기 때문이었다.

다른 한편으로 유럽 대륙의 한 구석에서는 19세기와 20세기의 고전 문헌학의 방향과 기본 골격을 결정하게 될, 새로운 방법에 입각한 서양고전 문헌학이 태동하고 있었다. 이 '새로운 방법'이 바로 교육(education)과 연구(research)의 결합이다. 이 방법의 핵심은 기존의 교육이 암기 중심의 교육 방식이었다면, 연구를 통해서 교육을 실행해야 한다는 것이었다. 교육과 연구의 이와 같은 결합을 체계적으로, 본격적으로 실천한 사람이 하이네(1729~1812)다. 교육과 연구의 결합은 빌헬름 폰 훔볼트의 주장으로 잘 알려져 있지만, 실상 지적 소유권은 하이네에게 있다 할 수 있다. 훔볼트가 원래 하이네의 제자였기

하이네가 모은 200,000권의 책들! (독일 괴팅엔 대학의 도서관)

때문이다. 물론 지적 소유권이 누구에게 있느냐를 더 따진다면, 이 주장의 발원자는 고고학자 빈켈만(1717~1768)이다. 빈켈만의 고고학 연구는 하이네에게 지대한 영향을 끼치는데, 하이네가 문헌에 대한 실증 연구의 중요성을 자각하는 과정에서 빈켈만의 고고학적 실증 연구 중시 태도가 한 몫을 단단히 했기 때문이다.

하이네의 문헌에 대한 실증적 연구는, 이후 서양고전 문헌학의 성격과 방향을 결정하는데, 예컨대 그의 제자였던 볼프(1759~1824)의 박사 논문 「호메로스 문제에 대한 서문」도 실은 하이네 연구 전통 위에서 진행된 것이었기에 그렇다. 볼프는 이 논문에서 호메로스 텍스트의 통일성을 연구하는데, 이를 통해서 호메로스 작품이 오랜 시간에 걸쳐 퇴적된 작품이라는 사실을 밝혀낸다. 이러한 연구는 작가가 호메로스 한 사람이 아니라 많은 직업 가객일 수 있다는 주장으로 이어진다. 물론 이 주장은 아직도 논쟁 중이다. 소위 '단일론'이냐'분석론'이냐를 놓고 싸우고 있는데, 어쩌면 중요한 것은 어느 쪽이 맞느냐가 아닐지도 모르겠다. 이러한 논쟁 중에 많은 중요한 사실이 새로이 발견되었고, 또한 학문적 발전이 이루어졌기 때문이다. 예컨대 밀먼 패리 같은 사람은 단일론 진영에 속하는데, 그는 유고슬라비아 지역의 직업 가객의 암송 능력을 연구하고, 이 연구 방법을 호메로스 직업 가객의 경우에 대입시킨다. 결론은 그러니까 한 직업 가객이 예컨대 『일리아스』 24권을 다 외울 수 있었고, 따라서 한 시인이 『일리아스』를 지었을 수도 있다고 주장한다. 패리의 연구 방법은 나중에 월터 옹이 『문자문화와 구술 문화』의 차이를 연구하는 데, 중요한 단초를 제공한다. 하이네의 실증주의 연구 전통은 볼프의 제자였던 뵈크와 베커로 이어진다. 베커는 아리스토텔레스 편집자로 한국에도 많이 알려진 서양고전 문헌학자다. 이들은 자신들의 선배였던 훔볼트가 1810년에 베를린에 세운 훔볼트 대학에서 활약하게 되는데, 이들은 연구에 입각한 교육을 구현하게 된다. 그러니까 일종의 교과서가 있어서 이 교과서를 매년 반복-암기하는 방식이 아니라 새로운 문헌 텍스트를 편집하고, 그 텍스트를 연구하고 가르쳤다는 것이다. 오늘날 시각에서 보면 아무것도 아닌 일처럼 보이겠지만 이는 가히 교육의 혁명적인 전환이었다. 당시 유럽의 유수 대학들은 아직도 옛날 수도원식 독해와 암기 중심의 강의 방식을 따랐기 때문이었다. 즉 늘 가르치던 내용을 반복해서 가르치는 방식을 그들은 더 이상 따르지 않았다. 이

『일리아스』 제14권 227-253, 256-263행의 내용을 담고 있는 파피루스(서기 2세기). 이집트의 옥시링쿠스 지역에서 발견되었고, 현재는 프린스턴 대학에 보관 중이다(P.Princeton inv. AM 4405 (=P.Oxy. III 551)).

렇게 연구와 교육의 결합이 가능했던 것은 물론 하이네의 통합 정신이 결정적으로 작용했다 하겠다. 그런데 이보다 더 중요한 것은 하이네가 이 통합 정신의 실천을 위해서 단지 구호 차원에만 머문 것이 아니라 이를 실천에 옮겼다는 것이다.

이를 위해서 하이네는 연구에 있어서 무엇보다도 자료의 중요성을 강조했다. 그는 이를 위해 도서관을 건립하고 자료를 모으기 시작한다. 이 도서관이 괴팅엔 대학 도서관이다. 이 도서관은 후대 대학 도서관의 전범 역할을 담당한다. 예컨대 하버드 대학 도서관도 괴팅엔 대학 도서관의 구조와 제도를 모방하였다. 하이네가 도서관장으로 재직 시 수집한 장서수가 200,000권에 이르렀다. 이는 도서관 없이는 어떤 연구도 제대로 수행되지 않는다는 사실을 하이네가 잘 알고 있었기에 가능한 일이었다. 어쨌든 이 도서관에 기초해 괴팅엔 대학은 이후 40명이 넘는 노벨상 수상자를 배출한다. 연구와 교육의 결합 노력이 가져다 준 결실이라 하겠다. 또한 하이네는 학술원(Göttingen Akademie)을 결성한다. 이 학술원의 초기 모습은 오늘날의 학회 규모에 해당하는 연구자 모임 정도에 불과했지만, 흩어져서 개별적인 연구에 그쳤던 학자들이 이 학술원을 통해서 한자리에 모일 수 있게 되었고, 나아가 학자들은 연구의 결실을 공동으로 누리고, 개인 차원에서는 감히 생각할 수 없었던 거대 학문 프로젝트를 실천에 옮길 수 있게 된다. 그 대표적인 예가 앞에서 연재에 소개했던 『라틴어 대사전(*Thesaurus linguae Latinae*)』이다. 물론 이 프로젝트의 제안자는 볼프였다. 하지만 이러한 사업이 실천 가능했던 것은 하이네가 기초한 학술원이 있었기 때문이었다. 또한 이 학술원은 대학 외부의 제도와 권력으로부터 학자들을 보호해주는 역할도 담당했다. 아울러 대학 외부의 사회에 대학이 학적으로 개입할 수 있는 통로 역할도 수행하였다. 연구사 차원에서 하이네의 또 다른 공로는 학술잡지를 만들었다는 데에서 찾을 수 있다. 엄밀한 의미에서 학술잡지의 모습을 갖춘 것은 아니지만 일종의 회보(periodica, 오늘날의 저널이란 말은 이 단어에서 의미 번역한 것이다.)를 통해서 그는 학회와 학자들의 연구 동향 그리고 학자들 간에 벌어지는 학적 논쟁을 학회 회원들에게 알렸다. 이를 통해서 학자들은 연구의 동향과 최신 연구 성과를 접할 수 있게 되었고, 필요한 경우 어디에서 누가 무엇을 연구하고 있는지에 대한 정보를 접할 수 있게 되었다. 한마디로 연구와 교육의 결합을 통해서 연구 중심의 현대 대학의 탄생의 기초를 닦은 사람은 하이네인 셈이다.

서양고전 문헌학이라는 학문의 주창자로는 앞에서 언급한 1872년 니체와의 논쟁 덕분에 한국 독자에게 조금 알려진 빌라모비츠는 19세기부터 20세기까지의 서구 인문학을 주도하는 소위 'German Philology'의 주창자였다. 빌라모비츠의 '고대종합학'이 목표로 하는 바는 '여기-오늘(hic et nunc)'의 시각에서 '거기-그때(ibi-eo tempore)'를 보는 것이 아니라 '거기-그때"를 '거기-그때'의 맥락과 시각에서 바라볼 수 있는, 그러니까 '과거를' 있는 그대로의 과거로 이해하고 보자는, 그러니까 온전한 '과거'의 복원이었다. 온전한 과거를 재구성하기 위해서는 빌라모비츠는 고전 문헌학은, 예컨대, 그리스어 문법, 라틴어 문법, 수사학, 근동고대사, 그리스사, 로마사, 그리스-로마의 국가이론, 그리스-로마의 병법과 전쟁술, 철학사, 수학사, 자연과학사, 고고학, 그리스 문학 및 문학사, 라틴문헌 및 문학사, 중세 라틴문헌 및 문학사, 고대 법학사, 비잔티움 연구 방법론 등을 포괄하는 종합–학문–체제로, 곧 '고대종합학'으로 나가야 한다고 주창한다. 예컨대 그리스 필사본을 다루기 위해서는 사실 매우 다양한 분야에 대한 지식이 필요하기 때문이다. 특히 비판본 편집 작업을 하기 위해서는 서지학, 목록학, 비문학, 문법, 운율학, 수사학(특히 문체 특징 규정과 관련해서), 어느 시대에 속하는 작품인지를 구별할 수 있도록 도와 주는 시대별 문예 사조의 특징을 잡아낼 수 있는 능력, 사유 전개의 특성을 구분할 수 있는 능력(논리학), 해당 문헌의 내용적인 사실에 대한 지적 파악 능력(예컨대 수학, 음악, 천문학), 고대 세계와 관련한 지식 일반의 지원을 받아야 가능하기에 그렇다. 빌라모비츠의 표현대로 '고대종합학(Altertumswissenschaft)'의 지원을 받아야 가능하다.

그런데 이 '고대종합학'이 일차 목표로 삼고 있는 바는 '전승 문헌에 생기를 불어넣어 문헌 원래의 모습으로 살려내는 것'이었다. 일차 목표가 이러다 보니 그리스 문헌학자들은 전승 자료가 허용하는 것 이상의 해석이나 발언을 하지 않는 것을 덕목으로 삼고 있다. 사실 빌라모비츠의 입장은 역사 실증주의(Positivismus)라고 불리는 전통으로 이해되었다. 이 전통의 특징은 자료 실증주의에 갇혀 있는 형국이다. 아울러 너무 고대에만 초점을 맞춘 것도 사실이다. 이러한 경향과 흐름에 대해서 반발하는 학자들이 당연히 나오게 되는데, 그 대표적인 사람이 프리드리히 니체였다. 니체는 "무엇을 위한 고전이란 말인가?"라는 문제 제기를 한다. 그러니까 니체의 관심은 '어제의 고전'에 있지 않았고, '고전과 오늘'에 있었다고 말할 수 있다. 이 관심 차이는 결국 소위 '본(Bonn) 사태'로 확장되고, 니체는 이 싸움에서 패배한 후, 끝내 고전 문헌학의 세계로 복귀하지 않았다. 대신에 자신이 발견한 새로운 학적 영역, 미학의 태두로 활약하게 된다.

오늘의 시각에서 보면 니체의 문제 제기는 나름대로 설득력이 있고 중요한 문제 제기라고 할 수 있다. 그렇다고 빌라모비츠의 입장이 틀린 것은 결코 아니다. 고전 문헌학자들이 당시 니체의 입장을 따랐다면, 과연 지금의 고전 문헌학의 위상과 모습이 가능할 수 있는지에 대한 의심이 들기 때문이다. 물론 당면한 문제에 대해서 고전의 재해석을 통해서 어떤 기여를 분명히 할 수 있다. 그런데 문제는 누구나 다 그렇게 한다면 그 많은 전승 문헌을 누가 살려내고, 이를 통해서 고대의 복원을 안전하게 해줄 사람은 누구일까? 물론 시대와 사회가 요구하는 바에 따라 고전에서 찾은 지혜를 가지고 참여하고 봉사하며, 현실과 현장 참여에서 삶의 보람을 찾을 수도 있었지만, 많은 고전 문헌학자들은 당대 문제에 대해서 일정 정도 거리를 두고 묵묵히 뚝심을 가지고 문헌 편집과 '고대종합학'에 필요한 개별방법론을 세워 나갔다. 사실 이러한 뚝심 깊은 선대 문헌학자들의 200년에 걸치는 작업 덕분에 우리는 '고대종합학'이라는, 고대로 안전하게 들어갈 수 있는 공동의 지적 사다리를 확보할 수 있었다. 이 사다리를 통해서 21세기의 문헌학자들은 무한정하게 자유롭지는 않지만 일정 정도는 고대를 있는 그대로의 고대로 볼 수 있는 학적 세계를 세워 왔고, 그 성과를 번역을 통해서 아니면 논문을 통해서 일반 독자와 대중에게 제공하고 있다. 따라서 이 '고대종합학'이라는 안전한 학적 세계의 지원을 통해서 이제는 현대에서 고대로의 안전한 여행로가 확보된 셈이다. 필요에 따라서 고대는 고대대로 보도록 지원하고, 요청에 따라서는 현대의 당면 문제에 고대의 지혜를 제공하게 되었다. 이는 고전 문헌학의 지속적인 발전을 통해서 세대와 세대를 거친 공동 작업의 결과라 하겠다. 결국 빌라모비츠의 입장이 옳았다. 니체식 활동이 고전 문헌학에 어떤 의미가 있는지에 대해서 이후 더 자세한 논의가 필요하겠지만, 그러나 문헌학은 수많은 이름 없이 사라져 간 문헌학자들의 공동 노력에 의해서 세워진 학문 세계이다.

25

HUMANITAS

서양고전 문헌학의 새로운 영역을 찾아서

"가장 성숙했을 때가 시작해야 할 때이다."[1](「집회서(*Ecclesiasticus*)」 18장 7절)

페트라르카가 성경에서 따온 말이다. 고령의 나이임에도 연구에 몰두했던 페트라르카의 건강을 염려했던 보카치오가 이제 건강을 염두에 두어야 할 나이라고 조언하자, 지금이야말로 연구와 저술을 본격적으로 해야 할 때(Cum consummaverit homo tunc incipiet)라고 했다고 한다. 바로 이런 마음으로 파이퍼도 호메로스 이후 약 3000년에 걸치는 서양고전 문헌학의 연구 역사를 저술하겠다는 담대한 도전에 착수한다. 사실, 파이퍼도 바로 정년 퇴임 이후부터 이 연구에 본격적으로 뛰어들었기 때문이다. 그의 말대로 '거북이 걸음

1) 이 글은 원래 루돌프 파이퍼, 『인문정신의 역사』, 정기문 역, 도서출판 길, 2011의 말미에 해제로 부친 것이다. 하지만 그간 새로이 발견한 사실도 있고 위의 책 해제에 소개한 내용이 틀린 부분도 있어서 한편으로 이를 바로 잡기 위해서, 다른 한편으로 '르네상스'에 대한 균형 잡힌 이해를 위해서 이 책에 다시 소개한다. 혹시, 인용을 하거나 참조를 할 일이 있다면, 이 책을 참조하길 바란다. 물론, 계속해서 새로운 문헌들이 발굴되고 있기에 이 책에 소개한 내용이 정설이라고 함부로 장담할 수는 없지만 말이다. 그 때는 그 때에 가서 다른 지면을 통해서 보정과 교정할 것을 약속드린다.

(testudineo gradu)'으로 미지의 신대륙(terra incognita)을 파이퍼는 걸어나갔다. 그 한 걸음, 한 걸음을 옮긴 끝에 탄생한 작품이 『인문정신의 역사』(도서출판 길, 2011년)이다. 군산대 정기문 교수가 심혈을 기울여 우리말로 옮긴 이 책은 원래 두 권이다. 첫 권은 호메로스에서부터 소피스트, 플라톤 그리고 헬레니즘 시대에 알렉산드리아 도서관에서 활약했던 학자들의 서양고전 문헌학 연구에 대한 역사를 다루는 문헌이다. 두 번째 권은 페트라르카에서부터 몸젠에 이르는 서양고전 문헌학자들의 연구-역사를 다룬다. 전자는 알렉산드리아 도서관에서 이뤄졌던 연구를 정리한 것이고, 후자는 르네상스 이후 서양 고전학자들의 연구 업적을 개관했다. 대가로서 파이퍼의 통찰력이 여실히 드러나는 저술들이다. 하지만 문장과 문체는 비전문가들도 쉽게 다가갈 수 있다. 첫 권도 빠른 시일 내에 우리말로 옮겨져 한국 독자에게 소개되기를 희망한다.

물론, 파이퍼의 책이 서양고전 문헌학의 역사를 다룬 첫 번째 문헌은 아니다. 거슬러 올라가면, 1587년 프랑스 고전학자 앙리 엔티엔이 저술한 『고대 그리스와 라틴 문헌에 대한 비판적 문헌학에 대하여(*De criticis veteribus Graecis et Latinis*)』가 있다. 이어서 1903년에 영국 케임브리지대학 출판부에서 출간된 샌디스의 『서양고전 문헌학의 역사』가 뒤를 잇는다. 샌디스의 저술은 일종의 자료 모음집의 성격이 강하다. 이외에도 구데만의 『서양고전 문헌학의 역사에 대한 개략적인 연구』와 이탈리아 고전 문헌학자 푸나이올리의 연구가 있다. 이상의 저술들은 서양고전 문헌학의 역사를 일별해주는 통일적인 체계를 아우르는 중심 개념이 없다는 것이 결정적인 약점이다. 이런 약점을 보안하기 위해서 기획된 저술이 파이퍼의 『인문정신의 역사』이다. 파이퍼의 저술에도 흠이 없는 것은 아니다. 헬레니즘 말기에서 르네상스 초기까지 서양고전 문헌학의 역사가 다뤄지지 않았기 때문이다. 물론, 원래는 이 시대에 대한 연구도 포함시키려 했으나 조사하고 분석해야 할 문헌의 분량이 너무 방대해서 이는 후대의 학자들에게 남길 수 밖에 없었다고 파이퍼 자신이 밝히고 있다. 이런 의미에서 파이퍼의 흠은 흠이 결코 아닌 셈이다. 새로운 연구 영역을 개척하고 또한 남겨두었기 때문에.

파이퍼가 남긴 새로운 연구는 크게 세 영역으로 구분된다. 한 영역은 키케로로부터 페트라르카 이전까지의 라틴 문헌 중심의 서양고전학 역사에 대한 연구 분야이다. 다른 영역은 헬레니즘 시대 말기부터 비잔티움 제국의 멸망에 이르는 그리스 문헌 전통에 대한 연구 분야이다. 아마도 이에 대한 연구는 후대 학자의 몫이라 하겠다. 마지막 영역은 시리아와 아랍에서 번역-주해된 서양고전 문헌들에 대한 연구 분야이다. 이 분야는 소위 "Arabicus-Latinus," 혹은 "Syriacus-Graecus", 혹은 "Arabicus-Syriacus-Graecus," 식의 프로젝트 이름을 내걸고 요즘 유럽과 미국에서 매우 인상적인 연구 성과를 내면서 진행되고 있다. 하지만 내 생각에, 이 연구 분야는 앞으로 더 넓게 확장될 것이다. 그래서 앞으로 확장될 분야를 다시 시대별로 세분하면 이 정도로 구분될 것이다. 고대 시대에 일어난 동서 교류와 비교 분석을 중심으로 진행되는 시노-헬레닉(Sino-Hellenic) 연구 부분, 중세 시대에 있었던 문헌 교류 연구(Graeco-Latino-Arabica, Sino-Arabica, 참조, 『淸眞大全』)와 팍스 몽골리카(pax mongolica, 참조, 『Bar Hebraeus 전집』)와 같은 역사에 대한 연구 부분, 근세에 와서 특히 17세기 이후의 동서 교류, 특히 예수회 신부들의 활동에 대한 연구 부분으로 말이다. 하지만 지면 관계상 세 부분 모두를 상술하지는 않겠다. 그 가운데에서, 다만, 특히 우리(한국 역사)와 직접적으로 연결되어 있는 마지막 연구 부분만 이 글에서는 소개하겠다. 다름 아닌 16~17세기에 진행된 서양고전의 동양 수용에 대한 연구가 그것이다. 어쩌면, 이 영역이야말로 동양에서 서양고전 문헌학을 제일 잘 할 수 있는 분야일 것이다. 그래서 이야기를 조금 길게 늘어 놓겠다.

단적으로, 17세기는 문헌을 중심으로 하는 동서 교류의 연구와 관련해서 다른 어느 세기보다 중요한 시기였다. 이미 16세기 말부터 중국에서는 동양고전과 서양고전의 번역이, 우리가 알고 있는 것보다 매우 체계적이고 아주 심도 깊은 동양과 서양의 학자들의 토론과 논의를 통해서 이미 이뤄졌기 때문이다. 이 시기에 이뤄진 번역은 양 방향으로 진행되었다. 요컨대, 하나는 서양고전을 한문으로 번역하는 것이고, 다른 하나는 동양고전을 서양어로 특히 라틴어로 옮기는 것이었다. 전자와 관련해서는 예컨대 아리스토텔레스의 『범주론』, 『천체론』, 『니코마코스 윤리학』의 일부, 유클리드의 『기하학』, 키케로, 세네카, 아우렐리우스의 편지가 각기 『명리탐(名理探)』,[2] 『환유전(寰有詮)』,[3]

---

2) 이 책의 원전은 *Commentarii Collegii Conimbricensis e Societate Jesu: In Universam Dialecticam Aristotelis Stagiritae, nunc(sic e) primum in Germania in lucem editi, Coloniae Agrippinae, apud Bernardum Gualterium, 1611*이다.

3) 이 책의 원전은 *Commentarii Collegii Conimbricensis, Societatis Jesu: In quatuor libros de Caelo, … Lugduni, apud Ioannem Pillehotte, 1608*이다.

『교우론(交友論)』,[4] 『구우편(逑友篇)』,[5] 『기하원본(幾何原本)』의 서명으로 한역되었다. 후자와 관련해서는 사서오경(四書五經) 중의 일부가 *Confucius Sinarum Philosophus sive Scientia Sinensis*라는 제목으로 라역(羅譯)되었다. 이 번역 작업의 중심에는 예수회 선교사들이 서 있었다. 흥미로운 점은 이들이 중국의 대학자들과의 토론과 논의를 심도 있게 나누었고 그것을 바탕으로 번역하고 주석했다는 점이다. 예컨대 명말에 마테오 리치(Matteo Ricci, 1552~1610)와 알레니(Giulio Alleni, 艾儒略, 1562~1649) 같은 선교사들이 명의 고위 관료이자 학자였던 이지조(李志操, ?~1630)나 서광계(徐光啓, 1571~1630)와 같은 학자들과 학문적 교류를 나누었다는 점이다. 번역 과정에서 서양 사상의 근간을 이루는 중핵 개념들과 동양 사상의 중심을 차지하고 있는 핵심 개념들이 직접적 혹은 간접적으로 맞대응되면서 비교되고 있다는 것도 주목할 거리다.

이를 잘 보여주는 사례가 1662년에 이그나티우스 다 코스타(Ignatius da Costa, 郭納爵, 중국 체류 1634~1666)의 주도로 번역된 『대학』과 1667년에는 프로스페로 인토르체타(Prosperso Intorcetta, 殷鐸澤, 중국 체류 1659~1666)가 번역-출판한 『중용』이다.[6] 이 번역들은 나중에 쿠플레(Philippe Couplet, 栢應理, 중국 체류 1659~1692)가 『중국의 철학자 공자 혹은 중국의 학문

---

4) 이 책은 현재 Matteo Ricci, *On Frienship*: 交友論, (편역) Timothy Billings, Columbia University Press, New York 2009으로 영역되었다.

5) 이 책은 최근에 새로이 찾아낸 것으로, 아리스토텔레스, 키케로, 세네카, 마르쿠스 아우렐리우스의 우정에 대한 논의를 바탕으로 지어졌다. 저자는 마르티노 마르티니(Martino Martini, 중국 체류 1643~1661)이다.

6) 참조, *Par. Cod. Lat. 6277, pag. III, r.*

(*Confucius Sinarum Philosophus sive Scientia Sinensis*)』의 서명으로 묶었고, 1687년에 루이 14세의 칙령으로 왕립 출판사의 지원을 받아서 파리에서 출판했다(Parisiis, Apud Danielem Hortemels, via Jacobaea, sub Maecenate, 1687 cum Privilegio Regis). 그런데 최근에 나는 쿠플레가 이 책을 출판하기 위해 저본(底本)으로 사용한 필사본(*Lat. 6277*)을 프랑스 국립 도서관에서 찾았고, 지금까지 읽은 바에 따르면, 파리에서 책을 출판하는 과정에서 쿠플레가 인토르체타의 원문을 때로는 심각하게 왜곡하고, 때로는 중요한 구문들을 생략하거나 누락시켰음을 확인하였다. 이 정도의 사실만으로도, 체계적인 대조 작업이 본격적으로 요청되지만, 쿠플레가 파리에서 출판한 『중국의 철학자 공자 혹은 중국의 학문』은 함부로 학문적으로 인용해서는 안 되는 문헌임이 분명하다.[7] 참고로, 이 책은 현재 서양에서의 중국학 혹은 동양 고전학의 초석으로 자리매김되는 문헌이다. 따라서 『중국의 철학자 공자 혹은 중국의 학문』에 대한 새로운 비판 정본이 시급하다는 점을 강조한다. 참고로, 2011년에 중국 중산대학의 메이나르(Thierry Meynard) 교수가 소위 비판 정본을 표방하고 이 책을 로마에서 새로이 출판하긴 하였다. 그러나 메이나르

---

7) 참고로 지금까지의 대부분의 연구서는 쿠플레를 대표 저자로 소개한다. 하지만 개별 텍스트의 저자들을 분명하게 밝혀 줄 필요가 있을 것이다. 예를 들면, 인토르체타의 주장이 쿠플레의 그것인 양 인용되고 있기 때문이다. 이와 같은 잘못을 범한 글이 대표적으로 나의 논문인 "쿠플레의 『역경 이해』", 『인문논총』(서울대 2012)이다. 이 논문은 일단 제목부터 인토르체타의 『역경 이해』로 바꿔야 함을 이 자리를 빌려 분명하게 밝힌다. 물론 이 논문은 내가 *Lat. 6277*을 읽기 전에 쓴 것이다. 해서 어느 정도 이해와 양해를 구할 수 있을지도 모르겠다. 하지만 이 논문은 잘못된 것이다. 따라서 이 논문을 읽었거나 앞으로 읽을 독자 여러분의 넓은 이해와 주의를 부탁 드린다. 물론, 먼젤로(D. Mungello)와 같은 서양의 저명 학자들의 저술에서도 사정은 마찬가지이긴 하지만 말이다. 이런 이유에서, 특히 쿠플레와 인토르체타의 관계 설정에 대한 연구가 매우 시급한데, 이에 대한 논의는 지면관계상 여기에서 멈추고 후속 연구에서 자세하게 소개하겠다.

의 책은 학문적으로 인용하기에는 매주 부적합하다. 일단 기본적으로 오탈자가 너무 많다. 더 근본적으로는 원문이 너무 창조적으로(?) 오역되었기 때문이다. 아무튼, 쿠플레가 1687년에 출판한 『중국의 철학자 공자 혹은 중국의 학문』의 서문은 중국 학문의 특징과 공자의 생애를 다루는 기록[8]과 『대학(大學)』, 『중용(中庸)』, 『논어(論語)』[9]를, 마지막으로 일종의 부록으로 중국 역사를 소략적으로 서술한 『중국연대기』[10]를 담고 있다. 사서(四書) 가운데 『맹자(孟子)』는 빠져 있다.[11] 이는, 공자를 중심으로 중국의 학문을 소개하려 했던 예수회 선교사, 특히 쿠플레의 파리 출판본(1687)의 출판 및 편집 기획과 직결된 것으로 추정된다.

참고로, 번역 문제와 관련해서 이 시기에 이루어진 동양 고전의 라틴어 번역이 장기간에 걸쳐 진행된 작업이라는 게 통설이다. 물론, 예수회 선교사들이 사서(四書)의 번역을 시도한 것은 기록상으로는 적어도 1589년 이전이다. 한 연구에 따르면 사서를 처음 번역한 이는 미켈레 루지에리(Michele Ruggieri 羅明堅, 1543~1607)이다. 그는 1590년에 이를 로마에서 출판하려 시도했다. 이 번역 원문 필사본

---

8) 이 전기의 저자는 인토르체타이다. 인토르체타는 『중용』을 1669년 인도 고아에서 출판하면서 서양의 독자를 위해 『공자의 전기』를 부록으로 소개한다. 참조, 『중용』 고아본 (1669) pp. 1242~1254.

9) 『논어』의 번역 가운데에서 전반부 부분의 번역자는 인토르체타이다. 참조, *Lat. 6277*, pp. 335~370.

10) 저자는 필립 쿠플레다. 참조, L. Pfister, *Notices Biographiques et Bibliographiques*, p. 312.

11) *Lat. 6277* 에 따르면 (참조, *pag. VII. v.*), 인토르체타는 자신이 『맹자』도 번역했다고 밝힌다. 사정이 이와 같다면, 보다 체계적인 문헌 추적이 이루어져야 할 것이다. 참고로, 인토르체타는 *Lat. 6277*의 여러 자리에서 『맹자』의 원문과 번역 및 해설을 시도하고 있다. 그런데 프란시스 노엘이 1711년에 출판한 라틴어 『맹자』가 최초 번역이라고 알려져 있다.

은 현재 로마의 엠마누엘레 비토리오 도서관에 소장되어 있다(Fondo Gesuitico 1195번). 이후 마테오 리치가 1591년에서 1594년 사이에 중국의 소주(蘇州)에서 사서(四書)의 번역에 착수하였다. 이와 관련해서, 흥미로운 점은 코스타와 인토르체타가 사서를 번역하면서 루지에리의 문헌을 참조하지 않았다는 것이다. 이는 인토르체타의 다음 언명에서 분명하게 드러난다.

> 앞에서 말한『사서』의 해석들은 몇몇 단편 이외에 전해지는 것이 없다. 설령 있다 하더라도 그 해석이 너무 간략하다. 초기에 활약했던 신부들에게 사서를 가르친 이들은 [중국의] 문인들었다. 그때는 각기 각자의 사정에 따라 배웠다. 문제는, 그렇게 배운 해석 사이에 차이가 너무 크고, 그게 어느 한 자리만 그런 것이 아니라는 데에 있었다. 이 해석들은 공동의 유익이, 특히 초년생들에게 도움을 주는 것이라기보다는 어떤 특정 개인의 입장을 지지하는 것들이었다. 어떤 것들은 거짓말도 적지 않게 늘어 놓았는데, 늘상 그렇듯이, 고생은 죽도록 하지만 돌아오는 실익은 아주 적은 것들이었다.[12]

인용은 예수회의 번역이 100여 년의 경험을 축적한 사업이라는 것이 통설을 정면으로 반박하는 증거이다. 물론 번역의 역사는 길지만 그 축적의 성과는 결코 믿을 수 없다는 것이 인용의 골자이기 때문이다. 따라서 사서의 번역이 장기간에 걸친 연구 축적의 결과라는 주장

---

12) *Lat. 6277 (pag. III. v.)*: neque extarent adhuc nisi fragmanta quaedam eáque brevissima explanationum in dictos libros, quos primi Sociorum cùm à literatis olim alii ab aliis excepissent, non uno loco sanè dissimiles inter se et magis suo privatorum quàm communi maximè quidem tyronum usui ingenioque accomodatos; alii deinde qui successerant non sine mendis, ut fit, labore quidem maximo, sed exiguo cum profectu describebant.

은 이제 재고되어야 할 것이다. 인토르체타에 따르면,[13] 적어도 『중용』의 번역만큼은 단기간(약 2년)에 걸친 연구 작업이었음이 분명하기 때문이다. 여기에, 인용은 인토르체타가 번역의 저본(底本)으로 주희(朱熹)의 『사서집주(四書集註)』를 삼은 이유도 분명하게 밝혀주기에 눈길이 간다. 다름 아닌 각기 다른 해석의 차이를 극복하기 위해서였다는 사실이 바로 그것이다. 물론, 『사서집주』가 누리고 있었던 당시의 권위도 무시할 수 없는 이유였을 것이다. 말이 나온 김에 인토

---

13) 인토르체타가 『중용』 번역에 집중하게 된 것은 1665년의 예수회 박해 사건과 직결되어 있다. 당시 어린 강희제를 대신해서 청나라를 섭정했던 네 명의 대신들은 "역법 사건(Calender case)"을 빌미 삼아 이 해에 인토르체타를 비롯한 25명의 예수회 신부 전체를 북경에서 광동으로 추방한다. 『중용』은 추방 기간에 번역되었다. 이에 대한 전거는 다음과 같다: *Lat. 6277, 7.* Ergò iussu quatuor optimatum natione Tartarorum, qui pro pupillo Imperatore admodum puero administrabant Imperium, quinque et viginti Sacerdotes ex aula Pekinensi, quò nos acciverant, in ultimam provinciarum australium relegati, in eiusdem metropoli, et antiquiore Societatis domicilio ceu laxiore quadam custodiâ consedimus. Hîc primis statim mensibus P. Ignatius a Costa, quem modò memorabam, excessit è vita: vir et religiosis virtutibus et laboribus apostolicis clarus, quos in provincia Xèn Si, pro-(pag.III r.)-vinciarum Sinensium vastissimâ, per annos circiter triginta multos magnosque, nec rarò solus, pertulerat cum ingenti incremento rei Christianae. Quantoniensis ergò custodia cùm plurimum nobis otii praeberet, cùmque afflictâ et prostratâ re Christianâ, spes tamen eiusdem restaurandae nequaquam concidisset, complures me hortati sunt ad prosequendum, adeoque perficiendum caeptae nuper explanationis opus; occasionem quippe offerri pulcherrimam ex tristi illo quidem verumtamen accommodato prorsùs otio, et conturbernio quoque tot Sociorum, quorum adminiculi dubios ac vacillantes gressus firmare identidem possem, quin et affirmabant, facillimum fore typis Europaeis illud deinde imprimere (nam Sinicis quidem excudere nostrates libros, usu iam didiceram, rem esse lentam atque in primis sumptuosam). Atque adeò praetermissâ laconicâ illâ et obscurâ brevitate, multò quàm ante copiosiùs Interpretum sententias è Sinico in Latinum posse converti, et quae controversa essent planè dilucidéque tractari: ad haec, emendari non nulla, quibus in priori editione, et quasi rudimentis huius operis, error intervenerat; ac denique ne desiperent Europaeorum palato tam peregrinae tamque vetustae dapes, Latinitate paulò magis castigatâ (quod antea quidem neglexeram), omnia exponi posse.

르체타가 『사서집주』를 저본으로 사용하게 된 이유를 보충하자. 그것은 보다 더 근본적인 데에서 발견된다. 다름 아닌 『사서집주』에 담긴 성리학의 입장과 사상을 선교의 방편으로 이용하려 했던 전략-노선('보유론(補儒論)')이 바로 그것이다. 또한 선교의 전선에서 혹은 중국 문사들과의 교제 현장에서 항상 부딪혀야 하는 사상의 대결에서 승리하기 위해서도 『사서집주』의 장악은 예수회 신부들에게 필수 요청 사항이었다는 점도 결코 간과할 수 없는 한 이유였을 것이다. 이 사상 논쟁에 깔려있었던 긴장은 치열했는데, 이는 인토르체타가 때로는 장횡거(張橫渠, 1020~1077)의 『태극도설(太極圖說)』을, 때로는 명나라의 만력제 신종(神宗)대의 명재상이자 대학자였던 장거정(張居正, 1525~1582)의 『사서직해(四書直解)』도 참조했다는 사실에서도 쉽게 확인된다. 이와 같은 사상 전선(戰線)에 서려있는 긴장이 지금도 그대로 유지되고 있다는 점은 굳이 강조할 필요는 없을 것이다. 17세기 동서 문헌 교류 연구가 당연히 서양고전 문헌학의 중요한 영역에 자리 매김되어야 한다는 강조는 이 정도면 충분할 것이다.

한편, 이미 잘 알려진 사실이다. 이렇게 번역된 책들이 프랑스의 루이 14세와 같은 유럽의 계몽 군주들과 볼테르, 라이프니츠, 볼프와 같은 철학자들에게 큰 영향을 미쳤다는 것은 말이다. 이 시기에 이뤄진 번역-주해 작업은, 한편으로 동양에서 사용하는 주요 개념들과 용어들이 이 번역 과정을 통해서 탄생했고, 다른 한편으로 서양의 근대가 시작함에 있어서 또한 근대 학문들이 시작하는 데에 있어서 동양의 학문도 또한 서양이 동양에 끼친 영향에 못지않게 결정적인 영향을 끼쳤다는 점에서 중요하다. 하지만 17세기에 번역과 주해에 몰두했던 예수회 신부들이 많고 많은 책들 가운데에서 하필 이 책들을 선택했는지에 대한 이유와 배경에 대해서는 아직 밝혀진 바가 거의 없다. 이와 관련해서, 예를 들면 『그리스도교 중국 원정』이 주목해야 할 저술이다. 왜냐하면 서양고전 문헌학의 관점에서 볼 때에도 이 책은 많은 새로운 사실과 학문적으로 숙고할 만한 정보를 담고 있는 저술이기 때문이다. 이 저술은 기본적으로 동양의 학문과 제도에 대한 정보를 서양 세계에 소개하는 텍스트이다. 예컨대 이 책의 제1장은 중국의 정치 제도, 통치 방식, 학문과 사상에 대한 소개를 담고 있다. 아마도 황제의 절대 권력을 중심으로 편제되어 있는 중국의 중앙집권적인 통치 체제에 대한 마테오 리치의 관찰과 보고는 루이 14세와 같은 프랑스 왕에게 깊은 인상을 남겼음이 분명하다. 특히 절대 왕정의 확립과 관련해서 중요한 관료제의 도입이나 중상주의 정책은 당시 중국을 통치하고 청나라의 영향이 지대한 것으로 보이는데, 이에 대해서는 보다 자세한 연구가 요청된다. 어찌되었든 루이 14세는 특히 중국의 관료 선발 시험인 과거 제도에 매우 큰 관심을 보였고, 또한 중국의 통치 체제를 가능케 하는 교육 제도와 그 교육의 실제 내용이었던 『사서오경(四書五經)』을 읽고 싶어 했다. 동양 고전이 17세기 말에 서구 유럽에서 선풍적인 인기를 누리면서 퍼지게 된 것도 실은 루이 14세의 절대적인 후원 덕분이었다.[14] 대략적으로, 17~8세기에 중국에 온 예수회 선교사

---

14) 프랑스 왕실의 후원을 통해서 예수회 선교사들의 저술하거나 번역한 텍스트는 아래와 같다. 곰드, 『中國現狀新誌(*Nouveax mémoires sur l'etat présent de la Chine*)』, Paris, 1696; 부베, 『中國現狀誌(*L'État présent de la Chine en figures*)』, Paris, 1697, 『中國皇帝傳(*Histoire de l'Empereur de la Chine*)』, la Haye, 1699, 『耶蘇會書簡集(*Recueil des Lettres édifiantes et Curieuses*)』, Paris, 1703~1776; 뒤 알드, 『中華帝國全誌(*Description géographique, historique, chronologique, politique et physique de l'Empire de la Chine et de al Tartarie Chinoise*)』, Paris, 1735; 『北京耶蘇會士硏究紀要(*Mémoires*

들이 번역하거나 저술한 책들을 소개하면 다음과 같다.

먼저, 천문학 분야는 다음과 같다. 마테오 리치의 『건곤체의(乾坤體義)』(1605), 『경천해(經天該)』(1601), 『혼개통헌도설(渾蓋通憲圖說)』(1607); 테렌츠의 『측천약설(測天約說)』(1631), 『정구외도표(正球外度表)』(1631), 『황적거도표(黃赤距度表)』(1631); 베르비스트의 『의상지(儀象志)』(1674); 우르시스의 『간평의설(簡平儀說)』(1611), 『표도설(表度說)』(1614); 디아즈의 『천문략(天問略)』(1615); 로의 『측량전의(測量全義)』, 『오위표(五緯表)』, 『오위력지(五緯曆指)』, 『월리력지(月離曆指)』 등; 불리오의 『西曆年月』 등 아담 샬이 『숭정력서(崇禎曆書)』(1631)에 총서로 묶었다. 여기에는 135 책이 포함되어 있다. 다음으로 수학 분야는 이렇다: 마테오 리치의 『기하원본(幾何原本)』(1607), 『환용교의(圜容較義)』(1608) 등; 로의 『비례규해(比例規解)』(1630); 알레니의 『기하요법(幾何要法)』(1630); 테렌츠의 『대측(大測)』(1630) 등이 포함된다. 이어서 지리학 분야에는 마테오 리치의 『곤여만국전도(坤輿萬國全圖)』(1604); 알레니의 『직방외기(職方外紀)』; 불리오의 『서방요기(西方要紀)』 등이 있다. 또한, 물리학 분야에는 우르시스의 『태서수법(泰西水法)』(1612); 아담 샬의 『원경설

『대학(*Sapientia Sinica*)』, Kien-Chan Kian-si, 1662; 인토르체타(Prospero Intorcetta, 殷鐸澤) 『중용(*Sinarum Scientia Politico-moralis*)』, 『중국의 철학자 공자(*Confucius Sinarum Philosophus, Sive Scientia Scensis latine exposita*)』, Paris, 1686~1687; 노엘(Le P. Françaís Noel, 衛方濟) 『중화제국경전(*Sinensis inpesi Libri classlci Sex*)』, Prague, 1711 (이 책은 중국의 사서와 『효경』, 『소학』의 라틴어 번역, 중국의 고주를 충실하게 참조하였으며, 라이프니츠와 볼프와 같은 철학자들에게 많이 영향을 줌); 비스델루(Visdelou, 劉應), 『역경』 주해; 프레마르(Prémare, 馬約瑟), 『역경』, 『중용』, 『성리』, 『장자』, 『노자』, 『회남자』 텍스트 연구; 레지스, 『역경』의 라틴어 번역; 마일라, 『통감강목』의 라틴어 번역; 거빌, 『서경』의 프랑스어 번역 등이 있다.

(遠鏡說)』(1626); 테렌츠의 『기기도설(奇器圖說)』(1627) 등이 포함된다. 또한, 기상학 분야에는 바뇨니의 『공제격치(空際格致)』(1633)를 포함시켜야 한다. 물론 의학 분야에도 여러 저술이 있다. 테렌츠의 『인신설개(人身說概)』(1627)와 로의 『인신도설(人身圖說)』(1650)과 베르비스트의 『목사총도(目司總圖)』(17세기 추정)가 그것들이다. 예수회 선교사들은 어문학 분야에도 많은 저술을 남겼다. 예컨대 루지에리의 『포르투갈-중국어 사전』, 마테오 리치의 『서자기적(西字奇蹟)』(1605), 트리고의 『서유이목자 (西儒耳目資)』(1625)를 들 수 있다. 마지막으로 철학과 사상 분야에도 많은 저술이 있다. 대표적인 경우만 소개하겠다. 루지에리의 『천주실록(天主實錄)』(1593)이나 마테오리치의 『천주실의(天主實義)』(1603), 『교우론(交友論)』(1595), 『서국기법(西國記法)』(1594)과 바뇨니의 『서학수신(西學修身)』(1605), 『서학제가(西學齊家)』(1605), 『서학치평(西學治平)』(1605)과 알레니의 『서학범(西學凡)』(1623)과 푸르타도의 『명리탐(名理探)』(1631), 『환유전(寰有銓)』(1628) 등이 있다. 이상이 17세기 중국에서 저술되었거나 번역된 대표적인 저술이다.[15] 더 많지만, 지면 관계상 여기에서 멈춘다.

눈길이 가는 대목은 많은 문헌들 가운데에서 몇몇 저술들은 당시 유럽에서 활발하게 진행된 당대의 담론과 논쟁을 직접 수용하거나 반

15) 이 가운데에서 중요한 텍스트들을 모아 총서(叢書)로 1629년에 『천학초함(天學初函)』의 서명으로 출판했다. 『천학초함』은 이편(理篇)과 기편(器篇)으로 구성되어 있는데, 이편에는 종교, 윤리관계의 서적 10종이 들어 있고, 기편에는 과학, 기술관계 서적 10종이 들어 있다. 도합 20종의 52권을 수록한 방대한 양의 중요한 서학서들이 총망라된 서학 총서다. 조선에서는 유몽인(柳夢寅), 이수광(李睟光), 이익(李瀷), 신후담(愼後聃), 안정복(安鼎福)이 『천학초함』 중의 『천주실의』, 『교우론』, 『칠극』, 『영언여작』, 『직방외기』 등을 읽고 비평을 가한 것으로 보아 『천학초함』 혹은 개별 텍스트 몇 권은 이미 17세기 초기에 조선에 이미 소개되었다.

영하고 있다는 사실일 것이다. 거의 같은 시기에 저술되거나 번역된 저술도 있다. 예컨대 우르시스의 『태서수법(泰西水法)』(1612)은 아고스티노 라멜리(Agostino Ramelli, 1530~1600)가 1588년에 저술한 『여러 기계들(*Diverse et Artificiose Machine*)』[16]을 참조해서 저술되었다. 또한 라멜리의 책은 테렌츠의 『기기도설』의 저본으로도 활용되었다. 이는 다음의 두 그림에서 분명하게 확인된다.

왼쪽은 라멜리의 그림(1588)이고, 오른쪽은 테렌츠의 그림(1627)이다. 그런데 테렌츠의 『기기도설』은 조선에서도 건축과 기술 분야에 활용되었던 책이다. 대표적으로 정약용(丁若鏞, 1762~1836)이 수원

16) 이 책은 로마의 건축학자 비투르비우스의 『건축십서』를 바탕으로 지어졌고, 따라서 『기기도설』의 바탕도 『건축십서』이다.

성을 축조할 때에 참조했다. 또한 『기기도설』의 저자인 테렌츠는 당시 서양에서도 손에 꼽히는 자연과학자였다. 이는 그가 갈릴레오 갈릴레이의 절친한 친구였다는 점에서 확인된다. 갈릴레이의 과학 사상이 테렌츠를 통해서 다산에게 흘러 들어왔을지도 모를 일이다.

이쯤에서 멈추자. 르네상스 시대의 학술 운동은 서양에서만 진행된 것이 아니라 실은 동양에서도 동시에 함께 진행되었다는 주장을 뒷받침해주는 근거는 위에서 소개한 사례 정도로 충분할 것이기에. 각설하고, 미지의 신대륙은 혹은 학문의 신세계는 바로 이곳일지도 모르겠다. 그렇다면, 파이퍼가 말한 '거북이 걸음'이 더디지만, 진실로 요청되는 현장이 실은 이곳일 것이다. 예수회가 작업한 한역 문헌이든 라역 문헌이든, 실은 그 어떤 것이든 서양 문명의 바탕 노릇을 해 온 라틴어 개념들과 동양 문명을 떠받들고 있는 한문의 사상들이 각기 자체의 역사와 논리를 속에 숨긴 채 혹은 등 뒤에 감춘 채, 서로 얼굴을 마주하고 있기 때문이다. 다시 말해, 어느 단어 하나도, 어느 문장 하나도, 그냥은 자신의 속내를 쉽게 열어 보여 주지 않기에. 결론적으로, 거북이 걸음을 구조적으로 요구하는 현장이 바로 이곳이기에.

26

HUMANITAS

영원한 고전에 대하여

"사태의 핵심으로 돌아가자(in res medias)!"(로마속담)

고전(古典)은 거울이다. 하지만 보통 거울이 아니다. 처음엔 남만 보여주지만, 안으로 들어가면 갈수록 자신을 보게 하는 힘을 지닌, 참으로 묘한 물건이다. 때론 눈물이, 때론 미소가, 때론 통찰이, 때론 반성이 일어나도록 만든다. 이 거울을 보다가 문득 떠오르는 자신을 발견하지 못했다면, 이 거울은 그에겐 고전이 아니다. 그러나 고전은 거기에 있다. 이런 의미에서 고전은 산이다. 산처럼, 고전은 처음엔 재미없는 물건이다. '소비자' 중심의 '엔터테인먼트' 거리들이 고객의 마음을 사로잡고 있는 시대 대세에도 아랑곳하지 않고, 산처럼 '아쉬우면 찾아오겠지'라는 식의 고고하고 도도하며 불친절한 물건이다. 찾아오는 사람도 다시 쫓아 버리는, 어떻게 해 볼 여지가 없는 고집불통의 물건이다. 그래서 "고전은 고전 (苦戰)이다"라는 말 밖에 드릴 조언이 없는 물건이다. 그러나 고전은 고전(古典)이다. 시금석이므로. 산이 높으면 계곡도 깊듯이, 문제적 작품일수록 칭찬의 크기에 비난의 크기도 비례하는데, 이러한 비판과 검증의 엄격함을 견디어낸 물건이고, 이 견딤의 힘 때문에 고전은 다른 작품의 평가 기준이자 척도이기 때문이다. 또한 고전은 영원한 샘(classica est fons perennis!)이다. 아무리 퍼내어도 마르지 않는 샘이다. 하지만 초대형 저장 용량을 지닌 물건이라는 소리는 아니다. 저장용량으로 환산하면, 몇 바이트도 안 되는, 곧 한 줄, 두 줄 문장으로 된 고전도 있다. 예컨대, "있는 것은 없다. 있다 해도 알 수 없다. 안다 해도 전할 수 없다"(고르기아스의 무(無) 테제)와 같은 고전도 있다. 이 문장이 정답을 가지고 있어서 고전인 것은 아니다. 오히려 끊임없는 문제를 만들어내기에 고전이다. 이런 의미에서 고전은 끊임없는 문제의 샘이다. 비록 답을 주진 않지만, 묻는 사람 스스로가 답을 찾도록 유도해서, 내심(內心)의 샘을 스스로 파게 하는 원천(源泉)이 고전이다.

너무 깊게 들어왔다. '사태의 핵심으로 돌아가자(in res medias)!' 인문학이 위기라 한다. 핵심은 고전의 부재에 있다. 인문학의 위기는 비단 한국만의 문제는 아니고, 인문학 전통이 오래된 서구의 여러 나라에서도 관찰되는 현상이다. 서구 인문학자들은 인문학의 위기가 찾아오면, 이는 곧 인간의 위기이고 삶의 위기라 여기고, 인문학이 태동한 르네상스로 돌아가서 그 원인과 해결책을 탐색한다. 고전의 재발견을 통해서 인간의 능력과 가치를 새롭게 이해하고 새로운 삶의 방식(modus vivendi)을 탐색했고, 이를 교육과 정치를 통해서 구체화하고자 실천했던 시대가 르네상스였기 때문이다. 이렇게 문제가 발생하면, 문제의 최초 발원지로 돌아가서 그에 대한 해결을 강구할 있는 고전이 있다는 점에서 그들의 위기는 우리의 위기와 근본적으로 다르다. 우리의 경우, 한국고전이든, 동양고전이든, 서양고전이든 삶의 척도와 기준이 되는 작품의 편집, 주석, 번역, 해설, 해제 등의 기초 작업도 아직 이루어지지 않은 상황이다. 한국고전의 경우, 우리의 고전임에도 이제야 번역과 주석 작업이 본 궤도에 진입하고 있고, 동양고전의 경우, 역사적 단절을 넘어서 현대화의 과정 중에 있으며, 서양고전의 경우, 그것이 우리의 역사 속에 참여하여 우리의 삶을 이끌 수 있는지에 대한, 곧 우리의 고전이 될 수 있는지 없는지를 검토하고 있는 중이다. 이렇게 '인간'에 대한 이해와 '삶의 방식'에 대한 기준과 척도 역할, 혹은 전범(典範) 역할을 하는 고전이 우리에겐 제대로 소개된 적이 없었다.

그런데 소위 '인문학의 위기'는 다음에서 비롯되었을지도 모르겠다. 우리 인문학은 '인간에 대한 앎'과 '삶에 대한 앎'인 인문학에 대한, 물론 단편적이고 부분적인 탐색은 있었지만, 학제적 성격을 띠고 있지만 하나의 종합학문인 '인문학(studia humanitatis)'에 대해서 포괄적으로 접근하려는 시도는 부족했다. 이는 인문학에 대한 포괄적인 이해의 부족으로 연결되었다. 무용(無用)의 용(用)에서 나오는 인문학의 진짜 쓸모있음을 제대로 가르쳐 본 적이 없기 때문이다. 이해 부족이 결국 한국 인문학 위기의 한 원인으로 작용했다는 말이다. '돈이 안 되면 쓸모없는 학문'으로 보는 시민과 학생들의 이해 부족이 인문학 위기의 주범이기 때문이다. 서구 선진국에서도 법학, 경영학, 의학 등 실용학문의 인기가 높은 것은 사실이다. 그러나 이를 두고 사람들은 '인문학의 위기'라고 하지는 않는다. 결국 인문학에 대한 이해 부족이 문제라는 것이다. 그렇다면 한국 인문학의 위기는 한국적 특수 현상일 수도 있다. 이는 고전을 제대로 접해보지 못한, 곧, 인문학의 진정한 가치를 경험해보지 못한 데에서 비롯한 문제일 것이다. 결국 한국 인문학의 위기는 고전의 부재에서 왔다는 말이다.

그렇다면 '고전이 뭐길래!' 고전의 역할에 대해서 잠시 생각해보자.

행운과 불운에 대해서 가르치면서 한 학생을 고전의 샘으로 이끌고 있는 페트라르카!

예컨대 서구 사회는 고전의 재발견을 통해서 인간에 대한 새로운 이해와 인식을 가지고, 새로운 인간상을 만들어 나아갔다. 인간본성, 인간조건, 학식, 위엄, 존엄, 정의, 덕, 명예, 재치, 교양, 지혜, 공평, 박애, 관용 등의 정신적 가치들은 인간에 대한 새로운 이해를 넘어서 새로운 삶의 방식을 만들고 정당화하는 데 적극적으로 활용되었던 개념들이었다. 이 개념들은 나중에 교양시민의 네 덕목으로 정리되었다. 자기 검증성(probitajs), 박애정신(misercordia), 관용정신(liberalitas), 교양(urbanitas)으로 말이다. 이렇게 인간에 대한 새로운 자각 위에서 르네상스 인문주의자들은 중세 사회에서는 중요하게 다루어지지 않았던 인간 자신에 대한 가치와 덕목을, 그리스-로마 고전 필사본의 발굴-정본화-주석-번역 작업을 통해서 재발견하고, 고전어를 가르치고, 고전텍스트를 모방하고 경쟁함으로써 인간에 대한 가치와 덕목을 실현하고 보상할 수 있는 새로운 사회로 나아갈 수 있는 토대를 마련했다. 이렇게 새로운 공동체와 새로운 인격체, 곧 시민을 길러냈던 방식들이 르네상스 인문주의자들의 활동에, 곧 고전의 복원에 그 뿌리를 두고 있다면, 그런데 고전의 복원 작업이 곧 인문학의 핵심이라면, 삶과 문화 그리고 역사 자체가 인문학의 또 다른 모습이다. 따라서 우리가 '한국 인문학의 위기'에 대한 해결책을 강구하고자 한다면, 한편으로 인문학 안에서 문제의 원인과 해결책을 찾아야 하고, 다른 한편으로 인문학의 원래 모습인, 삶의 현장에서 인문학이 자기 역할을 본격적으로 수행해 나아간 과정과 그 실제를 살펴야 할 것이다. 그렇다면 삶의 과정에 문제가 발생하면, 문제의 최초 발원지로 돌아가서 그에 대한 해결을 강구할 있는, 한국어로 된 고전(古典) 텍스트의 확보가 일차적으로 가장 시급한 일일 것이다. 고전의 부재가 한국 인문학 위기의 핵심 원인이라면 말이다.

여기에서 잠깐! 한국 현대사회의 역사-문화적 특수성을 간과해서는 안 될 것이다. 한국 현대사회는 지역적으로는 극동에 속하지만 역사-문화적으로는 동양 전통과 서양의 현재가 교차하는 경계 지역에 서 있다. 그래서 우리 삶의 현재 양식도 동양도 서양도 아닌 그야말로 한국적인(?) 방식으로 전개되고 있다. 이렇게 한국 현대사회의 독특한 위치 때문에, 한국 인문학의 위기는 서구 인문학, 중국 혹은 일본 인문학과는 근본적으로 다르다. 결국 한국 인문학의 위기를 돌파하기 위해선 싫든 좋든, 어렵든 쉽든, 우리만의 독자적인 길을 모색하지 않으면 안 된다는 것이다. 그러니까, 원래 우리 것이 아닌 동양고전과 서양고전, 우리 시대에 속하지 않은 한국고전을, 언어와 역사와 문화의 장벽을 넘어서 지금-여기 한국의 역사와 현실에 뿌리내리게 하고자 할 때, 한국 현대사회의 역사-문화적 특수성을 함께 검토하고 반성하지 않으면 안 되기 때문이다. 이러한 반성 과정을 거칠 때, 동양고전, 서양고전, 그때-거기 조상들의 한국고전은 한국 현대사회와 문화에 뿌리내리고, 지금-여기 우리네 삶의 전범으로 자리잡게 될 것이다.

다시, 지금-여기 우리 현실의 한복판으로 돌아가자! 어찌 되었든 우리는 위기를 극복하기 위해선 지금-여기 우리의 고전을 만들어야만 한다. 이를 위해서 우리는 어쩔 수 없이 반성적 여과 작업을 수행할 수밖에 없을 것이다. 서양고전의 개념이든, 동양고전의 개념이든, 그때-거기 한국고전의 개념들은 필연적으로 지금-여기 한국어 개념들과 충돌할 수 밖에 없기 때문이다. 이러한 충돌은 치열한 논쟁과 철저한 사유 과정으로 우리를 이끌 것이다. 그러나 이러한 치열함은 결코 헛되지 않을 것이다. 뚝심을 가지고 밀고 나간다면, 서양도 동양도 아닌, 요컨대 새로운 세계를 열어줄 수도 있는 한국 인문학의 새로운 가능성을 열어줄 것이기에. 지금-여기 우리가 서 있는 경계-조건 때문에 그렇다. 여기에서 우리 인문학의 작은 희망을 본다. 이런 의미에서 위기가 곧 기회일 것이다.

27

HUMANITAS

왜 정본인가

모든 텍스트는 소통을 위해 태어난다. 텍스트는 대개 문헌을 통해 전승된다. 이 문헌은 언어로 기록되는 매체다. 하지만 언어는 변한다. 언어의 이런 속성 때문에 시간이 흐르면서 텍스트 내용도 크게 달라지게 된다. 일례로 호메로스의 『일리아스』를 들 수 있다. 『일리아스』는 원래 이오니아 지방의 방언으로 불려진 서사시다. 요컨대, 서사시가 하나의 이야기로 완결된 후 대략 400년이 지난 기원전 3세기에 이르면, 『일리아스』는 최초의 원전에서 많이 벗어나 정체성을 파악하기 어려울 정도로 바뀌게 된다. 이 시기에 이르면 원전이라 할 수 없는 내용도 많이 삽입되기 때문이다. 대표적인 사례가 『일리아스』 제2권 선박목록 대목이다. 이는 트로이 원정에 참여했던 그리스 군대가 어느 지방에서 온 부대인지를 소개하는 대목이다. 그런데 선박 목록에 도시 아테네의 이름은 원래 없었다. 트로이 전쟁 당시 아테네는 이름도 없는 어느 해안가에 불과했기 때문이다. 그러나 후대에 아테네가 당시 강대해지자, 아테네인들은 자신들의 조상도 트로이 전쟁에 참전했다는 기록을 『일리아스』에 삽입하게 된다. 이는 기원전 5세기

아테네의 참주였던 페이시스트라토스가 명령한 것으로 알려져 있다. 이렇게 해서 아테네가 선박 목록에 삽입된다. 하지만 호메로스 서사시는 아테네 버전만 있는 것이 아니다. 다른 지방에도 전해지는데, 아테네의 참전 이야기는 후대에 삽입된 위문(僞文)으로 훗날 학자들에 의해 판명된다.

물론, 한국고전의 경우, 이에 대해서 다른 이해와 다른 접근 방식이 있을 것이다. 따라서 약간은 조심스러운 대목인데, 이에 대한 양해를 구하고자 한다. 하나의 참조 사례로 들어 주셨으면 한다. 요컨대, 이런 문제에 부딪히면, 서양고전학자들은 원전과 원전이 아닌 것들을 일단은 구분한다. 다음으로, 당장은 이해가 되지 않더라도 전승된 표현을 존중한다. 이해가 되지 않는 낯선 표현이라 할지라도 자신들이 이해하는 수준에서 함부로 바꾸지는 않는다. 마지막으로 전승된 표현을 일단은 존중하지만 이해가 되지 않는 경우는 주석을 통해서 해결한다. 이런 방식으로 서양고전 문헌학자들이 정본 작업을 하는 데에는 다음의 세 가지 생각이 바탕에 깔려있다.

우선, 서양 사람들은 소위 '원본'이 있다는 생각으로부터 '정본' 개념을 상정한다는 것은, 후대의 문헌학자가 만든 '정본'이 원본이라는 보장을 할 수 없기 때문이다. 이런 이유에서 그들은 '비판정본(editio critica)'이라는 용어를 사용한다. '비판'이라는 말을 덧붙인 이유는 정본과 원본 사이에 있는 거리를 최대한 좁히려는 노력은 하지만 그것이 어쩌면 구조적으로 불가능하다는 점을 인정하기 때문이다. 그래서 후대의 문헌학자들이 만든 본문이 원저자가 쓴 원문은 아닐 수 있다는 의미가 '비판'이라는 말에 함의되어 있다. 사례를 제시하면 다음과 같다.

키케로, 『연설가에 대하여』 제1권 32장

[32] Quid tam porro regium, tam liberale, tam munificum, quam opem ferre supplicibus, excitare adflictos, dare salutem, liberare periculis, retinere homines in civitate? Quid autem tam necessarium, quam tenere semper arma, quibus vel tectus ipse esse possis vel provocare improbos vel te ulcisci lacessitus? Age vero, ne semper forum, subsellia, rostra curiamque meditere, quid esse potest in otio aut iucundius aut magis proprium humanitatis, quam sermo facetus ac nulla in re rudis? Hoc enim uno praestamus vel maxime feris, quod conloquimur inter nos et quod exprimere dicendo sensa possumus.

----

ad cap. 32–34 cf. De inv. 1,2–5, Isocr. or. 3,5–8;15, 253–7; 4.48 quibus vel ... improbos cf. cap.202 ; 2.35, De leg.1.62

----

improbos L (cf. Div. in caec.70), del. Bake : integros M Tittler: integer Vassis 32: integer reos Deiter: iniquos Stangl: infestos Meusel: intger improbos Mueller

다음으로, 서양고전 문헌학자들은 전승된 표현을 바탕으로 원전을 복원하는 과정에서 가능한 편집자의 주관적인 판단을 배제한다. 이를 위한 실천 방식이 판본비교다. 라틴어로는 collatio라고 부르는 과정이다. 판본비교를 하는 이유는 비판정본의 편집을 하다 보면 개별 단어 선택과 문장 교정을 해나감에 있어서 최고본(最古本)이 항상 좋은 것도 아니고 오히려 후대본(後代本)에서 더 나은 제안을 발견하는 경우가 많기 때문이다. 그러나 이도 여의치 않을 때에야 비로소 소위 대가들의 해석과 권위에 의지한다. 물론 이도 사변적인 추정이 아니라 나름 설득력이 있는 논증과 유사 전거가 뒷받침되어야 한다. 서양고전 문헌학에서는 기본적으로는 텍스트를 전하는 매체의 물질적인 속성을 중시하고 역사적인 전통을 중시한다는 게 하나의 학문 전통이기 때문이다. 이런 학문 전통 때문에, 서양 학자들은 소위 '대가'라는 소리를 들으면 들을수록, 문헌 전승을 중시한다. 어떤 텍스트에 근거해서 어떤 주장을 했는데 그 텍스트가 위문으로 판명될 경우, 이보다 난감한 경우는 없기 때문이다. 사변적인 추정이 아닌 문헌 전승의 위력이 얼마나 대단한지는 다음의 사례가 보여준다.

때는 바야흐로 비잔티움 제국이 몰락(1453년 멸망)하던 시기였다. 이를 직감한 콘스탄티노플의 신부 베싸리온(Bessarion)은 두루마리 약 800권 분량의 그리스 필사본을 베네치아로 가지고 들어온다. 시기는 1427년 이전으로 추정된다. 이렇게 많은 필사본이 한꺼번에 서유럽으로 유입된 것은 처음이자 마지막이었다. 이 가운데에는 『신약성경』 필사본도 포함되어 있었다. 그런데 사달이 벌어진 것은 대략 1448년 즈음이었다. 어찌 보면 사소해 보일 수도 있는 논쟁이 베네치아에서 벌어졌다. 논쟁은 히에로니무스(Hieronymus, 347~420)의 라틴어 성경 번역의 문장에 나오는 단어 하나를 지우느냐 마느냐를 놓고서 벌어진 다툼이었다. 해당 구절의 원문은 다음과 같다.

> dicit ei Iesus <u>si sic</u> eum volo manere donec veniam quid ad te tu me sequere (Ad Johannem 21. 22); 예수께서 가라사대 내가 올 때까지 그를 머물게 하고자 한들 네게 무슨 상관이냐 너는 나를 따르라

하시더라 「요한복음」 21장 22절)

문제의 구절은 밑줄 친 si sic이었다. 참고로 si는 영어의 if이고, sic은 thus를 뜻한다. 어쨌든, 하나는 지워야 하는데, 뒤에 나오는 sic을 원문에서 지워야 한다는 주장과 주어진 전통을 준수해야 한다는 주장이 서로 맞선다. 후자의 입장을 고집한 쪽이 가톨릭 신부들이고, 전자를 주장한 이가 로렌초 발라라는 서양고전학자였다. 어쨌든, 논쟁은 발라의 승리로 끝난다. 그리스어 『신약성경』이 그의 주장을 뒷받침해 주었기 때문이다. 그리스어 성경은 ἐὰν(if)으로 되어 있었다. 물론 나중에 si만 기록된 다른 라틴어 필사본이 발견되었다. 발라가 이런 주장을 할 수 있었던 것은 예수가 하느님의 독생자라 할지라도 인간의 언어를 사용하는 한, 어법에는 맞는 말을 사용할 수 밖에 없을 것이라는 확신에 근거한다. 또한 이런 확신의 배경에는 필사본이 있었다. 예컨대, 1516년에 에라스무스(Erasmus)는 그리스어 『신약성경』을 편집하려고 마음먹었는데, 이 일은 당시 교회의 분위기를 감안할 때 아주 큰 용기를 필요로 하는 일이었다. 이런 상황에서 에라스무스에게 용기와 뚝심을 제공한 힘이 결정적으로 『신약성경』을 전하는 그리스어 필사본이었다. 에라스무스가 『신약성경』을 편집해서 출판한 해는 1516년이다. 출판과 함께 그는 많은 비판에 직면해야만 했다. 때문에 마음의 상처를 깊게 입기도 한다. 하지만 그의 출판은 역사적 패배로 종결되지 않았다. 루터(M. Luther, 1483~1546)가 독일어로 성경을 번역할 때에 그의 『신약성경』을 저본으로 사용했기 때문이다. 그런데 루터의 성경 번역은, 주지하다시피, 서양 근세를 여는 전주곡이었다. 이는 종교개혁으로, 이어 시민혁명, 나아가 산업혁명으로 이어졌기 때문이다. 따지고 보면, 이런 역사의 거대한 전환이 아주 사소한 표현 하나에서 비롯된 셈이다. 따라서 결코 사소한 표현 문제가 아니었음이 분명하다. 마지막으로, 이렇게 판본비교를 통해서 정본을 만드는 것은 문헌 자체에 대한 이해와 문헌을 단지 잘 보존하기 위함에만 있는 것이 아니라, 문헌을 당대의 텍스트로 복원해서 그것을 안전하게 연구자들과 다른 일반 독자들에게도 제공하기 위해서다.

여기서부터는 나의 분수를 넘는 이야기다. 이에 대한 넓은 양해를 구한다. 정본 사업이 왜 시급한지, 용기를 내어 말씀 드리고자 한다. 사례를 통해 말씀을 드리는 것이 이해에 도움이 될 것이다.

사례 하나: 『춘향전』 시작 대목

[몽룡의 탄생으로부터 이야기가 시작되는 『춘향전』 계열]

ID:남원고사(南原古詞)

P#0010#<1-앒>텬하명산 오악지즁에 형산이 놉고 놉다 당시절의 절문 즁이 경문이 능통ᄒᆞ므로 (…) 이 셰상의 ᄆᆡ오 이상ᄒᆞ고 신통ᄒᆞ고 거록ᄒᆞ고 긔특ᄒᆞ고 픠려ᄒᆞ고 ᄆᆡᆼ낭ᄒᆞ고 희한ᄒᆞᆫ 일이 잇것다

P#0030#젼라도 남원부ᄉᆞ 니등ᄉᆞ또 도임시의 ᄌᆞ제 니도령이 년광이 십뉵셰라 얼골은 딘유ᄌᆞ오 풍치ᄂᆞᆫ 두목지라 문댱은 니태ᄇᆡᆨ이오 필법은 왕희지라

ID:동양문고본 『춘향전』

P#0010#<1-앞>텬하명산 오악지즁의 형산이 놉고 놉다 당시의 졀문 즁이 경문이 능통키로 (…) 잇 ᄯᆡ의 ᄆᆡ오 이상ᄒᆞ고 신통ᄒᆞ고 거록ᄒᆞ고 긔특ᄒᆞ고 ᄑᆡ려ᄒᆞ고 ᄆᆡᆼ낭ᄒᆞᆫ 일이 잇깃다 한 노ᄅᆡ로 긴 밤 ᄉᆡ랴 니 문자ᄂᆞᆫ 그만두고 말명 ᄒᆞ나 청ᄒᆞ리라

P#0030#젼나도 남원부ᄉᆞ 니등 사도 도임시의 ᄉᆞᆺ도 ᄌᆞ뎨 니도령이 년광이 십뉵셰라 녀동빈의 얼골이오 두목지 풍치로다 문장은 니ᄇᆡᆨᄋᆞ오 필법은 왕희지라

ID:정문연 소장 59장본 『춘향전』

P#0030#덕겸지가라 자제 ᄒᆞᆫ 분 두어씨되 그 얼골언 영파노탁의 호지이경노ᄒᆞ고 그 문ᄌᆞᆼ은 장구필마의 담열청빙ᄒᆞ던 ᄆᆡᆼ호연과 방불ᄒᆞ던 게엿싸

ID:신문관본 활자본 고본 『춘향전』

P#0030#젼라도(全羅道) 남원부ᄉᆞ(南原府使) 리등ᄉᆞ도(李等使道) 도임시(到任時)에 ᄉᆞ도ᄌᆞ뎨(使道子弟) 도령(道令)님이 년광(年光)이 십륙셰(十六歲)라 김부식(金富軾)의 얼<6>골리오 리덕형(李德馨)의 풍신(風神)이라 문쟝(文章)은 최고운(崔孤雲)이오 필법(筆法)은 김ᄉᆡᆼ(金生)이라

[춘향의 탄생으로 이야기가 시작되는 『춘향전』 계열]

ID:정문연 소장 35장본 춘향전

P#0010#<1-앞>절ᄃᆡ가인 ᄉᆡᆼ길젹의 강산정긔 타셔난다 져라산

야야게의 셔씨가 종츌ᄒᆞ고 군산만학 부형문의 왕쇼군이 ᄉᆡᆼ장ᄒᆞ고 쌍각산이 슈려ᄒᆞ여 녹쥬가 ᄉᆡᆼ겨시며 금강유리아미슈의 셜도 환츌ᄒᆞ여쎤이 호남좌도 남원부난 동으로 지리산 셔으로 젹셩강 산슈졍신 얼의여셔 츈향이가 ᄉᆡᆼ겨ᄊᆞ나

ID: 김동욱 소장 49장본 『춘향전』

P#0010#<1-앞>(…) 젼라 남원부 일등 명기 월ᄆᆡ란 사람이 잇난ᄃᆡ 셩등ᄂᆡ 슈쳥 ᄯᅴ 춘향을 나은고로 셩춘향이라 ᄒᆡᆺ거다 그시에 남원부사로 잇넌 양반이 동촌 리씨인ᄃᆡ 일남자를 두신ᄇᆡ 남즁일ᄉᆡᆨ 호걸이요 룡몽을 어더 나은고로 일홈을 몽룡이엿다 월ᄆᆡ ᄯᆞᆯ 셩츈향과 이몽룡과 쳔년을 ᄆᆡ진 근본이엿다

ID: 보급서관본 활자본 『옥중화』

P#0010#<1>絶對佳人(절ᄃᆡ가인) 삼겨날 제 江山精氣(강산뎡긔) 타셔난ᄃᆞ (…) 雙角山(쌍각산)이 秀麗(수려)ᄒᆞ야 綠珠(록주)가 삼겻스며 (…) 南原府(남원부)ᄂᆞᆫ 東(동)으로 智異山(지이ᄉᆞᆫ), 西(셔)으로 赤城江(젹셩강) 山水精神(ᄉᆞᆫ수정신) 어리어셔 春香(츈향)이가 삼겨잇다

[판소리 계열 『춘향가』]

ID: 신재효 동창 『춘향가』(가람본)

P#0020#잇ᄯᅴ의 三淸洞 李進士가 忠勳의 后裔시요 (…) 南原府使ᄒᆞ엿ᄉᆞ나 到臨ᄒᆞ신 一朔內의 거리거리 木碑로다 골목골목 頌德이라

ID: 김소희 창본『춘향가』

P#0010#(아니리)영웅열사(英雄烈士)와 절대가인(絶代佳人)이 삼겨날 제 (…) 우리나라 호남좌도 남원부(南原府)난 동(東)으로 지리산(智異山), 서(西)으로 적성강(赤城江) 산수정기 어리어서 춘향(春香)이가 생겼것다. 숙종대왕(肅宗大王) 직위 초(卽位初)에 (…)

인용은 주마간산(走馬看山) 겪으로 정리해 본『춘향전』판본들이다. 애써 모은 자료를 선뜻 제공해준 경희대 고전문학연구팀에게 진심으로 감사드린다. 연구팀에서 목포대학교 최운호 교수를 통해 보내 준 판본의 수는 105개다. 이것으로만 볼 때에도 족히『춘향전』의 판본이 이 수를 훌쩍 뛰어넘을 것이다. 이쯤 되면, 서양고전 문헌학자라면, 당장 이런 물음부터 던지려 들 것이다. 도대체 이 판본들 가운데에서『춘향전』의 원본 아니 표준 정본이 무엇인지를 말이다. 누군가가『춘향전』에 대한 논문을 쓴다고 할 때에 어떤 판본을 정본으로 삼아야 할지부터가 문제이기 때문이다. 아니 제목부터가 문제다. 『춘향가』인가 아니면『춘향전』인가? 주인공은 춘향인가 혹은 몽룡인가? 누구를 중심으로 이야기를 풀어가는 것일까? 시작 부분에 이런 차이는 왜 생겨났을까? 도대체, 어느 판본이 가장 오래된 것일까? 어느 판본이 어느 판본의 저본 구실을 한 것일까? 아니면 베끼었을까? 또한, 지은이는 누구일까? 아니면 지은이 없이 이렇게 저렇게 구전이 축적되어 만들어진 것일까? 몽룡의 탄생으로 시작한 판본들 계열에서 포착되는 이야기의 일정한 유사성과 차이는 어떻게 설명해야 할까? 예컨대, '왕희지의 필법'에서 '김생의 필법'으로 바뀐 것은 무엇을 의미하는 것일까? 예컨대, 왜 숙종 때가 강조되며(*어떤 판본은 인조 때로 시작함), 장녹주가 등장하는데("綠珠(록주)가 삼겻스며"), 『춘향전』의 탄생과 무슨 관계가 있는 것일까? 물론 이 시기의 표기 방식은 어느 시대의 표기 특징일까?

이와 같은 물음들에 대해서, 한국 고전 연구의 전통이 서양고전 문헌학 전통과 다르기 때문에, 다른 관점에서 접근할 수도 있겠다. 하지만 『춘향전』을 지금 한글로 옮긴다면, 어느 판본을 선택해야 할까? 아마도, 각기 자신이 소장하는 판본을 내세우려 할 것이다. 하지만 가람본을 표준 정본으로 내세울 수 있을까? 당장 시작 부분만 살펴보아도, 이전 판본들과 『춘향전』의 이해가 달라 보인다. 이런 이유에서 결론적으로, 판본과 판본의 비교 연구가 시급함을 강조하고자 한다. 설령 문헌학적인 판본 연구를 하는 것이 아닐지라도, 한국을 대표하는 고전이라 할 수 있는 『춘향전』에 대한 이해를 외국에 소개한다고 할 때에, 도대체 어느 판본을 기준으로 삼을지에 대한 것도 아직 정리되지 않은 것으로 보이기 때문이다. 판본 연구의 상황이 이와 같다면, 사실, 『춘향전』에 대해서 자신있게 말할 수 있는 한 부분도 없을 것이라는 게 내 생각이다. 적어도 이야기의 시작 대목만 본다면, 주인공이 춘향인지 혹은 몽룡인지도 의심스럽고, 제목부터도 정해지지 않았기 때문이다.

참고로, 이런 문제에 대해서 서양고전 문헌학자들의 해결 방식을 소개하면 다음과 같다. 판본전승조사(recensio)라는 것이 그것이다. 문헌추적을 통해서 새로운 필사본을 발견하면, 문헌학자들은 그 필사본이 어떻게 전승되고 있는지를 밝혀야(recensio) 한다. 우선 그 필사본이 유일전승판본인지 아닌지를 결정해야 한다. 그런데 만약 전승판본이 복수전승판본이라면, 해당 필사본들을 가능한 한 모두 찾아내어 판본 간의 비교(collatio)를 해야 한다. 이를 통해서 문헌판본들의 관계를 해명해야 하는데, 이는 크게 두 양상으로 나타난다. 하나는 닫힌 관계(closed recensio)이고, 다른 하나가 열린 관계(open recensio)이다.

'닫힌 관계'란 필사본들의 친족 관계를 확인할 수 있어서 문헌계보도를 구성할 수 있는 판본들의 친족 관계를 말한다. 이 관계는 일차적으로 서지학과 목록학(codicologia)의 도움을 통해서 해명된다. 예컨대 종이의 재질, 제작 방법, 필기 도구의 특성 등은 필사 시기를 결정하는 데 중요한 단서로 작용하기 때문이다. 그러나 이 단서가 반드시 결정적인 것은 아니다. 왜냐하면 양피지의 경우 지웠다가 새로 기록된 경우도 있기 때문에, 매체는 더 오래된 것일 수 있으나 필사 시기는 후대의 것일 가능성이 높기 때문이다. 따라서 안전하고 확실한 길을 선택해야 하는데, 이 길이 바로 문헌의 내적판독(palaeogrphia)이고, 이를 통해 파악한 오류-유전들 간의 상관성 비교이다. 이 오류들은 필사본 사이에 있는 차이가 왜 생겨났는가를 해명하는 중요한 단서이기 때문이고, 다른 한편으로 이 오류들을 이용해서 닫힌 관계를 보여 주는 문헌계보를 세울 수 있기 때문이다. 문헌계보를 작성함에 있어서 가장 중요한 근거는 소위 유전-오류들이다. 이 오류에 속하는 결정적인 예들이 소위 필사본 모본이 많이 자연 재해를 통해서 필사본이 망가진 경우, 필사본 자체가 필사모본의 글씨나 내용을 알아보지 못해 빈 칸으로 남겨 둔 경우, 필사모본에는 없는데 아들본에 채워 넣은 경우, 단어나 문장의 교체나 자리 이동을 한 경우가 나타나면 필사본과 필사본의 친족 관계를 증명하는 데 결정적인 도움을 제공한다.

열린 관계는 문헌 판본들의 전승 전통이 다양해서 친족 관계를 따질 수 없는 관계를 말한다. 부연 설명을 하자면 다음과 같다. 만약 모든 필사본들이 최초의 어떤 한 원전에서 출발했다면, 개별 필사본들의 관계를 드러내주는 문헌계보도를 분명하게 그릴 수 있을 것이다. 그러나 최초의 원전을 확인할 수도 없고, 설령 어떤 최초의 원전으로부터 필사된 문헌들이 일정 시기까지 내려오다가 필사 과정에서 한 필사본이 잘못 베껴지는 경우가 발생한다. 그런데 이 잘못 베낀 필사본이 마치 유전처럼 가지고 있는 오류들을 후대 필사본들에 전하게 되는데, 이 오류들을 계승–오류(errores conjunctivi)라 부른다. 계승–오류들의 확보를 통해서 문헌계보도가 작성된다. 그러나 그렇지 않은 경우가 발생한다. 계승–오류를 확인할 수 없는 경우가 그것이다. 그러니까 오류들의 종류가 전혀 달라 한 판본이 다른 판본의 모본 역할을 했다고 볼 수 없는 경우들이 바로 그것이다. 이런 경우 판본들 사이의 문헌계보도 구성은 원천적으로 불가능하다. 한 판본이 다른 판본에 의존하지 않고 독립적인 전통을 가지고 있음을 보여 주는 오류–근거들을 분리–오류(errores separativi)라 부른다. 이는 시험에서 '부정 행위'를 적발할 때 많이 사용되는 방법인데, 다음과 같다. 두 줄로 나누어 시험을 보는 학생들이 있다고 하자. 그런데 각기 제일 앞에 앉아 있는 학생의 답안을 연이어 베끼었을 때, 정답일 경우 부정 행위를 적발해낼 수 있는 방법이 없으나, 오답일 경우 오답의 유전 관계를 분명하게 밝힐 수 있는데, 이 원리를 이용하는 것이다. 그런데 이번에는 두 줄에서 일어나는 부정 행위를 적발해야 하는데, 이때 "생각하는 사람을 조각한 사람은?"이란 질문에, 한 줄의 학생들이 로댕-오뎅-덴푸라 계열의 유전 정보를 가진 답을 하는 반면, 다른 한 줄의 학생들이 팡세-루소-에밀이라는 오답들을 썼다면, 양 줄 사이는 기본적으로 전혀 다른 친족 계열을 가지고 있는 경우이다. 이 경우 문헌계보도를 작성할 수 없다. 그래서 이를 '열린 관계'라고 부른다. 결론적으로 내가 위에서 소위 '몽룡' 계열 판본들과 '춘향' 계열 판본들을 구분한 방식도 실은 일종의 오류를 응용하는 것이다. 물론 오류는 아니지만, 이야기의 계열이 상호 유전 관계를 보여주는 흔적들이다. 이를테면,

> "얼골은 딘유ᄌᆞ오 풍칙ᄂᆞᆫ 두목지라 문당은 니태ᄇᆡᆨ이오 필법은 왕희지라",
> "그 얼골언 영파노탁의 호지이정노ᄒᆞ고 그 문ᄌᆞᆼ은 장구필마의 담열청빙ᄒᆞ던 ᄆᆡᆼ호연과 방불ᄒᆞ던 게엿ᄡᅡ,"
> "김부식(金富軾)의 얼<6>골리오 리덕형(李德馨)의 풍신(風神)이라 문장(文章)은 최고운(崔孤雲)이오 필법(筆法)은 김ᄉᆡᆼ(金生)이라"

등의 구문이 대표적인 유전 계승의 흔적들이다. 하지만 내가 보기에 『춘향전』의 경우, 서양고전 문헌학의 관점에서 보면 소위 '열린 관계'에 속하는 것이다. 기본적으로 문헌계보도의 작성이 어려운 경우이기

때문이다. 여기에는 서양의 경우는 필사자들의 잘못된 베낌도 큰 원인으로 작용하지만 실은 저자 자신이 최초의 원고를 수정-교정하는 경우도 해당한다. 호메로스 서사시의 경우, 직업 가객들이 이야기를 가는 곳마다 바꿔 부르는 경우도 있고, 비극의 경우 배우들이 자신의 입맛에 따라 대사를 개작하는 경우도 있기 때문이다. 따라서 최초 원전부터 복수 전통의 텍스트 전승이 세워진 경우가 많다. 문헌학자들은 이러한 경우를 열린 관계라 부른다. 이에 해당하는 전형적인 예가 호메로스의 서사시, 베르길리우스의 작품들 그리고 『신약성경』이다. 널리 읽히고 많은 사랑을 받은 작품일수록 문헌계보도 구성이 어렵다. 하지만 가능한 범위 내에서 문헌 계보는 추적해야 한다. 왜냐하면 텍스트를 새로이 편집해야 할 때 모든 문헌들을 다 고려할 수는 없고 참조-반영해야 할 필사본들을 줄여 나가야 하기 때문이다. 이를 문헌학자들은 판본최소화(eliminatio)과정이라 부른다. 반드시 서양식으로 판본을 최소화하거나 문헌계보도를 작성해야 하는 이유가 없을지도 모르겠다. 그러나 도대체 문헌들이 어떤 관계를 맺고 있는지는 조사해야 한다. 다시 말해서, 판본 비교는 반드시 해야 한다. 결론적으로 판본과 판본 사이의 내용적 거리가 너무 멀어서 서양식의 비판정본을 굳이 만들 수 없거나 만들 이유가 없다 하더라도, 최소한 판본비교는 매우 시급한 것으로 보인다. 『춘향전』 이해와 관련해서, 판본비교를 통해서 얻게 될 새로운 이해와 관점이 많이 나올 것이고, 이는 연구자는 물론 일반 독자에게도 『춘향전』에 대한 새로운 관심을 촉발할 것이기 때문이다.

사례 둘: 『대장경』 사례

다음 사례는 7세기에 저술된 것으로 추정된 돈황 문서들[1]이다. 먼저, 『서청미시소경일권(序聽迷詩所經一卷)』이라는 문헌을 소개하겠다. 이 문서는 판본 비교 혹은 텍스트 비교가 왜 시급한지를 보여주는 사례다. 『서청미시소경』은 경교(景教) 초기 문서다. 이 자리에서 소개하려는 텍스트는 다음과 같다.

惡業人乃將彌師訶別處。向沭上枋枋處。名爲訖句

악업을 쌓은 이들이 메시아(彌師訶)를 '술상방방'이라는 곳으로,

1) 일본학자 사에키의 견해에 의하면, "序聽迷詩所經은 연대상으로 一神論 두루마리보다 약간 앞선다. 그는 역사적, 언어적, 신학적 이유를 제시한다. 첫 번째로 世尊布施論 223행에, "메시아 탄생 이래 641년에 그의 이름이 온 세상에 알려졌다"고 하였다. 이에 근거해서 이 문서는 641년 경에 쓰였다고 말할 수 있다. 그런데 태종 황제는 네스토리우스파 선교사 阿羅本에게 그리스도교 경전들을 번역하도록 명하였고, 3년 황제는 경전들을 읽어본 후 경교의 선교를 허용하였다. 그러므로 633년에서 638년 사이에 모종의 문서가 집필되고 한문으로 번역되었을 것이다. 사에키는 序聽迷詩所經이 바로 이 시기에 속한 문서일 것으로 본다."

이름하여 '골고다(訖句)'라고 불리는 곳으로 데리고 갔다.

우선, '彌師訶'와 '訖句'는 메시아와 골고다의 음역이다. 그리스어 본문이 시리아어와 중앙 아시아를 거쳐 중국어로 음역된 표현으로 보인다. 그런데 이 문서에는 沭上扐扐이 나온다. 그 뜻이 아직도 해결되지 않고 있다. 어쨌든, 문서 이해의 열쇠를 쥐고 있는 표현은 '沭上扐扐'이다. 이것이 무슨 뜻인지 밝혀져야 본문이 제대로 파악되기 때문이다. 흥미로운 것은, 이 구절이 『대정신수대장경』 외교부(외래종교) No. 2142에도 수록되어 있다는 점이다. 그런데 『서청미시소경』 텍스트의 沭上扐扐이 『대정신수대장경』에서는 '沐上枋枋'으로 바뀌어 있다. 전거는 아래와 같다.

卽受死。惡業人乃將彌師訶別處。向沐上枋
枋處。名爲訖句。卽木上縛著。更將兩箇刧道

미묘한 변화가 일어나고 있음이 확인된다. 물론, 당시 표기 문제와 관련해서, 이체자(異體字) 연구가 요청되지만, 당장 눈에 띄는 글자들의 변화를 살펴보면 다음과 같다. 우선, 沭이 沭으로, 扐이 朸으로 바뀌어 있다. 전자는, 沭의 점이 떨어지면서 생겨난 현상이고, 후자는, 扌이 木과 비슷하게 보였기 때문에 생겨난 현상인 것 같다. 또한, "沭上扐扐"이든 "沭上朸朸"이든 그것이 무슨 뜻인지 그 의미가 파악되지 않는 것도 문제다. 이는 어떻게 해결해야 할까? 뜻밖에도 한자 문화권이 아닌 다른 언어 문화권에서 그 해결책이 발견될 가능성이 있다. 물론, 보다 엄밀한 비교 검증을 해보아야 하겠지만, "沭上扐扐"[2]이 맞는 표기일 것이다.[3] 서양의 경우, 이런 사례가 『신약성경』에도 많이 발견되기 때문이다. 이런 사정에서 불가타(Vulgata) 판본이라는 말도 나오게 되었다. 따라서 사정이 이와 같다면, 적어도 정본으로 알고 있던 『대정신수대장경』도 의심해 보아야 할지도 모르겠다.[4] 참고로, 정본 작업이 왜 중요한지를 보여주는 한 사례로 요즈음 돈황학의 총아로 주목받는 중국인 학자 탕리(唐莉)의 경우를 소개하겠다. 이야기인 즉, 다음과 같다. 탕리는 *A Study of the History of Nestorian Christianity and Its Literature in Chinese: Together*

2) 이는 당시 이체자(異體字)에 대한 연구가 요청되는 문제이다.

3) 이 말은 '땅의 머리'를 뜻하는 소그드어 'Sarbwmb'(사르방브)의 음역일 가능성이 높다. 보다 엄밀한 문헌 고찰이 요청된다.

4) 참고로, 『대정신수대장경』은 일본의 사에키가 편집한 것이다. 그런데 판본 전승을 전해진 그대로 반영하지 못하고 있기에, 이런 방식으로 작업된 문헌 편집은 오히려 후속 연구에 막대한 지장을 초래하고, 궁극적으로는 올바른 연구 작업의 수행을 불가능하게 만든다. 그 한 사례가 아직까지 그 해답을 찾지 못하고 있는 '沭上扐扐'이다. 참고로, 사에키는 '술상방방'을 "그들은 그의 머리를 거기에서 감겼다"로 해석한다(Saeki, P. Y., *The Nestorian Documents and Relics in China*, Tokyo: The Maruzen Co., 1937; 2nd ed., 1951, 'they washed his hair there'). 하지만 이는 솔직히 말이 안되고, 거의 넌센스에 가까운 해석이다. 이는 동방기독교 이동의 맥락에서, 즉 그리스어, 시리아어, 아랍, 페르시아, 소그드어 문헌과의 비교를 통해서 해명될 수 있기 때문이다. 따라서 이 표현은 '해골' 혹은 '머리'와 관련된 서역언어의 음역일 가능성이 높으며, 동방기독교 문헌에서 그 전거와 어원을 추적해야 한다.

with a New English Translation of the Dunhuang Nestorian Documents(Peter Lang, 2002)를 출판한다. 그런데 이 책에 대한 군너 미켈센(Gunner Mikkelsen)의 서평은 다음과 같다.

> 그녀(탕리)의 작업에서 결정적이고 명백한 사실은 그녀의 번역이 기본적으로는 사에키의 작업을 바탕으로 한 것이지만, 문제는 그 번역이 결정적으로 사에키의 결함이 많은 편집본에 기초한다는 것이고, 또한 원문에 해당하는 필사본이나 출판된 모사본들을 참조하지 않았다는 데에 있다.(Project Muse 14, Review, 2007, p. 233)

다음으로 『일신론(一神論)』[5]이라는 문헌을 소개하겠다. 이 문헌도 판본 비교 혹은 텍스트 비교가 왜 시급한지를 보여주는 사례다. 『일신론』은 경교 초기 문서다. 이 자리에서 소개하려는 텍스트는 다음과 같다.

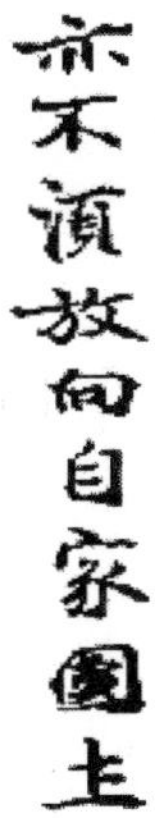

(L356)

5) 문헌의 성격과 전승 상태에 대해서는, 황정욱, 『예루살렘에서 長安까지-그리스도교의 唐 전래와 景教 문헌과 유물에 나타난 중국 종교의 영향에 대한 연구』, 한신대학교 출판부 2005년, 쪽수 95~96을 참조하시오.

인용의 텍스트에 주목해서 보아야 할 글자는 放(보낼 방)이다. 이 글자는 편집자들의 손을 거치면서 放(보낼 방)이 아니라 改(고칠 개)로 바뀌고 있기 때문이다. 그 과정은 아래와 같다.

亦不湏放。向自家國土。 (1)

亦不須改向自家國土。 (2)

(1) 사에키(佐伯好郎), 『景教の研究』, 東方文化學院東京研究所 1935, 667쪽.

(2) 나향림(羅香林), 『唐元二代之景教』, 中國學社 1966, 205쪽.

亦不须改向自家国土 (3)

(3) 학진화(穆尔), 『一五五〇年前的中国基督教史』, 郝镇华译, 中华书局 1984, 312쪽.

亦不须改向自家国土 (4)

(4) 옹소군(翁紹軍), 『汉语景教文典诠释』, 生活 · 讀書 · 新知三联书店 1996, 152쪽.

亦不湏放。向自家國圡(土) (5)

(5) 섭지군(聂志军), 『唐代景教文献词语研究』, 湖南人民 2009, 350쪽

인용에서 살필 수 있듯이, 『일신론』의 초판본(editio princeps, 1933)을 출판한 사에키는 전승된 텍스트에 따라 문제의 자리의 한자를 放으로 제대로 읽었다. 하지만 나향림은 자신의 편집본에서 문제의 자리를 改로 읽는데, 이후 중국에서 나온 텍스트들은 나향림의 독법에 따라 改로 읽는다. 옹소군도 改로 읽는다. 아예, 그는 改向을 주석하는 자리에서 再回到(p. 177, 改向:再回到)라는 설명까지 덧붙인다. 하지만 옹소군의 주석은 학습용 단어 풀이이지, 전승 판본에 대한 비판 장치(apparatus criticus)는 아니다. 또한, 위에서 살필 수 있듯이, 이는 섭지군의 텍스트 편집과는 표점에 있어서 큰 차이를 보인다. 이와 같은 사례들은 적어도 나향림에서부터 옹소군에 이르는 편집자들이 전승 판본을 엄밀하게 판독하지 않았다는 것을 보여준다. 한데, 옹소군의 편집본은 상세한 주석을 겸비하고 있기에, 경교 연구에 있어서 표준본으로 인정받는다. 이런 의미에서,『일신론』의 텍스트는 섭지군의 편집본이 가장 신뢰할 만한 것으로 보인다. 물론, 섭지군의 텍스트도 엄밀하게 살필 필요가 있겠지만, 문제의 해당 텍스트 자리와 관련해서, 그는 전승 판본에 입각해서 텍스트를 放으로 읽기 때문이다. 그는 須와 土를 전승 판본에 따라 표기하고 있다는 것을 그 예로 들 수 있다. 그런데 이는 당 태종 시절의 이체자(異體字)연구에도 중요한 자료이기도 하다. 따라서 이러한 섭지군의 노력은 칭찬받아 마땅하다. 이는, 아마도, 중국에서 국가 사업으로 추진 중인『儒藏』 편찬 사업의 영향으로 보인다. 결론적으로 여러 편집본들 가운데에서 섭지군의 편집본이 전승된 판본에 가장 가깝게 편집된 것으로 보인다. 하지만 섭지군의 이와 같은 노력에도 불구하고, 섭지군의 편집본은 아직은 소위 '비판정본'이라 부르기는 어렵다. 그동안, 앞선 연구자들, 특히 나향림이나 옹소군이 전승 판본을 왜 改로 읽었는지에 대한 일체의 해명이 없기 때문이다. 그러나 문헌학은 틀린 전통, 심지어 명백하고 심각한 오류라 할지라도, 이를 기록해주어야 한다. 요컨대, 옹소군의 텍스트를 바탕으로 많은 번역들이 출판되었는데, 이 번역들의 오류를 바로잡으려 할 때에도, 옹소군이 무엇을 잘못 보았는지는 밝혀주어야 이 오류들이 교정될 수 있기 때문이다. 하지만 섭지군의 편집본에는 이에 대해 아무런 정보를 제공하지 않는다. 예컨대, 비판 장치를 텍스트 본문에 병기했다면 좋았을 것이다. 하나의 시범적인 사례로 제시하고자 한다.

(본문) 亦不湏放。向自家國圡(土)
(비판장치)
須(氵) 돈황L356 (傳, 異), 사에키, 섭지군: 須 나향림, 학전화, 옹소군,
放 돈황L356 (傳), 사에키, 섭지군: 改 나향림, 학진화, 옹소군
圡 돈황L356 (傳, 異), 섭지군: 土 사에키, 나향림, 학진화, 옹소군
* 傳 = 傳承, 異 = 異體字

사례 셋: 이중환의 『택리지(擇里志)』

黃海道

黃海道, 居京畿 · 平安之間. (…) 又北回而止於文化九月山, 卽檀君[6] 故都. (...) 平山亦有瘴, 然西有綿岳, 東麓有花川洞. 洞有高

6) 『東國山水錄』(규 11638)에는 '氏'로 표현됨.

巓大塚, 諺傳清人祖墓[7]. (...) 江東西岸皆挾水築長堤, 內皆水田秔[8] 稻 一望無際 如中原之蘇湖矣. (...) 串下海中, 又產鰒魚·及黑蟲. 黑蟲無骨, 只一塊黑肉如瓜, 而全身有肉刺者也. 中原人用以染[9]. 鰒魚卽漢書王莽所啗者, 登·萊雖有之, 味之珍厚, 不及我境所産[10], 故採海蔘時, 並採之, 以利重, 故登·萊海船[11] 歲益增至頗爲沿海民害. (...) 海州, 爲監司所治. 在首陽之南. 而海水闖兩山[12]間, 滙渟於面前山外, 爲一大湖, 土人謂之小洞庭. 潔城實據其勝, 頗有臨眺之致. (...) 最爲可居, 亦有自漢陽流寓之士族矣. 但土瘠易旱, 不宜木綿. 居人喜以舟楫通江海之利, 東通二道[13], 南通兩湖, 貿遷交易, 常得奇羨.

이 자료는 양진석(서울대학교 규장각) 선생이 현재 편집 중인 『택리지』의 '황해도' 편의 일부다. 자료를 보내주신 양 선생께 진심으로 감사드린다. 해당 원문은 A4 용지로 한 장 반 정도의 분량이다. 이 정도의 분량임에도 판본들 사이에 많은 차이가 있음을 확인할 수 있다. 예컨대, 각주 6)의 '君'과 '氏'의 경우에, 저자 이중환은 어떤 글자로 썼을까? 전승 사정에 따르면, 이는 결국 편집자가 결정해야 하는 문제이다. 그런데 이와 관련해서 양진석 선생은 '君'을 본문에 택했지

7) 『東國山水錄』(규 11638)과 숭실대본에는 '地'로 표현됨.

8) 숭실대본에는 '粳稻'로 표기됨

9) 『東國山水錄』(규 11638)과 숭실대본에는 '緞'으로 표현됨.

10) 『東國山水錄』(규 11638)에는 '我境所産', 광문회본에서는 '我境産', 숭실대본에는 '此産'으로 표현됨.

11) 『東國山水錄』(규 11638)과 숭실대본에는 '登萊船'으로 표현됨.

12) 『東國山水錄』(규 11638)과 숭실대본에는 '山'이 생략되어 있음.

13) 『東國山水錄』(규 11638)과 숭실대본에는 '都'로 되어 있음.

만, 주석에 다른 가능성, 즉 '氏'를 제공해준다. 소위, 서양식으로 말하자면, 양진석의 편집은 이른바 '비판정본'이라 하겠다. 또한, 흥미로운 대목이, 각주 10) "『東國山水錄』(규 11638)에는 '我境所產', 광문회본에서는 '我境產', 숭실대본에는 '此產'으로 표현됨"이다. 섣부르지만, 일련의 판본들 사이에 있는 유전 관계를 추적할 수 있기 때문이다. 아마도 광문회본과 "『東國山水錄』 사이에는 깊은 유전 관계가 있는 것으로 추정된다. 둘 중에 어떤 하나가 다른 하나를 베끼거나 참조했을 가능성이 높다는 얘기다. 이와 관련해서, 양진석은 광문회본이 『東國山水錄』을 저본으로 사용했다"고 전한다. 결론적으로, 양진석의 작업 방식과 관련해서 지적하고자 하는 것은, 그것이 19세기 서양 고전 문헌학자들의 편집 방식과 거의 유사하다는 사실이다. 양진석의 편집본은 판본들을 비교하고 다양한 판본들의 텍스트를 한자리에 모아 전해주고 있기 때문이다. 이는 중요한 사실인데, 한편으로 우리에게서도 이미 정본 작업이 시작되었음을 보여주는 사례이고, 다른 한편으로 정본 작업이 왜 시급하고 필요한지를 보여주는 결정적인 사례이기 때문이다. 양진석은 스스로 "아직은 초기 상태"라고 겸손해 하지만 선생의 작업은 주목해서 보아야 할 사례라고 생각한다. 이와 관련해서, 한 가지 주시해야 할 점은, 비록 우리의 전승 문헌들이라 할지라도, 정본 작업은 외국에서도 얼마든지 할 수가 있다는 것이다. 더욱이, 일본의 교토대학과 같은 곳에서 말이다. 요컨대 서양의 경우, 이런 사례가 많다. 예를 들어, 키케로는 로마인임에도 그의 저술들은, 이탈리아의 것이 아닌 영국의 옥스퍼드 대학 출판사나 독일 토이브너 출판사의 텍스트가 더 정본으로 인정받기 때문이다. 사정이 이렇게 될 경우, 만약 예컨대 양진석의 『택리지』와 같은 정본이 없다면, 어쩌면 우리는 정본 작업이 발달한 일본에서 비판정본을 수입해 읽어야 할지도 모를 일이다. 이것이 또한 정본 작업이 시급한 또 다른 이유이기도 하다.

사례 넷: 라틴어 『중용』 정본 만들기

라틴어 『중용』의 비판정본을 만들려는 이유는, 17세기 중국에 온 예수회 신부들이 한자와 한문을 어떻게 이해했으며, 동양고전을 어떤 관점에서 바라보았는지를 살펴보기 위해서다. 이를 위해서 정본 작업의 일차 저본으로는 『중국인 철학자 공자』에 수록되어 있는 *Scientiae Sinicae Liber*가 중요하다. 인토르체타의 1669년 번역(*Sinarum Scientia Politico-moralis*)도 주요 참조 문헌으로 중요하다.

어쨌든 이 책은 흥미롭게도 인토르체타를 비롯한 예수회 신부들이 한자와 한문을 어떻게 이해하고 있는지를 제시한다. 이는 아래의 사진에서 분명하게 드러난다.

사진에서 주목해야 할 것은 세 가지다. 하나는 한자와 라틴 단어에 번호가 붙어있다는 것이다. 이를 통해 인토르체타가 『중용』 번역을 하면서 일대일 대응 번역을 했음을 확인할 수 있는데, 이는 라틴어 번역 단어가 정확하게 어떤 한자를 옮긴 것인지를 추적할 수 있다는 측면에서 중요하다. 다른 하나는, 한자 옆에 병기된 라틴 문자로 음역된 17세기 한자음의 발음이다. 이는 두 가지 점에서 중요한데, 한편으로 명말 청초 시대의 한자 발음의 실제를 추적할 수 있고, 다른 한편으로 17세기 서양 문헌에 로마자로 음역된 한자들의 해독에 결정

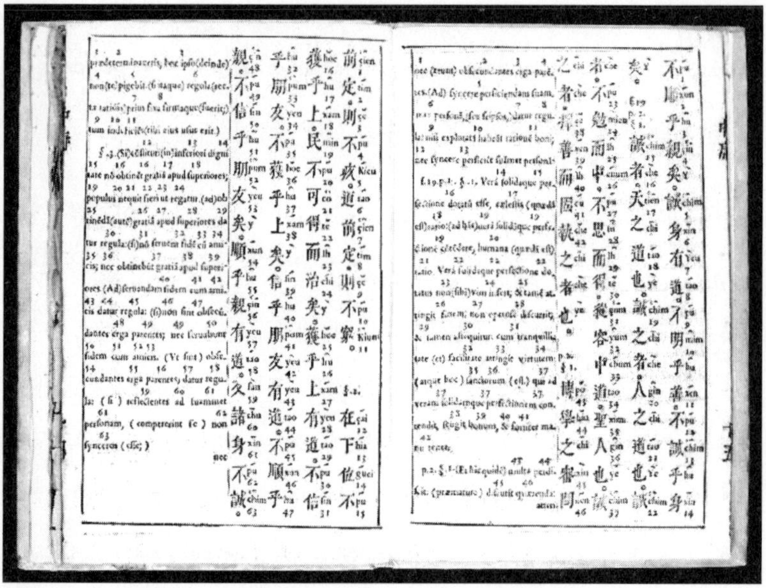

(http://www.regione.sicilia.it/beniculturali/bibliotecacentrale/tesori/)

적인 단서를 제공하는 자료들이기 때문이다. 마지막으로, 1669년 라틴어 번역문과 1687년 라틴어 번역의 차이를 추적할 수 있다는 것이다. 이상의 사실은 라틴어 『중용』의 비판정본 작업이 왜 필요하고 중요한 작업인가를 잘 보여준다 하겠다. 이는 구체적인 사례를 통해서 볼 때에 더욱 분명하게 드러날 것인데, 다음과 같다.

[라틴어 원문] *Scientiae Sinicae Liber Secundus* (p. 40)

[1](1) Est liber hic opus quidem Confucii, sed ab huius nepote Cu-Su(2) dicto, editus. Agit autem potissimum de medio sempiterno, sive de aurea mediocritate illa, quae est, ut ait Cicero, inter nimium et parum, constanter et omnibus in rebus tenenda: ideoque Chum-yum(3) Libri titulus est: Chum quippe

medium significat: yum(4) vero (quod vulgo solet pro ordinario vel quotidiano accipi) hoc loco secundum Interpretes idem sonat quod constans, vel sempiternum.

라틴어 원문의 비판정본 작업을 하면서 만나게 되는 어려운 점은 로마자로 표기된 한자의 독음과 이해의 문제다. 이를 해결함에 있어서 나는 17세기 중국어 발음을 독음의 기준으로 삼을 것이고, 기본 자료로는 트리고(Nicolas Trigault(金尼閣), 1577~1629)가 1626년에 출판한 『서유이목자(西儒耳目資)』 3권을 활용할 것이다. 경우에 따라서 루지에리와 리치가 1583년에서 1598년에 걸쳐 작업한 것으로 추정되고, 이후 리치의 제자이자 음악에 조예가 깊었던 칸타노가 나중에 북경 발음에 따라 성조를 표기한, *Dicionário Portuguese-Chinese*(『포르투갈-한자사전(葡漢辭典)』)와 달퀴에(Dalquié)가 1670년에 불어로 번역한 아타나시우스 키르허의 *China-illustrata*의 뒷부분에 부록으로 첨가한 *Dictionaire Chinois & François*와 『중국인 철학자 공자』의 출판 시기와 가장 근접한 연도인 1685년에 출판된 크리스티안 멘첼의 *Syllog Minutiarum Lexici Latino-Sinico-Characteristici*도 기본 자료로 참고할 예정이다. 이와 같은 자료에 기반해서 비판정본 주해의 실례를 소개한다.

비주 (1) numerum addidi constanter

비주 (2) çu su Couplet: corr. coll. 子思, cf.,子 çù 『西儒耳目資』(下, 二十二), 思 sū sāi 『西儒耳目資』(下, 四十一, p.129)

비주 (3) Chum yum Couplet: corr. coll.,中庸, cf., 庸 iûm 『西

儒耳目資』(下, 二十六)

비주 (4) ut supra

비주 (1)을 풀이하면 다음과 같다. 번호는 라틴어 원문에는 없는 것이고, 독자들의 이해와 찾아보기를 돕기 위해서 본 연구자가 텍스트의 단락을 구분하고 부여한 것이다. 비주 2)는 쿠플레 본이 소문자 çu su로 인쇄했으나, 이는 본래 고유 명사인 자사(子思)를 라음(羅音)한 것이므로 대문자 Çu Su로 표기해야 옳다. 문제는 사(思)의 라틴어 표기이다. 그런데 『서유이목자』에는 sū sāi로 전사되어 있다. 쿠플레는 사(思)를 su로 인쇄한 반면, 『서유이목자』에는 sū로 표기한다는 점에 주의해야 한다. 특히, 후자의 ū에 장음 부호가 붙여져 있고, 서양의 악센트 부호와 iota subscriptum이 병기되어 있는데, 사(思)에 대한 17세기의 발음은 쿠플레의 su보다는 트리고의 sū가 더 가까운 표기일 것이다. 그렇다면 비주 2)의 경우 『서유이목자』를 따르는 것이 옳다. 하지만 본 연구는 기본적으로는 쿠플레 본의 표기 방식을 존중할 생각이다. 쿠플레가 사(思)에 대한 당시 중국어 발음을 몰랐다라기보다는, 이를 표기할 수 있는 인쇄 기술이 없었을 가능성이 높기 때문이다. 하지만 이러한 경우 또한 17세기 동서 교류의 상황을 보여주는 작지만 의미 있는 흔적이기 때문에, 이를 비판정본 주해에 반영하는 것도 의미 있을 것이다. 또한, 트리고와 쿠플레가 한자를 라음화한 시도가 적어도 중국의 발음 변화의 연구는 물론 서양 언어학에도 상당 부분 영향을 주었을 가능성이 높은데, 이에 대한 제대로 된 평가는 없다는 점을 지적하고자 한다. 비주 (3)과 관련해서, 쿠플레가 파리에서 출판한 초판본에는 중용(中庸)이 Chum yum으로 인쇄되어 있다는 점을 지적하고자 한다. 그러나 한자의 특성상 chum 과 yum은 독립적인 문자이다. 따라서 이 경우 yum도 대문자로 표기해주어야 옳다. 그래서 라틴어 텍스트 본문은 Yum을 선택하였다. 이상이 정본 작업의 실제 사례다.

결론적으로, 정본 사업은 국가가 나서서 지원해야 성공이 가능한 사업이다. 이는 구조적인 이유에서 그렇다. 그 근거는 크게 세 가지다. 먼저, 정본 사업을 하기 위해서는 기본적으로 문헌들을 수집해야 한다. 하지만 이 일은 개인이 비용적인 측면에서 볼 때에 감당하기 어렵고, 또한 개별 소장 문고에 접근하는 것도 어려운 문제이기 때문이다. 설령 개인이 나서서 어느 집안에 소장된 문헌들을 열람하려 해도, 자료의 손실 내지 유실에 대한 문제 때문에, 접근 자체가 불가능한 것이 비일비재하다. 또한, 판본 비교를 거치는 과정에서 자신들이 소장한 문헌이 중요하지 않다고 판명이 날 경우, 소장하고 있는 자료의 경제적 가치가 떨어지는 것을 염려해 아예 문헌 자체의 공개를 거부하는 경우도 생겨날 것이기 때문이다.

다음으로, 개인이 지속적으로 작업하기에는 정본 작업은 경제적으로 감당하기 어려운 일이기 때문이다. 앞에서 사례로 제시한 『춘향전』의 경우, 판본이 최소한 100종이 넘는다. 어떤 연구자가 판본과 판본을 비교하는 연구 결과를 출판한다 해서, 이를 통해서 그 연구자가 생계를 유지할 수 있을까? 하지만 정본 작업은 장기적으로 연구에 집중했을 때에야 믿을 만한 결과가 산출된다. 따라서 국가가 제도적으로 안정적인 연구 기반을 제공해주지 않으면 불가능하다. 물론, 서양에서도 일부 출판사들은 정본 작업을 지원한다. 예를 들면, 독일의 토이브너(Teubner) 출판사를 들 수 있다. 하지만 한국의 출판사는 이를 제도적으로 뒷받침해주고 수행할 만한 경제적 규모가 아니다. 대학 출판사의 경우도 사정이 크게 다르지 않다. 이런 현실 사정을 감안할 때 정본 사업은 결국은 국가가 지원해야 할 것이다.

그러면, 정본 사업에 국가가 나서야 하는 마지막 이유를 말씀드리겠다. 기본적으로, 지금까지의 한국의 인문학은 '수입인문학'이다. 백년 전까지 우리는 우리의 지식을 한문 문헌에서 빌어다 사용했다. 최근까지도 일본어 문헌에서 가져다 썼고, 요즘은 주로 영어 문헌에서 많이 빌어다 쓰고 있다. 물론, 세종대왕의 한글 창제 이후 한글로 된 문헌들이 있다. 하지만 이 문헌들이 한국의 현재 지식 시장을 감당할 정도는 아니다. 지식 시장에서 한글 문헌이 차지하고 있는 몫이 아주 작다는 점은 누구나 인정할 수밖에 없는 현실이다. 그렇다면 한국 인문학이 수입인문학이 지배적인 상황을 벗어나려면 어떻게 해야 할까? 결론적으로 한국 인문학이 자생인문학으로 나아가는 길 가운데 하나가 정본 작업일 것이다. 왜냐하면 원전 장악 능력이 부족하면, 결국은 소위 권위자들의 의견을 빌어다 쓸 수밖에 없기 때문이다. 우리의 경우는 대개 그 권위자들이 해외에 있다. 동양학의 경우는 일본과 중국, 요즘은 서양에도 많다. 예컨대, 앞에서 탕리의 사례에서 살펴보았듯이, 돈황학의 주도권은 이미 정본을 장악한 곳으로 넘어가고 있다. 어쩌면, 얼마 안 있으면, 한국학의 경우도 구미의 학자들에게 담론의 주도권을 빼앗길지도 모르겠다. 지금 돈황학이 그렇듯이 말이다. 독자적인 이론 구성 능력과 관련해서 동양의 인문학자들이, 물론 인정하긴 싫지만, 서구의 학자들에 비해서 밀리고, 정본 작업도 하지 않기 때문이다. 물론 그 권위자의 의견이 탁월해서 수입할 수밖에 없지만, 이런 현상의 배경에는 기본적으로는 원전에 대한 자신감 부족이 근본적인 이유일 것이다. 이와 관련해서, 근대 학문이 발전하는 과정에서, 그 시작이 원전에 대한 해석, 그런데 그 원전에 대한 해석의 기본적인 주도권을 원천적으로 쥐고 있는 정본 만들기에서 비롯되었다는 점을 지적하고자 한다. 이것이 또한 정본 사업을 국가가 지원해야 하는 이유 가운데에 하나라 하겠다. 이와 같은 정본 과정을 통해서 하나의 문헌은 하나의 텍스트로 머무는 것이 아니라 출판을 통해서 국가의 공동 자산이 된다. 여기에서 국가가 정본 사업을 지원해야 하는 또 다른 이유가 나온다. 산업용어를 빌려 표현하자면, 정본 사업으로부터 크게 세 가지 정도의 기본 자원을 확보할 수 있기 때문이다.

첫째는 언어 자원이다. 참조 사항으로 『라틴어 대사전』이 탄생하게 된 배경을 소개하겠다. 단적으로, 이 사전도 정본 작업 덕분에 탄생한 것이다. 대체로, 판본을 읽다 보면 크게 두 가지 문제에 직면하게 된다. 전승 과정 중 잘못 표기된 단어들의 처리가 그 중 하나다. 잘못 베낀 단어들 중 대부분은 유일하게 전해져 내려오는 경우(hapax legomena)다. 이런 사정 때문에 틀렸다고 함부로 지우거나 교정해서는 안 된다. 다른 하나는 단어들이 올바르게 표기되어 전해져 왔다 해도, 의미 변화로 인해 텍스트 이해가 안 되는 경우가 그것이다. 예를 들어, 원래는 일상어였는데 특수 전문어로 사용된 경우, 즉 사회 문화사적 변동으로부터 생겨난 의미변화 경우도 이해가 안 된다고 해서 함부로 텍스트를 교정하거나 고쳐서는 안 되는 것이다. 이런 사정들 때문에 당시의 문헌학자들은 한 단어가 형태적으로 시대와 지역에 따라 어떻게 변화해가는지 그리고 그 단어의 의미 변화가 어떻게 나타나는지를 보여주는 사전을 가지기를 꿈꾸어 왔다. 이 꿈이 구체화되어 나온 것이 바로 *Thesaurus linguae Latinae* 사전이다. 그런데 우리나라에는 이런 사전이 아직은 없다. 그 이유가 단적으로, 정본이 없기 때문이다.

두 번째는 텍스트 자원이다. 21세기는 디지털 시대다. 새로운 매체의 등장은 학문의 주도권도 결정적으로 바꿔놓는다. 대표적으로 1494년 알두스 출판사가 그랬다. 그런데 1994년은 르네상스 시대에 인문학을 주도한 알두스 출판사 건립 500주년이 되는 해였는데, 이를 기념하는 대대적인 기념 행사가 미국에서 열린 것도 이런 이유에서다. 미국의 프린스턴 대학이 이 행사를 주도했다. 미국이 이 행사를 주도한 것은 다음의 이유에서였다. 즉 새로운 매체의 발견, 즉 컴퓨터 그리고 인터넷 시대의 도래 때문이었다. 그러니까 이는 새로운 알두스 프로젝트를 시작해야 함을 선언하는 사건이라 하겠다. 알두스가 문헌학을, 인문학을 유럽에 확산시켰다면, 지금 활발하게 진행되고 있는 디지털 프로젝트는 서양 고전을, 서양 인문학 텍스트를 언제 어디서나, 누구나 쉽게 접근할 수 있도록 그리고 누구나 간편하게 이용하도록 만들자는 선언이었다. 이런 정신을 통해서 탄생한 것이 대표적으로 '페르세우스' 전자도서관이다(참조, http://www.perseus.tufts.edu). 페르세우스 전자도서관은 기본적으로 미국 의회가 지원하는 프로젝트다. 서양고전과 관련된 모든 텍스트들이 전산화되어 미국 시민은 물론 전 세계인에게 무료로 원전 텍스트는 물론 번역과 주해와 2차 연구 논문을 서비스하고 있다. 이런 일이 어떻게 가능했을까? 일차적으로 디지털 텍스트의 신뢰도를 확보했기 때문이다. 아무리 자료가 많다 해도, 신뢰도가 떨어지면 그 자료는 이용되지 않는다. 페르세우스 전자도서관이 성공할 수 있었던 것은 정본이 확보되어 있었기 때문이다. 하지만 우리나라에는 아직 이런 전자도서관이 없다. 이런 종류의 전자도서관이 구축되지 않은 이유는 기본적으로 신뢰할 만한 정본이 마련되지 않았기 때문일 것이다. 예컨대, 〈네이버〉에 검색을 해 봐도 신뢰할 만한 정본 텍스트를 찾기가 어렵기 때문이다. 이도 또한 국가적으로 큰 손실이다. 결론적으로 이것이 국가가 정본 사업을 지원해야 하는 두 번째 이유이다. 콘텐츠 자원 확보의 가장 기초 단계가 정본 사업이기 때문이다.

세 번째는 학문의 기초 도구 자원의 확보와 관련되어 있다. 정본 작업에는 여러 분야의 학문의 도움이 요청된다. 특히, 비판정본 작업은 서지학, 목록학, 비문학, 문법, 운율학, 수사학, 논리학, 어느 시대에 속하는 작품인지를 구별할 수 있도록 도와 주는 시대별 문예 사조의 특징을 잡아낼 수 있는 능력, 해당 문헌의 내용에 대한 문해 능력, 고대 세계와 관련한 역사 지식 일반이 있을 때에 가능하기 때문이다. 이 과정에서 서양고전학의 경우 다음과 같은 보조 학문도 함께 발전했다(문헌학의 기초학문, 그리스어문법, 라틴어문법, 수사학, 근동고대사, 그리스사, 로마사, 그리스의 국가이론, 그리스와 로마의 병법과 전쟁술, 철학사, 수학사, 자연과학사, 고고학, 그리스문학사, 라틴문학사, 중세라틴문학사, 고대법학사, 비잔티움 연구서 등). 어쩌면,

한국 인문학이 수입인문학일 수밖에 없는 것도 소위 '공구학'이 발달하지 못한 것이 한 원인일 것이다. 이도 실은 정본 작업과 직결된 문제이다.

다시 묻자! 왜 정본일까? 우리의 사정이 좀 다급해서다. 다급함을 잘 보여주는 사례 두 가지를 소개하겠다. 먼저, 중국의 사례를 소개하겠다. 중국이 추진하는 인문-학술 사업 중에 눈길을 끄는 사업이 하나 있다. 『유장(儒藏)』 편찬 사업이다. 규모도 규모지만, 사업의 취지와 내용이 이른 바 '대국'의 면모를 여실히 보여준다. 베이징 대학 『유장』 편찬 센터의 홈페이지(http://www.ruzang.com/)에 걸린 소개의 글이다. 사업 취지는 이렇다.

> 20세기 이후 80년 동안 우리나라(중국)는 또한 『中華大藏經』을 출간하였고, 동시에 표점본(標點本) 『도장(道藏)』도 출판하였다. 그러나 근래 100년 동안 유가의 전적과 문헌을 집대성하여 편찬한 독립적 체계의 유장은 존재하지 않았다. 유장을 편찬하려는 목적은 도장, 불장(佛藏)을 편찬한 목적과 마찬가지로 유가 여러 학파의 전적과 문헌을 체계적으로 정리하여 이를 후세 사람들이 보존하고 이용하도록 하는 데 있다. 이를 실현하기 위해 2002년 10월, 베이징 대학은 해당 문과계열 학과의 역량을 통합하고, 아울러 유관 고등학원, 학교와 학술기관과 협력하여 토대 구축을 위한 학술 문화 프로젝트인 『유장』 편찬 사업을 시작하였다.

사업 내용은 이렇다.

> 『유장』 프로젝트는 『유장』 편찬과 '유가사상과 유가경전 연구'를 포괄한다. 유장 편찬은 『유장』 '정화편(精華編)'의 편찬(『유장총목(儒藏總目)』

포함)과 『유장대전』의 편찬 두 사업을 병행한다. 『유장대전』은 거의 6,000부, 약 15억 글자에 이르는, 중국역사상 중요한 유가 전적 문헌을 수록하여 2022년에 완성할 계획이다. 선행으로 편찬되는 『유장』 '정화편'은 중국 경사자집사부(四部)의 책들과 출토문헌 중에서 학술 사상사에서 대표적인 유가전적과 문헌 461종을 수록하여 281책으로 쪼개어 편찬한다. 또한 한국, 일본, 베트남 역사에서 한문으로 저술되었던 중요한 유가 저작 100종도 골라 수록하여 40책으로 쪼개어 편찬한다. 이 편찬물은 모두 321책으로 2억 자 이상이며, 2012년에 완성될 계획이다. (미략)[14]

한마디로, '쌍끌이'를 하겠다는 것이다. 사업의 실행 주체와 기관은 이렇다.

『유장』 프로젝트의 규모는 대단히 크기 때문에, 한 기관이나 학과가 단독으로 완성하기란 불가능하다. 하지만 베이징 대학은 조직구성에 있어 유리한 조건이 많다. 베이징 대학의 연구 역량은 풍부하여 중국 문화를 계승한 전통이 있으며, 문사철, 고고(考古), 도서관 등 인문학과는 막강한 실력을 갖추고 있다. 베이징 대학에는 유학 교학과 연구에 종사하는 수많은 인재와 저명한 학자들이 집중되어 있다. 그리하여 다년 간에 걸쳐 이미 수많은 유학 관련 저서들을 저술하고 출판해 오면서, 풍부한 고전 정리 실력을 갖추고 우수한 연구 토대를 마련하였다. 베이징 대학 도서관이 소장한 고전 선본(善本)은 이미 풍부하고 정밀하여 『유장』 편찬을 위해 70%의 도서를 제공할 수 있다. 그리고 국내외 고전 장서(藏書) 대관과 훌륭한 협력 관계를 구축하여, 이미 해당 국가 도서관

14) 베이징 대학 『유장』 사업 홈페이지에 실린글들은 한국학중앙연구원의 박사과정에 재학 중인 최정연 선생이 번역해준 것임을 밝힌다. 이에 감사 드린다.

과 『유장』 편찬을 위한 합작 협의를 체결하였다. 동시에, 베이징 대학은 국내외 학술계와 광범위하고 밀접한 협력 관계를 맺으면서 비교적 큰 호소력과 응집력을 갖게 되었다. 그리하여 『유장』 프로젝트는 국내외 광범위한 학자들의 지지와 참여를 얻었다. 지금 베이징 대학은 이미 국내외 34개의 고등 교육기관, 연구 기관과의 연합, 거의 200명에 이르는 국내외 학자들의 참여를 통해, '돌파해야 할 난관'인 '『유장』 편찬과 연구'를 함께 완성해냈다. 베이징 대학의 대표와 각급 부문은 유장 프로젝트를 크게 지지하였다. (미략)

이런 규모의 연구 사업은 사실 아무 나라라 할 수 있는 것은 아니다. 한편으로, 이런 사업을 하고 싶어도 문헌이 없으면 할 수 없고, 다른 한편으로 당장 눈 앞에 수익을 보장하는 것이 아니기에 사업에 대한 국가적 합의와 동의를 구하는 것이 결코 쉬운 일은 아니기 때문이다. 결국, 이런 대규모 연구 사업은 소위 '해 본 나라' 만이 할 수 있는 일이기에. 그러니까 이런 종류의 연구 사업이 가져다 주는 의미와 효과를 맛본 경험이 아닌, 어떤 의미에서는 이런 것이 소위 '고급 정치(politica classica)'인데, 이런 고급 정치의 경험을 가진 나라만이 할 수 있는 사업이라는 것이다. 이와 관련해서, 중국이 소위 '해 본 역사'를 가진 나라라는 점은 잘 알려진 사실이다. 한나라 시대에 유교 경전과 문자 체계인 한자(漢字)를, 당나라 시대에 불경을. 송나라 시대에 경전의 주해와 해석을, 원나라 시대에도 서양과 아랍의 외국 문헌들을, 명나라 시대에도 『영락대전(永樂大典)』을, 마지막으로 청나라 시대에는 고증학을 바탕으로 『사고전서(四庫全書)』를 편찬해본 역사를 가진 나라이기에. 따라서 지금 중국이 추진하는 『유장』 사업이 우연적이고 일회적인 사건이 아닌 셈이다. 오랜 제국의 역사를 가진 나라인 중국이 이런 종류의 대규모 연구 사업이 제공하는 실익과 좋음이 무엇인지를 잘 알고 있는 나라임은 분명하다. 지금의 중국 정부도 당장 이 '실익'이 가깝게는 개별 해당 시기의 왕조의 통치 기반을 마련해 왔다는 것, 저 '좋음'은 멀리 새로운 문화와 새로운 문명의 토대와 기반이 이 같은 문헌 정비 사업이라는 원천에서 비롯된다는 것을 오랜 경험과 역사를 통해서 잘 알고 있는 것으로 보인다. 아마도 이것이 『유장』 사업을 추진하는 힘일 것이다. 이 힘은 사업에 거는 기대에서 분명히 드러난다.

> 비록 중국 역사에서는 유, 불, 도 세 학파를 함께 언급하곤 하지만 중국 전통 문화에서 그 지위는 서로 달랐으니, 유가의 사상 문화야말로 중국 전통문화의 주체였다고 할 수 있다. 경전 체계에서 보면, 유가가 전승한 '육경'은 하, 상, 주 삼대 문명의 진수이다. 그리고 공자가 개창한 유가는 선진시대 다른 학파들과는 크게 달랐다. 즉 유가는 시종일관 '육경'을 자각하고 전승하는 일을 자신의 의무로 삼았던 것이다. '육경'으로 대표되는 중국 상고시대의 문화는 바로 유학의 지속적인 노력에 기반하였고, 이를 통해 지금까지 전승되어왔다. 역대 유가학자들은 『시』, 『서』, 『예』, 『악』, 『춘추』 등의 경전을 끊임없이 정리하고 해석하고 그 안에 담긴 사상문화를 확장하고 발전시켜 오면서, 유가 전적(典籍) 체계의 주요한 내용을 구성했다. 이로서 살펴보건대 경전의 근원이라는 측면에서 말하자면, 인도에 발원한 불교와 나중에 일어난 도교와 달리, 유가의 경전 체계는 모종의 종교적 경전, 바로 중화 문명의 경전이었다고 할 수 있다. 유가는 이와 같이 깊고 두터운 문화적 근원이 있었기에, 적극적으로 세상에 뛰어드는 실천 정신이 있었기에 그리고 그것이 지닌 깊고 두터운 역사 감각, 문화 감각, 도덕 감각 덕분에, 역사

문화를 전승을 자각적으로 노력해왔기 때문에, 중국 역대의 정치 주체들은 유가적 정치 문화 능력을 중시하게 되었을 뿐만 아니라, 유가의 가치관은 중국인의 주된 가치관으로 서서히 형성되어 갔다. 유가의 '덕을 숭상하고 백성을 귀하게 여기는' 정치 문화, '효제화친'의 윤리적 문화와 '교양과 실제가 균형 잡혀서 찬란한'의 예악 문화, '귀신을 멀리하고 사람을 가까이 하는' 인본 정신은 이미 중국 사회 문화의 여러 방면에 침투하였다. 유가 철학은 '음양 호상', '조화와 영구한 변화' 그리고 '천인합일'의 세계관을 강조하였는데, 이는 중국 고전 철학의 중요한 기초가 되었다. 유가의 가치 이념은 개개인을 통해 강렬한 도덕주의, 적극적인 사회적 관심과 배려, 견실한 중용 정신, 엄숙한 자기 수양을 드러내었을 뿐만 아니라, 사회 구성원 전체를 통해서는 인도주의, 이성적 태도와 전통을 중시하는 민족성을 드러냈다. 이러한 것들 모두 중화민족의 문화와 예술, 역사, 철학, 종교, 과학 그리고 정치, 경제, 법률 등의 각 분야의 발전에 큰 영향을 끼쳤고, 역사적으로도 중국 전통문화의 주류가 되었다. 또한 중국 고대 문명은 인류사회의 '축심시대(軸心時代)'라 불리는 거대 문명 가운데 하나이다. 그리고 유가는 축심시대 중국 사상의 중요한 성분이다. 역사학자들이 일찍부터 지적하기를, 축심시대의 사상 전통은 이천 여년의 발전을 거쳐, 이미 인류 문화의 공통 자산이 되었고, 인류는 줄곧 축심시대에 형성된 사고방식과 창조성 일체를 기반으로 생존해왔으며, 역사상 인류가 매번 새롭게 비약할 때마다 축심시대를 회고하고 실천하여, 도약이 다시 점화되지 않은 적이 없었다. 새로운 밀레니엄에 진입하는 이 때, 세계 사상계는 이미 새로운 축심시대를 환호하기 시작했다. 이러한 상황은 우리가 고대 사상과 지혜를 다시 익히고 발굴하여, 세계 문화 발전의 새로운 국면에 호응하기를 요구한다. 지금, 중화민족은 위대한 부흥을 실현하는 역사적인 과정 가운데 있다. 그러므로 우리는 중화민족의 문화적 근원과 그 끊임없는 발전사를 회고하여, 반드시 중화민족의 위대한 부흥을 위해 중요한 작업을 수행해야 한다. 유가 사상 문화를 충분히, 체계적으로 깊이

> 있게 연구하기 위해서는, 유가 경전과 그에 관련된 각 시기의 주해들, 역대 유학자들의 저술, 유가 사상 문화를 체현한 각종 문헌들을 하나의 커다란 문고-『유장』-으로 편찬해내야 할 것이니, 이러한 작업이 지금과 후세에 중대하면서도 심원한 의미가 있다는 점을 하등 의심할 필요가 없을 것이다.

인용에 따르면, 『유장』 사업은 새로운 문명의 '축심시대'를 위한 기초 작업인 셈이다. 그렇다면 여기-그리고-지금! 이런 사업을 보면서 우리가 생각해야 할 것들은 무엇일까? 가까운 것부터 이야기하자. 『유장』 사업은 중국의 문헌은 물론 아시아의 유교 관련 문헌을 모두 모아 비교 검증하고, 이를 바탕으로 학문적으로 통용할 수 있는 비판 정본 혹은 교감정본의 출판을 목표한다. 전하는 바에 따르면, 이 사업은 상당 정도 진척되었고, 그 성과도 대단하다고 한다. 예를 들면, 퇴계(退溪) 문집 등이 이미 책으로 출판되었다고 한다. 물론, 우리 문헌이 중국에서 출판되었다는 것은 영광스럽고 경사스러운 일이다. 또한, 믿을 만한 정본이 출판되었다는 점에서도 학문적으로 의미 있는 일이다. 좋다. 옛 문헌 혹은 옛 고전이 전적으로 한 민족의 혹은 한 국가만의 소유물은 아니기에. 하지만 문제는 여기서부터다. 요컨대, 단지 한자로 기록되었다 해서 16세기 조선에서 지어진 문헌이, 혹은, 그것의 사상적 기원이 중국에 있다 해서, 예컨대 퇴계의 사상을 중국 문화의 학문 유산이라는 주장을 한다는 소문도 함께 접했기 때문이다. 국제 학계에서 중국의 위력과 위세가 날로 커지는 상황을 감안한다면, 퇴계는 조선의 유학자라기보다는 '명유(明儒) 퇴계'로 통용될 날이 조만간 닥칠지도 모르겠다. 어느 지인에게 이런 이야기도 들었다.

원효(元曉)도 '당승(唐僧) 원효'라고 불린다고. 어쨌든, 우리의 책들임에도, 그 책들을 이제는 중국에서 수입해서 읽어야 할지도 모르겠다. 제발 기우(杞憂)이길 바라지만, 이런 식으로 가다 보면, 우리의 역사가 다시 백 년 전으로 되돌아갈지도 모르겠다. 위에서 소개했듯이, 『유장』 사업은 "한국, 일본, 베트남 역사에서 한문으로 저술되었던 중요한 유가 저작 100종도 골라 수록하여, 40책으로 쪼개어 편찬한다"고 밝히고 있기 때문이다. 적어도 조선의 책들도 족히 30종은 넘게 저 출판 목록에 포함될 것이다. 아마도 내로라하는 조선의 유학자들 대부분이 중국에서 앞으로 출판될 것이다. 그런데 책만 수입해다 보는 것에 그칠까? 내 생각에, 거기에서 그치지 않고, 더 나아가 해석의 방식과 관점도 수입할 날도 멀지 않을 것이다. 서양 역사에서 보았듯이, 비판 정본의 위력 때문이다. 모든 해석은 믿을 수 있는 정본을 확정하는 논쟁에서 시작되는데, 대개의 해석은 비판 정본을 만드는 편집자의 관점과 입장에 의해 일차적으로 결정되는 경우가 많기에. 여기까지가 중국의 『유장』 사업이 부럽지만, 무서운 이유이다. 어쩌면 『유장』 사업이 역사 문제와 관련해서 중국이 지속적으로 추진하는 동북공정보다 더 무서운 것일지도 모르겠다.

또 다른 사례를 들겠다. 율곡(栗谷)의 『격몽요결(擊蒙要訣)』에 대한 이야기다. 2011년 프랑스 파리에 위치한 레벨레트르(Les Belles Lettres)에서 『YI I Principes Essentiels pour Éduquer Les Jeunes Gens 李珥擊蒙要訣』라는 서명으로 『격몽요결』이 출판되었다. 책을 편집-번역-주해한 이는 이사벨 산초(Isabelle Sancho)다. 물론, 책은 서양고전 문헌학의 기준에서 보면 비판정본은 아니다. 하지만 정조(正祖)의 명으로 출판된 판본((正宗戊申, 1788년)을 저본(底本)으로 삼았다. 그 이전의 판본들과 그 이후에 출판된 문헌들에 대한 전

VI. 3 喪制章第六 36

3. 母喪父在. 則父爲喪主. 凡祝辭. 皆當用夫告妻之例也.

4. 父母初沒. 妻妾婦及女子皆被髮. 男子則被髮扱上衽徒跣. 小斂後. 男子則袒括髮. 婦人則髽.

6. Le chapitre 4 des *Rites familiaux* détaille avec précision la distribution des rôles de chacun en fonction de la personne décédée. Il est intéressant de noter que Yulgok n'évoque qu'un seul et unique cas particulier : celui du décès de la mère lors du vivant du père. La propre mère de Yulgok est décédée avant son père et il a dû affronter cette situation alors qu'il n'était encore qu'un adolescent. Selon sa biographie officielle, il aurait porté le deuil pendant trois ans. La durée du deuil, en particulier en ce qui concerne une mère, a été un sujet de vives controverses au début de Chosŏn. Sur ce sujet, voir Martina Deuchler, *The Confucian Transformation of Korea. A study of Society and Culture*, Harvard-Yenching Institute Monograph Series, Harvard University Press, Cambridge, 1992, en particulier le chapitre 4. Dans le *Cérémonial*, 11, il est précisé : « Un fils, du vivant de son père, porte le deuil durant un an à la mort de sa mère. Il est dit dans les Mémoires : "Pourquoi porte-t-il le deuil pendant un an seulement ? Il restreint la manifestation de sa douleur. Son père, à qui il doit le plus grand respect, étant encore en vie, il n'ose pas, pour satisfaire ses sentiments particuliers, étendre à sa mère (avoir pour sa mère) un respect égal. Mais le père doit attendre trois ans avant de prendre une autre femme, pour montrer qu'il partage les sentiments de son fils. " Le mari porte le deuil de sa femme pendant un an. Il est dit dans les Mémoires : " Pourquoi le mari porte-t-il le deuil de sa femme pendant un an ? C'est que la femme et le mari ne font qu'un." » (Traduction Séraphin Couvreur, *I-li Cérémonial*, Les Humanités d'Extrême-Orient, Cathasia, série culturelle des Hautes Études de Tien-Tsin, Les Belles lettres, Paris, 1951) 父在為母, 傳曰: « 何以期也? 屈也, 至尊在, 不敢伸其私尊也. 父必三年然後娶, 達子之志也. » 妻, 傳曰 : « 為妻何以期也, 妻至親也. »

7. Voir *Livre des Rites*, 4 : « Se dénuder la poitrine ou les bras, lier la chevelure avec des brins de chanvre et ne pas porter de bonnet, c'est un changement dans la tenue extérieure, de même qu'un violent accès de douleur est un changement au milieu de l'affliction. Se dépouiller de ses ornements, c'est rejeter tout ce qui sert à embellir la personne ; se dénuder la poitrine ou les bras, lier la chevelure avec des brins de chanvre et ne pas porter de bonnet, c'est se dépouiller de ses ornements au plus haut degré. Tantôt on se découvre la poitrine ou les bras, tantôt on porte plusieurs tuniques de dessus ; c'est que la douleur a différents degrés. » (*cf.* Couvreur, *op.cit.*) 辟踊, 哀之至也. 有筭, 為之節文也. 袒括髮, 變也. 慍, 哀之變也. 去飾, 去美也. 袒括髮, 去飾之甚也. 有所袒, 有所襲, 哀之節也.

레벨레트르 출판사가 출간한 율곡 문집의 한 페이지.

승 내력을 소상히 밝히고 있다. 번역은 직역이다. 적어도, 내가 보기에, 매우 정확하다. 한자 개념과 불어 개념을 비교할 수 있다. 그래서 이후 많은 후속 연구를 가능케 한다. 특히 개념 간의 비교 연구를 가능케 해주기에 탁월한 번역이다. 주해는 한자 뜻풀이를 중심으로 기술된 학습용 주석이 아니다. 인용한 전거들을 분명하게 밝히고, 특히 현대의 연구사를 충실하게 소개하고 있다. 국내의 연구뿐만이 아니라 해외의 연구 성과도 충실하게 소개하고 있다. 그래서 주해의 모범이 될 만한 책이다. 참고로, 책을 출판한 레벨레트르(Les belles Lettres) 출판사이다. 이 출판사는 앞에서 소개한 기욤 뷔데(Budé)가 16세기에 세운 회사이다. 그 역사가 이미 오백 년이 넘었고, 따라서 서양에서 최고의 권위와 정평을 자랑하는 출판사이다. 이런 레벨레테르 출판사가 율곡 문집 이외에 조선 성리학의 다른 주요 문헌들도 출판할 계획이라고 한다. 물론, 서양 지성계의 중심 담론장에 조선의 성리학과 율곡의 사상이 본격적으로 소개되기 시작했다는 점에서 주목해야 하는 사건일 것이다. 이 계획이 제대로 실현되기를 진심으로 희망한다. 그런데 마찬가지로 우리의 문헌을 프랑스에서 수입해서 읽어야 할지도 모른다는 생각에 왠지 씁쓸하다. 정본 사업의 다급함을 보여주는 씁쓸한 이야기는 이 정도면 충분하리라.

다시 돌아가는 말!

마지막으로, 이 책을 출판하려는 속내를 밝히겠다. 책은 본래 라틴어가 서양 문명의 준거-언어로 자리잡는 과정에 대한 이야기와 그 언어로 지어진 학문과 사상이 문명과 역사를 좌우했는지에 대한 이야기 그리고 서양고전 문헌학의 역사에 대한 소개를 목표로 삼았다. 하지만 여기에는 한글이 새로운 세계 문명의 준거-언어로 자리를 잡기를 바라는 소망과 희망도 함께 스며 있다. 라틴어도 처음에는 무척이나 가난했다, 하지만 나중에 부자가 되었다. 그렇게, 한글도 지금은, 적어도 내가 보기에는, 아직은 가난하지만 2114년에는 세계 문명의 준거-언어(準據-言語)가 될지도 모르기에. '준거-언어'란 말을 풀이하면, 이렇다. 생각과 사상에서처럼 말과 언어에도 기준 혹은 표준이 되는 언어가 있다. 물론 어느 말인들, 어느 언어인들 귀하고 소중하지 않은 것이 없다. 그럼에도 문명과 역사를 주도했던 언어들이 있는 것은 사실이다. 소위, 우리가 고전어라고 부르는 언어들 말이다. 그 언어를, 조금 중립적으로 표현해서, 준거-언어로 부를까 한다. 이를테면, 서양의 근대 언어의 준거 언어는 라틴어이다. 한문이 동양 언어의 준거 언어이듯이 말이다. 지금은 세계 언어의 준거-언어는 영어일 것이다. 적어도 현대의 문명과 역사의 관점에서는 말이다. 그렇다면 한글도 그런 준거-언어가 될 수 있을까? 결론부터 말하자면, 나는 안 될 것도 없다고 본다. 우선, 한글은 아직 개간되지 않은, 그래서 앞선 이들에 의해서 선점되지 않은 처녀 언어이다. 잠시 돌아가자. 근대 철학이 어떻게 탄생했는지를 잠깐 구경해보자. 이 물음은 당연히 여러 관점에서 살펴야 할 것이다. 하지만 지면 관계상 언어의 관점에서만 살피겠다. 단적으로, 근세 철학은 라틴어에 의해서 선점된 개념들로는 포착되지 않은 새로운 생각과 의미를 담은 개념들의 세계이다. 물론, 근세 철학이 고대 철학과 중세철학이라는 역사 전통의 기반 없이 태어난 '무엇'이라는 소리는 아니다. 다만, 내가 강조하고자 하는 점은 개념을 만든다는 것이 일종의 '못질'이라는 것이다. 그러니까, 세상에 대해서 생각과 의미를 고정하기 위해서, 즉 '못박기' 위해서 태어나는 것들이 개념들이다. 이런 못질 과정을 통해서, 언어와 세계의 관계는 안정되고 흔들리지 않게 된다. 대체로, 개념의 못질이 단단하면 단단할수록, 그런 것이 오래간다. 그런데 대개 생각과 의미의 세계에 이미 한번 못질된 자리에 새로운 못질을 하기는 결코 쉽지 않다. 아마도, 데카르트가 자신의 철학을 라틴어가 아닌 프랑스어로 자신의 생각을 못질하게 된 것도 이와 직결되어 있다고 볼 수 있다. 물론, 모국어의 효율성과 선명함이 결정적인 이유였지만 말이다. 이는 독일의 근세 철학자들도 마찬가지였다. 그들은 자신들의 생각과 의미를 라틴어 대신에 독일어로 못질하였다. 독일어가 근세 철학의 준거-언어라는 점은 더 해명이 필요 없을 것이다. 결론적으로, 못질 문제와 관련해서 한글은? 단도직입적으로 말하겠다. 한글도 문명의 준거-언어로 충분하다는 것이 내 생각이다. 지금 우리 앞에서 펼쳐지는 세계의 융합과 복합적인 상황이 한글과 같은 못질되지 않은 언어를 요청하고 있기 때문이다. 동서가 융합하고 전통과 미래가 밀고 당기며 그리고 그 과정에서 이미 새로운 문명의 좌표에서 생성되는 의미와 역사를 규정하고 정리함에 있어서는 어쩌면 못질이 많은 언어보다는 못질이 덜 된 언어가 훨씬 유리할지도 모른다. 일단 움직이기에 가볍고 속이 비어 있으며 그래서 신축성이 높은 언어가 유리한 것은 분명한 사실이기에. 이런 점에서 보면, 한글의 가난함이 오히려 한글의 경쟁력이 될지도 모르겠다. 역설적이지만, 아무튼 글로벌 시대의 새로운 문명의 좌표에서 한글의 경쟁력이 서구의 여느 언어는 물론 동양의 여느 언어보다도 클지도 모르겠다. 못질의 흔적이 거의 없는 처녀 언어이기에. 또한 움직이기에 가벼운 언어이기에.

하지만 세상에 공짜는 없다. 한글이 문명의 준거-언어가 되기 위해서는 많은 반성이 요청된다. 여러 이유가 있을 것이다. 한글이 가난하게 된 데에는. 하지만 내 생각에, 조상들 탓이 가장 클 것이다. 당장 100년 전으로 가보자. 한자와 한문이 학술언어였고, 정치언어였기에. 50년을 가보자. 일본어가 지배언어였기에. 물론, 지금의 우리의 탓도 만만치는 않을 것이다. 광복 이후 지금까지 근 70년을 거치는 동안에 우리의 생각과 글에 뒷심을 보탠 준거-언어는 영어이기에. 물론 문명과 문화, 즉 정치와 경제를 주도하는 언어가 영어이기에, 어쩔 수 없는 면도 있다. 어쨌든, 이런 저런 사정으로 말미암아 한글은 학문과 문화와 정치의 준거-언어로 자리잡은 적은 없었다. 단적으로, 독일이 칸트의 책들을 수출하듯이, 한글로 된 책들을 수출해본 적이 있을까? 사실, 한글이 학술 언어이자 문화 언어이자 정치 언어로 우리의 학계에서조차도 제대로 대접받은 적은 드물다고 본다. 물론, "우리말로 학문하기" 혹은 "우리말로 철학하기" 등의 학술 운동이 없었다는 것은 아니다. 하지만 우리가 일상 생활에서 자연스럽게 사용하는 한글 철학 개념이 있다면 무엇일까? 함석헌 선생의 "씨알" 개념 정도는 인정해 주어야 하지 않을까? 아무리, 생각을 뒤져봐도 얼른 떠오르지 않는다. 사실, 한글은 일상 언어로서의 위상도 크게 흔들리고 있다. 굳이 논리적 근거와 물리적 증거를 제시할 필요가 있을까? 당장, 거리에 나가 간판들을 보라. 별것 아닌 것으로 볼 수 있지만, 실은 거리의 간판들은 문명 수입국으로서의 한국의 현재 모습을 여실히 보여준다. 그렇다면 문명수입국에서 문명수출국으로의 전환은 어떻게 가능할까? 이와 관련해서, 나는 세 가지를 제안하고자 한다.

먼저, 『라틴어 대사전』과 같은 『한국어 대사전』을 만들어야 한다. 그런데 이를 위해서는 선행 작업이 요청된다. 한글 문헌에 대한 정본 작업이 바로 그것이다. 정본을 바탕으로 할 때 진정으로 믿을 만한 사전이 탄생하기 때문이다. 앞에서 살폈듯이, 어느 판본을 『춘향전』의 정본으로 삼아야 할지, 아직 정해진게 아무 것도 없다. 또한, 새로운 개념을 만들어 쓰려 해도 어원을 추적할 수가 없다.

다음으로, 한글로 된 이야기들을 많이 확보해야 한다. 따라서 전통적인 이야기를 다시 살려내는 것도 중요하고, 새로운 이야기를 지어내는 것도 중요하다. 하지만 다른 언어로 기록된 이야기들을 한글로 옮겨오고 풀이하는 것도 또한 못지않게 중요하다. 문학이든 역사이든 철학이든, 세계의 주요 문헌들이 번역되고 주해되어야 한다. 한국이 아직은 문명수입국이라는 점을 솔직히 인정해야 한다. 다시 말해 한국이 문명수입국에서 문명수출국으로 나아가기 위해서는 기본적으로 의미 있는 이야기의 축적이 있어야 가능하다는 소리이다. 이와 관련해서, 중세의 아랍 문명이 어떻게 발전했는지를 보라. 거기에는 약 200여 년(8세기~10세기)에 걸친 학자들의 번역-주해 작업이 결정적인 기여를 했다. (참조, 『그리스 사상과 아랍 문명』, 드미트리 구타스 지음, 정영목 옮김, 글항아리, 2012.)

마지막으로, 문명수출국은 돈의 힘만으로 되지 않는다는 것을 지적하고자 한다. 단적으로, 중동의 석유 부자 국가들이 선망의 대상이 되는 나라들은 아니기에. 적어도 내 눈에는 그렇다. 여기에는 또 다른 힘이 요청된다. 그 힘 가운데 하나가 교양이고 문화이다. 하지만 마찬가지로, 세상엔 공짜는 없다. 이를 위해서는 교양과 문화를 책임지는 인문학이 수입인문학에서 자생인문학으로 바뀌어야 하고, 그때서야 비로소 수출인문학이 가능하기 때문이다. 그런데 퇴계의 정본을, 율곡의 정본을 프랑스에서 수입해서 연구해야 하는 상황이라면, 문명을 수출한다고 떠드는 것은 솔직히 내가 말을 해놓고도 조금은 부끄럽다. 수출은커녕 자생도 아직 못한 처지이기에. 뿌리도 없는데, 꽃부터, 결실부터 미리 입도선매(立稻先賣)하는 모양이다. '창조', '창의', '혁신' 요즘 유행하는 대세어들이다. 뜻은 대동소이한 말들이다. 한 마디로 연목구어(緣木求魚)다. 기본도 제대로 안 된 상황이기에. 기본이 없는 창조는 불가능하기에. 스티브 잡스가 말하는 '창조'는 기본이 잘 갖추어진 나라에서나 가능한 말일 뿐이다. 또한, 요즘, '힐링 인문학'도 유행어이다. 어쩌면, '창조인문학도 유행어가 될지도 모르겠다. 이런 유행에 맞서서, 나도 이름을 하나 지어본다. 촌스럽지만, '기본인문학'이다. 기본부터 다져야 한다는 것이 내 생각이기에. 굳이 멋을 부려본다면, '뿌리인문학'은 어떨지 싶다. 뿌리가 깊을 때에 꽃도 좋고 열매가 실한 법이기에. 바람에도 아니 흔들리니까 '뿌리인문학'으로 돌아가자. 그 이유는 세 가지다.

먼저, 우리 역사에서 어느 시기도 지금보다 외세의 바람이 세게 불었던 적은 없었기 때문이다. 소리 없이 진행되기에, 아직 눈에 가시적으로 포착되지는 않지만, 지금 세계는 G2 간 새로운 문명의 표준을 선점하기 위한 전쟁을 벌이고 있다. (단적으로 중국의 『유장』 사업이 목표로 내건 '새로운 문명의 축심시대' 선언이 대표적이다). 사실, 일본의 고위 정치권이 과거로 역행하는 것도 문명의 표준 전쟁에서 중국에 밀리고 있기 때문이다. 특히 지금 세계는 근대 이래 선진국 간의 21세기 국제적 화두(issues) 생산과 담론적 주도권 확보를 위한 각축전이 가속화되고 있는 상황이다. 하지만 당장, '한국문화'는 '중화문화', '일본문화[和文化]'에 비해 그 존재감도 미미한 처지이다. 물론, 한류(韓流)-현상이 인구에 회자된다. 하지만 이 현상은 문명 담론을 주도하는 사상 정도는 아니다. 사정이 이러하기에, 기본에 충실해야 한다.

다음으로, 한국 사회는 현재 최소한 두 가지의 문명사적 과제에 직면하고 있다. 근대 문명의 핵심 가운데 하나인 합리적 이성의 토대가 아직 온전히 갖춰져 있지 못한 까닭에 성숙한 시민사회의 구현이 아직은 미흡하다. 이를 극복해야 하는 과제가, 즉 근대 문명의 제반 병폐를 건설적으로 극복하는 것이 첫 과제이다. 다시 말해서, 성숙한 시민사회의 구현이라는 근대적 과제의 수행과 '인문'에 기초하여 근대 문명의 병폐를 구제하는 탈(脫) 근대적 과제의 수행이 동보적(同步的)으로 실현되는 '인문적 시민사회'를 구현해야 함은 '선택'이 아니라 이제 '필수'라는 소리다. 이와 관련해서, 우리는 공동체 구성원으로서의 경험과 훈련 특히 시민 의식에 대한 이해와 그 이해를 내화(內化)하고 체화(體化)해본 경험이 절대적으로 부족하다는 것이 내 생각이다. 여기에는 다음의 사정이 있다. 대개 인문학 교육 특히, 철학 교육이 개념 이해와 사상 내용에 대한 엄밀한 파악에만 집중했지, 그것을 체득하고 체현하는 과정에 대한 교육에 무게 중심을 둔 적이 없기 때문이다. 다시 말해서, 시민으로서 알아야 할 개념과 가치들을 눈으로만 읽었지 몸으로 실천해 보는 경험이 결정적으로 부족하다는 것이 한국 인문 교육의 허실이라는 점을 강조하고자 한다. 내가 공동체의 한 구성원으로서 누리고 그래서 지켜야 할 권리와 의무에 대한 체득화 교육이 절대적으로 부족하고, 이에 대한 교육적 대안이 절실함을 강조하고자 한다. 이 문제는 현재 입시 중심의 중등교육이나 소위 '스펙' 중심의 대학 교육으로는 해결하기 어려운 것이 되어 버렸기 때문이다. 여기에 인문학이 다시 기본으로 돌아가야 하는 또 다른 이유이다. 이것이 아마도 사회가 인문학을 요청하는 근본적인 이유일 것이다.

두 번째 과제는 '전 지구적 차원에서 작동되는 지식 기반 자본주의'와 '디지털 기반 과학기술의 진화에 힘입은 세계화와 디지털-네트워크사회'가 행동 방식과 삶의 양식에 준거 기준을 제공했던 전통적인 가치관과 덕목들을 마구 흔들어 놓고 있다. 사태의 심각성은 여기에서 그치지 않는다. 이와 관련해서, 나는 자본주의 작동 방식에 약간 심각한 변화가 있다는 조짐을 본다. 실은, 이 조짐은 실은 누구나 알고 있는 이야기다. 현대 문명을 작동시켜 주었던 자본주의가 자신의 해결 능력을 상실했다고, 즉 돈만으로는 삶의 문제 일반을 해결할 수 없다는 것을 말이다. 이를테면, 돈을 아무리 쏟아 부어도 한국의 '교육' 문제는 해결되지 않는다. 유일하게 오른 것은 학원비였기에. '환경' 문제도 마찬가지다. 돈의 힘으로 '미세 먼지'를 몰아낼 수는 없기에. 이런 사태는 Knowledge is power의 정신에 기초한 근대의 자연 정복에 대한 믿음이 뿌리째 흔들리고 있음을 보여준다. 특히, 돈이 지식을 매개로 '자연'을 자기 마음대로 조작할 수 있다는 것은 이제 낡은 착각이 되어버렸기에. 결론적으로, 돈으로 해결되지 않는 사회 문제들, 더 이상 개인의 노력과 희생으로는 해결되지 않는, 구조적인 문제들을 공공의 담론 공간에 상정해야 한다는 것이다. 그리고 여기에서 공공성의 회복을 논의해야 한다. 기본인문학으로 돌아가야 하는 또 다른 이유다. 우리의 삶이 요청하는 가장 기본적인 사회적 의제와 물음들에는 눈길 한 번 주지 않는 그런 학문을 누가 반길 것인가? 뿌리인문학으로 돌아가야 할 것이다.

마지막으로, 우리 인문학의 뿌리가 결코 얕지 않다. 충분한 가능성이 있다. 우리에게는 고려 팔만대장경 결집 전통이 있다. 또한 조선의 500년 문민 통치와 유교의 역사가 있다. 그리고, 기독교의 전통도 우리의 역사에 이젠 제대로 착생했다. 또한 누가나 제 뜻을 시러 펼 수 있는 한글이 있다. 여기에, 단시간에 산업화와 민주화를 동시에 일궈 낸 현대적 경험도 있다. 세계 문명사의 관점에서 볼 때에도 모두 보편적인 가치를 지닌 문화 자산이다. 내가 생각하기에, 이 정도면 21세기 문명간의 표준 전쟁에서 나름 한 목소리를 내기에 충분할 뿐만 아니라 실은 선도할 수 있는 자산일 것이다. 적어도 제대로 연구되고 제대로 정비된다면 말이다. 문명사의 지평에서 하나의 독자적인 문화권으로 자리 잡을 정도는 충분할 것이다. 굳이 이름을 지어본다면, "한글문명권" 정도로 말이다. 참고로, 2046년은 한글이 반포되지 500주년이 되는 해이다. 지금으로부터 한 30여년 뒤이다. 이 때쯤이면, "한글문명권"이라는 말이 널리 퍼지리라 확신한다. 어쨌든, 앞에서 언급한 문헌들과 동서양의 고전 번역 자산들이 세계 문명사의 지평에 한글을 준거-언어로 만들어 줄 것이기 때문이다. 물론, 이를 위해서는 무엇보다도 한글을 학술 언어로 끌어 올리는 작업이 매우 시급할 것이다. 이 시급함에 부응하는 인문학이 뿌리인문학일 것이다. 따라서 멀리 밖으로 나가지 말자. 우리 자신으로 돌아오자. 어쩌면 새로운 문명의 씨알은 우리 안에 있기에! Hic Corea, Hic Saltus!

참고문헌

일차 자료

루크레티우스, 『사물의 본성에 관하여』, 강대진 역, 아카넷, 2012.
마키아벨리, 『로마사 논고』, 강정인 역, 한길사, 2003.
베르길리우스, 『아이네이스』, 천병희 역, 숲 출판사, 2002.
수에토니우스, 『로마의 문법학자들』, 안재원 편역, 한길사, 2013.
소포클레스, 『소포클레스 비극 전집』, 천병희 역, 숲 출판사, 2008.
아우구스티누스, 『참된 종교』, 성염 역, 분도출판사, 2011.
아이스킬로스, 『아이스킬로스 비극 전집』, 천병희 역, 숲 출판사, 2008.
에우리피데스, 『에우리피데스 비극 전집』, 천병희 역, 숲 출판사, 2009.
오비디우스, 『변신이야기』, 천병희 역, 숲 출판사, 2006.
키케로, 『수사학』, 안재원 편역, 도서출판 길, 2006.
키케로, 『의무론』, 허승일 역, 서광사, 1989(2006년 개역).
키케로, 『신들의 본성에 관하여』, 강대진 역, 나남출판, 2012.
헤로도토스, 『역사』, 천병희 역, 숲 출판사, 2009.
호라티우스, 아리스토텔레스, 『시학』, 천병희 역, 문예출판사, 1999.
호메로스, 『일리아스』, 천병희 역, 숲 출판사, 2007.
호메로스, 『오뒷세이아』,천병희 역, 숲 출판사, 2006.

『춘향전』
『남원고사(南原古詞)』
동양문고본 『춘향전』
정문연 소장 59장본 『춘향전』
신문관본 활자본 고본 『춘향전』
정문연 소장 35장본 『춘향전』
김동욱 소장 49장본 『춘향전』
보급서관본 활자본 『옥중화』

신재효 동창 『춘향가』(가람본)
김소희 창본 『춘향가』 등.

『序聽迷詩所經一卷』
『一神論』
佐伯好郎, 『景教の研究』,東方文化學院東京研究所, 1935.
羅香林, 『唐元二代之景教』, 中國學社, 1966.
穆尔, 『一五五〇年前的中国基督教史』, 郝镇华 译, 中华书局, 1984.
翁紹軍, 『汉语景教文典诠释』, 生活 · 讀書 · 新知三联书店, 1996.
聂志军, 『唐代景教文献词语研究』, 湖南人民, 2009.
『대정신수대장경』
『택리지(擇里志)』
『東國山水錄』(규 11638)
숭실대본
광문회본

Ciceronis Rhetorica Tomus II, ed. A.S. Wilkins,Oxford Clarendon, 1903.
Ciceronis De Officiis, ed. M. W. Müller, Leipzig, Teubner, 1909.
Cicero, *De Oratore*, ed. K. Kumaniecki, Stuttgart & Leipzig, 1969 (rep. 1995).
Confucius Sinarum Philosophus, (trans.) P. Couplet et alii, Paris, 1687.
Grammaticae Romanae Fragmenta, H. Funaioli (ed.), 1907.
Grammatici Latini, H. Keil (ed.), 7 vols., 1855-80.
Ovidius, *Metamorphoses*, R. J. Tarrant (ed.), Oxford, 2004.
Quintilianus, *Institutio Oratoria*, M. Winterbottom (ed.), Oxford, 1970.
Remains of Old Latin, (ed. & trans.), E. H. Warmington, Harvard, 1935(1967).
Suetonius, *De Grammaticis et Rhetoribus*, (ed.) R. Kaster, Oxford, 1995.
C. Suetoni Tranquilli De Grammaticis et rhetoribus, R. P. Robinson (ed.), 1925.

Tacitus, *Dialogus de Oratoribus*, R. Mayer (ed.), Cambridge, 2001.
Varro, *On the Latin LanguageV–XIII*, R. Kennt (ed.), Harvard, 1938(1977).
P. Vergilii Maronis Opera, ed. R.A.B. Mynors, Oxford 1969: *The Aeneid of Vergil, Books 7–12*, ed. with Introduction & Notes, R. D. Williams, St. Martin's Press, 1973(1987).
R. M. Ogilvie, *A Commentary on Livy Books 1–5*, Oxford, 1965(repr. with addenda, 1970).
Thesaurus Linguae Graecae.
Thesaurus Linguae Latinae.
Saeki, P. Y., *The Nestorian Documents and Relics in China*, Tokyo: The Maruzen Co., 1937; 2nd ed., 1951.
Gunner Mikkelsen, *A Study of the History of Nestorian Christianity and Its Literature in Chinese: Together with a New English Translation of the Dunhuang Nestorian Documents*(Peter Lang, 2004), in: Project Muse 14, Review, 2007, p. 233.

〈디지털 자료〉
http://www.perseus.tufts.edu/

이차 자료

스티븐 그린블랫, 『1417년, 근대의 탄생』, 이혜원 역, 까치 출판사, 2013.
안재원, 디오니시오스 트락스의 Ars Grammatica: 문법, ἐμπειρία인가, τέχνη인가? 아니면 θεωρία인가?, 『언어학』 35, 2003.
______, 라틴어 대사전에 대하여, 『서양고전학연구』(25), 2006.
______, 개별단어오류(barbarismus)와 문장오류(soloecismus)에 대하여, 『서양고전학연구』 33, 2008.
______, 예외론(anomalia)과 유추(analogia): 문법의 성립과정 탐구: 바로의 『라틴어에 대하여』를 중심으로, 『서양고전학연구』 35, 2009.

_______, 바로(Varro)의 문법론과 소쉬르(Saussure)의 언어학 비교: 유추(analogia)를 중심으로, 『언어학』 53, 2009.
_______, 『연보와 평전』, 한겨레출판 (1-4호), 2010.
_______, "인문학(humanitas)의 학적 체계화 시도와 이에 대한 비판에 대해서: ars 개념을 중심으로," 『서양고전학연구』(39), 2010.
_______, 무사(Musa), 카메나(Camena), 세이렌(Seiren): 오비디우스의 『변신이야기』 읽기, 『인간 환경 미래』(6), 2011.
_______, 오비디우스의 『변신이야기』의 형성 과정에 대한 탐구: "파에톤 이야기"를 중심으로, 『서양고전학연구』(42), 2011.
_______, 왜 정본인가, 『정신문화연구』 제128호, 2012년 쪽수 31~57.
루돌프 파이퍼, 『인문정신의 역사』, 정기문 역, 길 출판사, 2011.

S. E. Alcock, *Graecia Capta. The Landscapes of Roman Greece*, Cambridge, 1993.
W. Ax, Quadripertita Ratio: Bemerkungen zur Geschichte eines aktuellen Kategoriensystems, in: *Historiographia Linguistica* 13 (1986), pp. 191~214.
K. Barwick, Remmius Palaemon und die roemische ars grammatica, *Philologus Supplementband* XV 2, Leipzig, 1922.
Di. Benedetto, At the origin of Greek Grammar, in *Glotta* 68, 1990.
Th. Birt, *Das antike Buchwesen in seinem Verhaeltnis zur Literatur*, Berlin, 1882 (ND 1959)
D. Blank, Varro's anti-analogist, in: Language and Learning, ed. R. Frede & B. Inwood, Cambridge, 2006.
A. Boeckh, *Enzyklopaedie und Methodenlehre der philologischen Wissenschaften*, (hersg.) E. Bratauscheck Leipzig, 1881 (ND Darmstadt, 1966).
F. Bömer, "Vergil und Augustus", in *Gymnasium* 58, 1951.
R. D. Bonner, *Education in Ancient Rome*, 1977.
A. D. Booth, The Appearance of the Schola Grammatici, in *Hermes* 106, 1978.

B. Bretholz, *Lateinische Palaeographie*, (2. Aufl.) Leipzig–Berlin, 1912.
W. Canter, *De ratione emendandi Graecos auctores syntagma*, 1566.
D. L. Clark, *Rhetoric in Greco–Roman Education*, New York, 1957.
C. J. Classen, Ciceros orator perfectus: ein vir bonus dicendi peritus?, in: ed. S. Prete, *Commemoratio. Studi di filologia in riccardo Ribuoli*, Sassoferrato, 1986.
B. Cohen (ed.), *The Distaff Side: representing the female in Homer's Odyssey*, 1995.
F. H. Colson, The Analogist and Anomalist Controversy, *The Classical Quarterly* 13, 1919.
G. B. Conte, *Latin Literature: A History*, (trans.) J. B. Solodow, Baltimore/ London, 1999.
Th. Condos, *Star Myths of the Greeks and Romans: A Sourcebook*, Michigan, 1997.
H. Dahlmann, *Varro und die Hellenistische Sprachtheroie*, Berlin/ Zuerich, 1964.
A. Dihle, Analogie und Attizismus, in *Hermes* 85, 1957.
S. Döpp, Werke Ovids, Müchen(dtv Wissenschaft), 1992.
________, *Aemulatio: Literarischer Wettstreit mit den Griechen in Zeugnissen des ersten bis fünften Jahrhunderts*, Göttingen, 2001.
H. Erbse, Zur normativen Grammatik der Alexandriner, in *Glotta* 58, 1980.
H. Flashar, (hersg.), *Le Classicisme à Rome aux première siècle avant J.-C.*, Vandoeuvres, 1978.
B. Forte, *Rome and the Romans as the Greeks Saw Them*, Rome, 1972.
H. Fuchs, *Der geistige Widerstand gegen Rom in der antiken Welt*, Berlin, 1938.
M. Fuhrmann, *Das systematische Lehrbuch*, Goettingen, 1960.
Th. Gelzer, Klassizismus, Attizismus und Asianismus, in *Fondation Hardt, Entretiens sur l' antiquité classique* 25, 1979.
M. W. Gleason, *Making Men. Sophist and Self–Representation in*

Ancient Rome, Princeton, 1995.

S. Godhill, *Being Greek under Rome: Cultural Identity, the Second Sophistic and the Development of Empire*, Cambridge, 2001.

S. J. Gwynn, *Roman Education from Cicero to Quintilian*, New York, 1926.

D. Hagedorn, Papyrologie, in : *Einleitung in die Griechische Philologie*, (hersg.) H-G. Nesselrath Stuttgart und Leipzig, 1997.

D. Harlfinger (hersg.), *Griechische Kodikologie und Textueberlierferung*, Darmstadt, 1980.

H. Hunger, Antikes und Mittelalterliches Buch- und Schriftwesen, in: Die Text- ueberlieferung der antiken Literatur und der Bibel, dtv Muenchen, 1975, pp. 25-146.

_______ , Griechische Palaeographie, I : Das Buchwesen im Altertum und im Byzantiinischen Mittelalter, Leipzig(2) 1911 (ND 1977).

T. Habinek, *Ancient Rhetoric and Oratory*, London, 2005.

I. Hadot, *Arts Libéraux et Philosophie dans la Pensée Antique*, Paris, 2005.

J. Hahn, "Über das Verhältnis von Staat und Schule in der römischen Kaiserzeit", in *Philologus* 76, 1920.

K. Heldmann (1982), *Antike Theorie ueber Entwicklung und Verfall der Redekunst, Zetemata* 77, Muenchen.

G. L. Hendrickson, The De Analogia of Julius Caesar, in *Classical Philology*, 1996.

G. Jaeger, *Einfuehrung in die Klassische Philologie*, Muenchen, 1975.

W. Jaeger, *Paideia: The Ideals of Greek Culture*, 3 vols., Oxford, 1943.

Joyal, M., McDougall, I., Yardley J.C., *Greek and Roman Educaion: A Sourcebook*, London, 2009.

G. Kennedy, *Quintilian*, New York, 1969.

R. O. A. M., Lyne, The Neoteric Poets, in *Classical Quarterly* 28, 1978.

J. Leclercq, *La Sirène dans la pensée et dans l'art chrétiens (2e-12e siècles): antécédents culturels et réalités nouvelles (2 vols.)*,

Université libre de Bruxelles, 1987.
A. D. Leeman, H. Pinster, H. L. W. Nelson, *De Oratore Libri I–II* (Kommentar), Heidelberg, 1985.
G. Lepschy, *History of Linguistics* vol. II, London, 1994.
P. Maas, *Textkritik*, 1927.
H. –I. Marrou, *Histoire de l'éducation dans l' antiquité* (6th) 1965.
B. Meißner, *Historiker zwischen Polis und Königshof, Studien zur Stellung der Geschichtsschreiber in der Griechischen Gesellschaft in spätklassischer und frühhellenistischer Zeit (Hypomnemata 99)*, Göttingen, 1992.
R. Müller, Die Wertung der Bildungsdisziplinen bei Cicero; Bίος πρακτικός und Bildung, in *Klio* 43–45, 1965.
J. Murphy (ed.), *Quintilian on the Teaching of Speaking and Writing: Translations from Books One, Two, and Ten of the Institutio Oratoria*, Edwardville, 1987.
M. Nussbaum, *Cultivating Humanity: A Classical Defense of Reform in Liberal Education*, Harvard, 1997.
G. Pasquali, *Storia della tradizione e critica del testo*, (2. Aufl.) Florenz, 1952.
L. Pernot, *La Rhétorique dans l'Antiquité*, Paris, 2000.
R. Pfeiffer, *History of Classical Scholarship from the Beginnings to the End of Hellenistic Age*, Oxford, 1968.
_______, *Die Geschichte der Klassische Philologie*, München, 1978: 『인문 정신의 역사』, 정기문 옮김(안재원 해제), 도서출판 길, 2011.
N. Petrochilos, *Roman Attitudes to the Greeks*, Athen, 1974.
E. Poehlmann, *Einfuehrung in die Ueberlieferungsgeschichte und in die Textkritik der antiken Literatur*, Darmstadt, 1994.
K. A. Raaflaub (ed.), *The Conflict of the Orders in Archaic Rome: A comprehensive and Comparative Approach, in Social Struggle in Archaic Rome*, California, 1986.
S. de Rachewiltz, *De Sirenibus, An Inquiry into Sirens from Homer to*

Shakespeare, 1987.
A. Reiff, *Interpretatio, imitatio, aemulatio. Begriff und Vorstellung literarischer Abhängigkeit bei den Römern*, Diss. (Köln), Würzburg, 1959.
L. D. Reynolds & N.G. Wilson, *Scribes and Scholars : A Guide to the Transmission of Greek & Latin Literature*, Oxford, 1968 (rep.) 1991.
R.H. Robins, *Ancient and Mediaeval Grammatical Theory in Europe*, London, 1951.
R. P. Robinson (ed.), *The Germania of Tacitus*, Hildesheim, 1991,
H. J. Rose, Second Thoughts on Hyginus, in *Mnemosyne* (11.1) 1958.
M. Schanz, *Geschichte der Römischen Litteratur*, München, 1907.
D. M. Schenkeveld, Figures and Tropes. A Boarder-case between Grammar and Rhetoric, in: G. Ueding (Hrsg.), *Rhetorik zwischen den Wissenschaften*, Tübingen, 1991.
U. Schindel, Ursprung und Grundlegung der Rhetorik in der Antike, in: *Die Macht des Wortes, Ars Rhetorica* 4, 1992.
T. Schmitz, *Bildung und Macht: zur sozialen und politischen Funktion der zweiten Sophistik in der greichischen Welt der Kaiserzeit*, München, 1997.
H.K.Schulte, Orator, Untersuchung über das ciceronianische Bildungsideal, *Frankfurter Studien zur Religion und Kultur der Antike* 11, Frankfurt, 1935.
E. Segal (ed.), Greece in Rome: Influence, Integration, Resistance, Harvard Studies in *Classical Philology* 97, 1995.
Elm. Siebenborn, *Die Lehre von der Sprachrichtigkeit und ihren Kriterien. Studien zur antiken normativen Grammatik*, Amsterdam, 1976.
F. Solmsen, *Hediosi Theogonia, Opera et Dies ...*, Oxford, 1970.
F. B. Stanley, *Education in Ancient Rome: From the elder Cato to the younger Pliny*, London, 1977.
H. Steintahl, Geschichte der Sprachwissenschaft bei den Griechen und

Roemern II, Hildesheim (rep.) 1961.

S. Swain, *Hellenism and Empire; Language, Classicism and Power in the Greek World (AD 50–250)*, Oxford, 1996.

S. Timpanaro, *Die Entstehung der Lachmannschen Methode*, (2.Aufl.) Hamburg, 1971.

F. Robertello, *De arte sive ratione corrigendi antiquorum libros disputatio*, 1557.

D. J. Taylor, Varro's Mathematical Models of Inflection, in: *TAPA* 107, 1977.

W. S. Teuffel, *Geschichte der Römischen Literatur (6th)*, W. Kroll et alii (rev.) 3 vols. 1910–1916.

M. Toher, Augustus and the Evolution of Roman Historiography, in *Between Republic and Empire*, K. A. Raaflaub and M. Toher, Berkley, 1990.

J. Toulomakos, *Geschichtsbewusstsein der Griechen in der Zeit der römischen Herrschaft*, Göttingen, 1967.

W. Weinberger, *Wegweiser durch die Sammlungen altphilologischer Handschriften*, Sitz., Berlin–Wien, 1930.

M. L. West, *Text Criticism and Editorial Technique*, Stuttgart, 1973.

T. Whitmarsh, *Greek Literature and the Roman Empire: the Politics of Imitation*, Oxford, 2001.

_______, *The Second Sophistic*, Oxford, 2005.

T. P. Wiseman, *Cinna the Poet and Other Essays*, Leicester, 1974.

U. v. Wilamowitz–Moellendorff, Asianismus und Atticismus, in *Hermes* 35, 1900.

G., Woolf, G., "Becoming Roman, Staying Greek; Culture, Identity and the Civilizing Process in the Roman East", *Proceedings of the Cambridge Philosophical Society* 40, 1994.

R., Ziegler, *Städisches Prestige und kaiserliche Politik. Studien zum Festwesen in Ostkilikien im 2. und 3. Jahrhundert nach Chr.*, Düsseldorf, 1985.

색인

• 사항

(ㅁ)

(ㅂ)

(ㅅ)

• 서명